중등교원 임용시험 대비

클리닉 전공수학

7 미분기하학 편

꼭 필요한 내용만 담은 이론서
121문항의 필수 예제, 연습문제와 해설
임용수학 전체의 기출문제와 해설

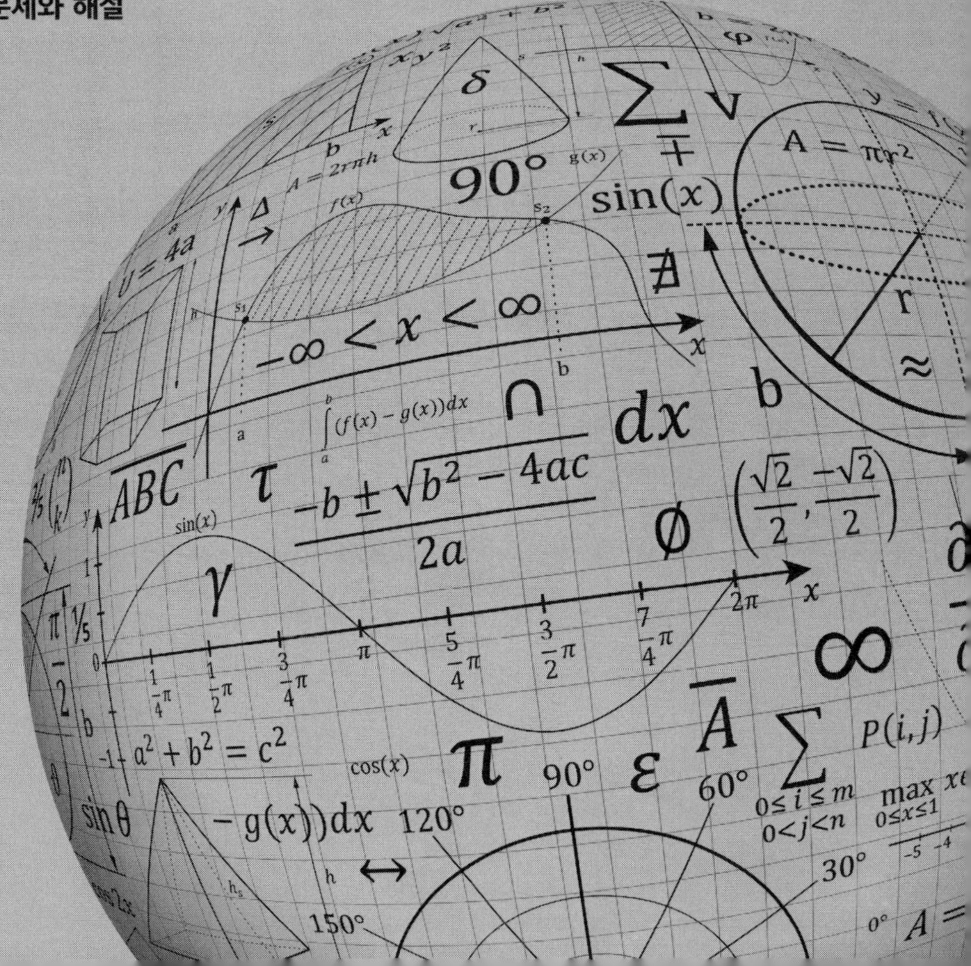

제 7 장 미분기하학

- Contents -

1. 곡선의 국소적 이론 ·················· 2
   - 1.1. 곡선의 매개화 ·················· 2
   - 1.2. 곡선의 벡터장 ·················· 10
   - 1.3. 방향과 가위적 ·················· 13
   - 1.4. 미분량의 정의 ·················· 20
   - 1.5. 미분량의 계산 ·················· 26
   - 1.6. 등장사상과 곡선의 기본정리 ·················· 34
   - 1.7. 미분량과 곡선의 기하학적 성질 ·················· 39
2. 곡선의 대역적 이론 ·················· 47
   - 2.1. 평면곡선의 대역적 이론 ·················· 47
   - 2.2. 공간곡선의 대역적 이론 ·················· 50
3. 곡면의 국소적 이론 ·················· 53
   - 3.1. 접벡터와 공변미분 ·················· 53
   - 3.2. 곡면의 매개화 ·················· 68
   - 3.3. 제1 기본형식과 제2 기본형식 ·················· 79
   - 3.4. 미분량의 정의 ·················· 87
   - 3.5. 미분량의 계산 ·················· 91
   - 3.6. 미분량과 곡면의 기하학적 성질 ·················· 113
   - 3.7. 여러 가지 곡면 ·················· 119
     - 3.7.1 회전면 ·················· 119
     - 3.7.2 선직면 ·················· 124
4. 곡면의 대역적 이론 ·················· 130
   - 4.1. 컴팩트곡면과 가향곡면 ·················· 130
   - 4.2. 측지선, 주곡선, 점근곡선 ·················· 132
   - 4.3. 가우스의 위대한 정리 ·················· 149
   - 4.4. 가우스-보네 정리 ·················· 155

기출문제 및 해설 ·················· 165
연습문제 ·················· 185
연습문제해설 ·················· 193
찾아보기 ·················· 207

1. 곡선의 국소적 이론

1.1. 곡선의 매개화

NOTE
① 미분가능성
(1) 일변수실함수의 미분가능성
개구간 $I=(a,b)$와 함수 $f:I \to \mathbb{R}$ 에 대하여
① 양의 정수 k에 대하여
  $f : I$에서 C^k-함수
  $\Leftrightarrow$ (i) I에서 $\exists f^{(k)}$ (f의 k계 도함수),
  　(ii) $f^{(k)} : I$에서 연속.
② $f : I$에서 C^∞-함수 $\Leftrightarrow$ $f : I$에서 C^k-함수($\forall k \in \mathbb{N}$)

(2) 다변수실함수의 미분가능성
$\mathbb{R}^n$의 개연결집합 D와 함수
$$f:D(\subset \mathbb{R}^n) \to \mathbb{R}, \ f=f(x_1, x_2, \cdots, x_n)$$
에 대하여
① $f : D$에서 C^k-함수
  $\Leftrightarrow$ 임의의 $i_1, i_2, \cdots, i_k \in \{1, 2, \cdots, n\}$ 에 대하여
  (i) D에서 $\exists \dfrac{\partial^k f}{\partial x_{i_k} \cdots \partial x_{i_1}}$ (f의 k-계 편도함수),
  (ii) $\dfrac{\partial^k f}{\partial x_{i_k} \cdots \partial x_{i_1}} : D$에서 연속.
② $f : D$에서 C^∞-함수 $\Leftrightarrow$ $f : D$에서 C^k-함수($\forall k \in \mathbb{N}$)

(3) 다변수벡터함수의 미분가능성
$\mathbb{R}^m$의 개연결집합 D와 함수
$$f:D(\subset \mathbb{R}^m) \to \mathbb{R}^n, \ f=(f_1, f_2, \cdots, f_n)$$
에 대하여
① $f : D$에서 C^k-함수
  $\Leftrightarrow$ 각 $i=1, \cdots, n$에 대하여 $f_i : D$에서 C^k-함수.
② $f : D$에서 C^∞-함수 $\Leftrightarrow$ $f : D$에서 C^k-함수($\forall k \in \mathbb{N}$).
예를 들어 함수
$$f:\mathbb{R} \to \mathbb{R}^2, \ f(x)=(f_1(x), f_2(x))(x \in \mathbb{R})$$

에 대하여 $f_1''(x)$, $f_2''(x)$가 모두 존재하고 이러한 2-계미분이 연속일 때 f를 $\mathbb{R}$에서 C^2-함수라 한다. 함수 $f:\mathbb{R}^2 \to \mathbb{R}$, $f = f(x,y)$에 대하여 2-계 편미분

$$\frac{\partial^2 f}{\partial x \partial y}, \frac{\partial^2 f}{\partial y \partial x}, \frac{\partial^2 f}{\partial x^2}, \frac{\partial^2 f}{\partial y^2}$$

가 모두 존재하고 이러한 2-계 편미분이 연속일 때 f를 $\mathbb{R}^2$에서 C^2-함수라 한다. **특별한 언급이 없는 한 미분기하학에서 다루는 함수는 C^∞-함수이다.**

2 미분기하학에서의 공간

일반적으로 미분기하학에서 공간 $\mathbb{R}^n$는 **유클리드 내적**을 갖는 벡터공간을 의미한다. 즉, 두 벡터 $\mathrm{x} = (x_1, \cdots, x_n) \in \mathbb{R}^3$, $\mathrm{y} = (y_1, \cdots, y_n) \in \mathbb{R}^3$의 내적

$$\langle \mathrm{x}, \mathrm{y} \rangle := x_1 y_1 + \cdots + x_n y_n$$

을 x와 y의 유클리드 내적(Euclidean inner-product)이라 한다.

3 곡선의 표현

xy-평면상의 곡선은 다음 세 가지의 표현을 가진다.

① **양함수로의 표현** : $y = f(x)$ 또는 $x = g(y)$의 형태의 표현
  예를 들어 $y = x^2$.
② **음함수로의 표현** : $F(x, y) = 0$의 형태의 표현
  예를 들어 $x^2 - y = 0$는 위 곡선의 음함수표현이다.
③ **매개변수로의 표현** : $x = x(t)$, $y = y(t)$의 형태의 표현
  예를 들어 $x = t$, $y = t^2$는 위 곡선의 매개변수표현이다.

NOTE (미분가능성에 대한 가정)
(1) 미분기하학에서 다루는 모든 기하학적 대상(예를 들어 미분가능곡선, 정칙곡선, 단위속력곡선, 평면곡선, 고유조각사상, …)은 C^∞함수임을 가정한다. (즉, 모든 차수의 미분 또는 편미분이 존재한다.)
(2) 점 $\mathrm{p} \in \mathbb{R}^3$에 대하여

$$T_\mathrm{p} \mathbb{R}^3 := \{\mathrm{v}_\mathrm{p} \mid \mathrm{v} \in \mathbb{R}^3\}.$$

정 의 1 (구판 정의1)

$-\infty \leq a < b \leq \infty$, $\alpha : I = (a, b) \to \mathbb{R}^3$에 대하여

(1) ① α : 미분가능곡선(differentiable curve)
$\overset{정의}{\Longleftrightarrow}$ $\alpha : I$에서 미분가능 (구판 정의1)

② α : 정칙곡선(regular curve)
$\overset{정의}{\Longleftrightarrow}$ (i) $\alpha : I$에서 미분가능 (ii) $\alpha'(t) \neq 0$ ($\forall t \in I$)

(2) 정칙곡선 $\alpha(t) = (\alpha_1(t), \alpha_2(t), \alpha_3(t))(t \in I)$에 대하여

① $\alpha'(t) := \left(\dfrac{d\alpha_1(t)}{dt}, \dfrac{d\alpha_2(t)}{dt}, \dfrac{d\alpha_3(t)}{dt} \right)_{\alpha(t)} \in T_{\alpha(t)}\mathbb{R}^3$

: t에서의 α의 속도벡터(velocity vector)

② $v(t) := \|\alpha'(t)\|$
$= \sqrt{\left(\dfrac{d\alpha_1(t)}{dt}\right)^2 + \left(\dfrac{d\alpha_2(t)}{dt}\right)^2 + \left(\dfrac{d\alpha_3(t)}{dt}\right)^2}$

: t에서의 α의 속력(speed)

(3) α : 단위속력곡선(unit speed curve)
$\overset{정의}{\Longleftrightarrow}$ (i) α : 정칙곡선 (ii) $\|\alpha'(t)\| = 1 (\forall t \in I)$

(4) α : 평면곡선(plane curve)
$\overset{정의}{\Longleftrightarrow}$ (i) α : 정칙곡선,
  (ii) $\exists P$: $\mathbb{R}^3$상의 평면 s.t. $\alpha(I) \subset P$.
  (즉, $\exists$ p : 상수벡터 $\in \mathbb{R}^3$, $\exists$ q($\neq 0$) : 상수벡터 $\in \mathbb{R}^3$
    s.t. $\langle \alpha(t) - \text{p}, \text{q} \rangle = 0 (\forall t \in I)$).

보 기 1 (정칙곡선의 예) (구판 보기1)

다음의 $\mathbb{R}^3$상의 정칙곡선의 매개화함수를 각각 하나씩 구하시오.
(1) p를 지나고 $q \neq 0$에 평행한 직선(straight line).
(2) 반지름이 a인 xy-평면위의 원(circle).
(3) (2)의 곡선을 z축 방향으로 평행하게 일정한 비율로 올리거나 내리는 주면나선(helix).

풀 이

(1) $p=(p_1, p_2, p_3)$를 지나고 $q=(q_1, q_2, q_3) \neq 0$에 평행한 직선의 매개화함수는
$$\alpha : (-\infty, \infty) \to \mathbb{R}^3,$$
$$\alpha(t) = p + tq = (p_1 + tq_1, p_2 + tq_2, p_3 + tq_3)(t \in (-\infty, \infty)).$$

(2) 반지름이 a인 xy-평면위의 원은
$$\alpha : (-\infty, \infty) \to \mathbb{R}^3, \ \alpha(t) = (a\cos t, a\sin t, 0).$$

(3) (2)의 곡선을 z축 방향으로 평행하게 일정한 비율로 올리거나 내리면
$$\alpha : (-\infty, \infty) \to \mathbb{R}^3, \ \alpha(t) = (a\cos t, a\sin t, bt), \ a > 0, \ b \neq 0.$$

보 기 2 (구판 보기2)

다음의 정칙곡선 $\alpha : I \to \mathbb{R}^3$의 각 점에서의 속도벡터와 속력을 각각 구하시오.

(1) $\alpha(t) = (a\cos t, a\sin t, bt) \ (-\infty < t < \infty)$ (단, $a > 0$, $b \neq 0$)

(2) $\alpha(t) = \left(\dfrac{3}{2}\cos(t^2), 2t^2, \dfrac{3}{2}\sin(t^2)\right) \ (0 < t < \infty)$

풀 이

(1) (i) α의 속도벡터는 $\alpha'(t) = (-a\sin t, a\cos t, b)$.

(ii) α의 속력은 $v(t) = \|\alpha'(t)\| = \sqrt{(-a\sin t)^2 + (a\cos t)^2 + b^2}$
$$= \sqrt{a^2 + b^2}.$$

(2) (i) α의 속도벡터는 $\alpha'(t) = (-3t\sin(t^2), 4t, 3t\cos(t^2))$.

(ii) α의 속력은 $v(t) = \|\alpha'(t)\|$
$$= \sqrt{(-3t\sin(2t))^2 + (4t)^2 + (3t\cos(t^2))^2}$$
$$= 5t.$$

정 의 2 (구판 정의2)

(1) $\alpha : [a, b] \to \mathbb{R}^3$ 에 대하여

$\alpha \ :$ 호(arc) (혹은 정칙호(regular arc))

$\overset{\text{정의}}{\Leftrightarrow} \exists \overline{\alpha} : (a_1, b_1) \to \mathbb{R}^3$ s.t.

(i) $\overline{\alpha} \ : \alpha$의 확장(extension)

(즉, $[a, b] \subset (a_1, b_1)$, $\alpha(t) = \overline{\alpha}(t)(\forall t \in [a, b])$

(ii) $\overline{\alpha}$: 정칙곡선
(2) 호 $\alpha : [a,b] \to \mathbb{R}^3$에 대하여
$$L = \int_a^b \|\alpha'(t)\| dt \ (\text{호 } \alpha \text{의 길이(arc length)}).$$

10년시행기출
좌표공간에서 곡선
$\gamma(t) = (a\cos t, a\sin t, bt)$ 는 두 점
$P(2,0,4\pi), \ Q(2,0,8\pi)$
를 지난다. 점 P에서 Q까지 곡선 $\gamma(t)$의
길이가 $4\sqrt{10}\pi$일 때, $a+b$의 값은?
(단, $a > 0$이고, $b > 0$이다.) [2점]
① $\frac{8}{3}$ ② 3 ③ $\frac{10}{3}$ ④ $\frac{11}{3}$ ⑤ 4

보 기 3
다음 정칙호 α의 길이 L을 구하시오. U
(1) $\alpha(t) = (a\cos t, a\sin t, bt) \ (0 \leq t \leq 5)$ (단, $a > 0, \ b \neq 0$)
(2) $\alpha(t) = \left(\frac{3}{2}\cos(t^2), 2t^2, \frac{3}{2}\sin(t^2)\right) \ (1 \leq t \leq 4)$

풀 이

(1) $L = \int_0^5 \|\alpha'(t)\| dt = \int_0^5 \sqrt{a^2 + b^2} \, dt = 5\sqrt{a^2 + b^2}$.

(2) $L = \int_1^4 \|\alpha'(t)\| dt = \int_1^4 5t \, dt = \frac{75}{2}$.

정 의 3 (구판 정의3)
정칙곡선 $\alpha : (a,b) \to \mathbb{R}^3$, $\beta : (c,d) \to \mathbb{R}^3$에 대하여
(1) $\beta : \alpha$의 양의 재매개화(positive reparametrization)
    (혹은 음의 재매개화(negative reparametrization))
$\overset{\text{정의}}{\Leftrightarrow} \exists h : (c,d) \to (a,b)$ s.t.
(i) $\beta = \alpha \circ h$,
(ii) $h : (c,d)$에서 미분가능,
(iii) $h'(t) > 0 \ (\forall t \in (c,d))$ (혹은 $h'(t) < 0 \ (\forall t \in (c,d))$).
(2) $\beta : \alpha$의 재매개화(reparametrization)
$\overset{\text{정의}}{\Leftrightarrow} \beta : \alpha$의 양의 재매개화 혹은 α의 음의 재매개화
$\Leftrightarrow \exists h : (c,d) \to (a,b)$ s.t.
(i) $\beta = \alpha \circ h$,
(ii) $h : (c,d)$에서 미분가능,
(iii) $h'(t) \neq 0 \ (\forall t \in (c,d))$.

정 리 1 (구판 정리1)

$\alpha : I = (a, b) \to \mathbb{R}^3$ 가 정칙곡선일 때
(1) 단위속력을 갖는 재매개화의 존재성
$$\exists \text{ 단위속력을 갖는 } \alpha\text{의 재매개화}(=: \beta)$$
(2) 단위속력을 갖는 재매개화의 유일성
β_1, β_2 : 단위속력을 갖는 α의 재매개화
$\Rightarrow (\exists t_0(\text{상수}) \in \mathbb{R} \text{ s.t. } \beta_2(t) = \beta_1(t + t_0))$
  혹은 $(\exists t_0(\text{상수}) \in \mathbb{R} \text{ s.t. } \beta_2(t) = \beta_1(-t + t_0))$.
(즉, 정칙곡선 α의 단위속력을 갖는 재매개화는 방향과 시작점을 무시하면 유일하다.)

증 명
(1) "구성"

고정된 $t_0 \in I$에 대하여 $s : I \to \mathbb{R}$, $s(t) = \int_{t_0}^{t} \|\alpha'(u)\| du$라 두면
$$s'(t) = \|\alpha'(t)\| > 0 \ (\forall t \in (a, b))$$
이므로 s는 순증가함수이고 s는 $1-1$이다. 따라서 $s(I) = (c, d)$라 두면
$$\exists s^{-1}(=t) : (c, d) \to (a, b).$$
이제 $\beta(s) := \alpha(t(s))\ (s \in (c, d))$이라 두자.
"조건의 확인"
(ⅰ) β : s에 의한 α의 재매개화.
(ⅱ) β : 단위속력곡선
$(\because)\ \|\beta'(s)\| = \|t'(s)\alpha'(t(s))\|\ ((\because)\ \text{연쇄법칙})$
$$= \left\| \frac{1}{s'(t)} \alpha'(t(s)) \right\|\ ((\because)\ \text{역함수의 정리})$$
$$= \frac{\|\alpha'(t)\|}{\|\alpha'(t)\|} = 1.$$

(2) β_1, β_2 : α의 단위속력을 갖는 재매개곡선일 때
$\exists h_1 : (c_1, d_1) \to (a, b)$ 미분가능 s.t. $\beta_1 = \alpha \circ h_1$,
$\exists h_2 : (c_2, d_2) \to (a, b)$ 미분가능 s.t. $\beta_2 = \alpha \circ h_2$.
$\Rightarrow \beta_2 = \alpha \circ h_2 = \alpha \circ h_1 \circ h_1^{-1} \circ h_2 = \beta_1 \circ (h_1^{-1} \circ h_2)$
$\Rightarrow 1 = \|\beta_2'\| = \|(\beta_1'(h_1^{-1} \circ h_2))(h_1^{-1} \circ h_2)'\|$
$\qquad = \|\beta_1'(h_1^{-1} \circ h_2)\| |(h_1^{-1} \circ h_2)'|$
$\qquad = 1 \cdot |(h_1^{-1} \circ h_2)'|$
$\qquad = |(h_1^{-1} \circ h_2)'|$
$\Rightarrow |(h_1^{-1} \circ h_2)'| = 1$
$\Rightarrow (h_1^{-1} \circ h_2)'$은 연속이므로 중간값정리에 의해
$(h_1^{-1} \circ h_2)'(t) = 1(\forall t \in I)$ 혹은 $(h_1^{-1} \circ h_2)'(t) = -1(\forall t \in I)$.
$\Rightarrow h_1^{-1}(h_2(t)) = t + t_0(\exists t_0 \in \mathbb{R})$
$\qquad$ 혹은 $h_1^{-1}(h_2(t)) = -t + t_0(\exists t_0 \in \mathbb{R})$.
$\Rightarrow \beta_2(t) = \beta_1(t + t_0)(\forall t \in I)$ 혹은 $\beta_2(t) = \beta_1(-t + t_0)(\forall t \in I)$.
(즉, 시작점과 방향을 무시하면 β_1과 β_2는 서로 같다고 할 수 있다.)

NOTE
$f : I = (a, b) \to \mathbb{R}$가 연속일 때
(1) $f(x) \neq 0$ $(\forall x \in I)$
$\Leftrightarrow f(x) > 0$ $(\forall x \in I)$
   혹은 $f(x) < 0 (\forall x \in I)$.
(2) $|f(x)| = a$(상수)> 0
$\Leftrightarrow f(x) \equiv a$ $(\forall x \in I)$
   (혹은 $f(x) \equiv -a$ $(\forall x \in I)$).
($\because$) 중간값의 정리

NOTE
증명에서 사용된 호장함수(arc length function)
$$s(t) = \int_a^t \|\alpha'(u)\| du$$
에 대하여 호장함수 s를 변수로 하는 단위속력곡선 β를 호장에 의한 매개화(arc length parametrization) 혹은 호장에 관한 표현(arc length representation)이라 부른다.

보 기 4

다음 정칙곡선 $\alpha : I \to \mathbb{R}^3$의 호장에 의한 재매개화를 구하시오.
(1) $\alpha(t) = (a\cos t, a\sin t, bt)$ $(I = (-\infty, \infty))$ (단, $a > 0$, $b \neq 0$)
(2) $\alpha(t) = \left(\dfrac{3}{2}\cos(t^2), 2t^2, \dfrac{3}{2}\sin(t^2)\right)$ $(I = (0, \infty))$

풀 이

(1) (i) $\alpha(t)$의 속력은 $\|\alpha'(t)\| = \sqrt{a^2 + b^2}$이므로 호장함수는
$$s = s(t) = \int_0^t \|\alpha'(u)\| du = \sqrt{a^2 + b^2}\, t \ (t \in (-\infty, \infty))$$
이고 역함수는 $t = t(s) = \dfrac{s}{\sqrt{a^2 + b^2}}$ $(-\infty < s < \infty)$.

(ii) $\alpha(t)$의 호장에 의한 재매개화 β는
$\beta(s) = \alpha(t(s))$
$\qquad = \left(a\cos\left(\dfrac{s}{\sqrt{a^2 + b^2}}\right), a\sin\left(\dfrac{s}{\sqrt{a^2 + b^2}}\right), \dfrac{bs}{\sqrt{a^2 + b^2}}\right)$

$(-\infty < s < \infty)$.

(2) (i) $\alpha(t)$의 속력은 $\|\alpha'(t)\| = 5t$이므로 호장함수는
$$s = s(t) = \int_1^t \|\alpha'(u)\| du = \frac{5}{2}(t^2 - 1) \ (t \in (0, \infty))$$
이고 역함수는 $t = t(s) = \sqrt{\frac{2}{5}s + 1} \ (-\frac{5}{2} < s < \infty)$.

(ii) $\alpha(t)$의 호장에 의한 재매개화 β는
$$\beta(s) = \alpha(t(s))$$
$$= \left(\frac{3}{2}\cos\left(\frac{2}{5}s + 1\right), \frac{4}{5}s + 2, \frac{3}{2}\sin\left(\frac{2}{5}s + 1\right)\right)$$
$(-\frac{5}{2} < s < \infty)$.

예 제 1 (구판 예제2)
다음 정칙곡선 $\alpha : I \to \mathbb{R}^3$에 대한 물음에 답하시오.
(1) 정칙곡선
$\quad \alpha : I = (-\infty, \infty) \to \mathbb{R}^3, \ \alpha(t) = (e^t\cos t, e^t\sin t, e^t)$
의 호장에 의한 재매개화를 구하시오.
(2) 정칙곡선
$\quad \alpha : I = (0, \pi/2) \to \mathbb{R}^3, \ \alpha(t) = (\ln(\cos t), \cos t, \sin t)$
의 호장함수를 구하시오.

풀 이

(1) (i) $\alpha(t)$의 속력은 $\|\alpha'(t)\| = \sqrt{3}e^t$이므로 호장함수는
$$s = s(t) = \int_0^t \|\alpha'(u)\| du = \sqrt{3}(e^t - 1) \ (t \in (-\infty, \infty))$$
이고 역함수는 $t = t(s) = \ln\left(\frac{s}{\sqrt{3}} + 1\right) \ (-\sqrt{3} < s < \infty)$.

(ii) $\alpha(t)$의 호장에 의한 재매개화 β는
$$\beta(s) = \alpha(t(s))$$
$$= \left(\frac{s}{\sqrt{3}} + 1\right)\left(\cos\left(\ln\left(\frac{s}{\sqrt{3}} + 1\right)\right), \sin\left(\ln\left(\frac{s}{\sqrt{3}} + 1\right)\right), 1\right)$$
$(-\sqrt{3} < s < \infty)$.

NOTE (역함수 정리)
(1) 일변수함수의 역함수정리
$f : I = (a, b) \to \mathbb{R}$에 대하여
(i) f: I에서 단사, 연속
(ii) $f : x_0 \in (a, b)$에서 미분가능,
$\quad f'(x_0) \neq 0 \, (y_0 = f(x_0))$
이면
$g := f^{-1} : f(I) \to I$는 y_0에서 미분가능, $g'(y_0) = \frac{1}{f'(x_0)}$.

(2) 다변수함수의 역함수정리
$F : U(\mathbb{R}^n$의 개부분집합$) \to \mathbb{R}^n$
에 대하여
(i) F: I에서 단사, 연속
(ii) $F : \mathbf{x}_0 \in U$에서 미분가능,
$\quad \det(J_F(\mathbf{x}_0)) \neq 0 \, (\mathbf{y}_0 = f(\mathbf{x}_0))$
이면 $F^{-1} : F(U) \to U$는 $\mathbf{y}_0$에서 미분가능, $d(F^{-1})(\mathbf{y}_0) = (dF(\mathbf{y}_0))^{-1}$.

NOTE
(1) ① $\cos t = \frac{1}{2}(e^{it} + e^{-it})$,
$\quad \sin t = \frac{1}{2}(e^{it} - e^{-it})$.
② $\cos^2 t + \sinh^2 t = 1$.
(2) ① $\cosh t = \frac{1}{2}(e^t + e^{-t})$,
$\quad \sinh t = \frac{1}{2}(e^t - e^{-t})$.
② $\cosh^2 t = \sinh^2 t + 1$.

08년시행모의평가
다음 곡선
$$\alpha(t) = (\cosh t, \sinh t, t)$$
에 대하여 단위속력을 갖는 재매개곡선 (unit-speed reparametrization)을 구하는 과정이다. (가), (나)에 알맞은 것은?
(단, $\cosh t = \frac{e^t + e^{-t}}{2}$,
$\sinh t = \frac{e^t - e^{-t}}{2}$이다.) [2점]

주어진 곡선 α의 속력 $\|\alpha'(t)\|$를 구하면
$$\|\alpha'(t)\| = \boxed{\text{(가)}}$$
이므로 곡선 α의 호길이 함수(arc-length function) $s(t)$는
$$s(t) = \int_0^t \|\alpha'(u)\| du = \sqrt{2}\sinh t$$
따라서 호길이 함수의 역함수는 $t = t(s)$
$= \sinh^{-1}\dfrac{s}{\sqrt{2}}$ 이므로 곡선 α에 대하여
단위속력을 갖는 재매개곡선 $\beta(s)$는
$$\beta(s) = \alpha(t(s))$$
$$= \left(\sqrt{1+\dfrac{s^2}{2}},\ \boxed{\text{(나)}},\ \sinh^{-1}\dfrac{s}{\sqrt{2}}\right)$$

	(가)	(나)
①	$\sqrt{2}\cosh t$	$\sqrt{2}s$
②	$\sqrt{2}\cosh t$	$s/\sqrt{2}$
③	$\sqrt{2}|\sinh t|$	$\sqrt{2}s$
④	$\sqrt{2}|\sinh t|$	$s/\sqrt{2}$
⑤	$\sinh(|t|/\sqrt{2})$	$\cosh(s/\sqrt{2})$

NOTE (3차원 유클리드 공간 $\mathbb{R}^3$에서의 내적, 외적)
$\alpha \in \mathbb{R}$,
$v = (v_1, v_2, v_3)$, $w = (w_1, w_2, w_3)$
$(v, w \in \mathbb{R}^3)$에 대하여
(1) ① $v = w \Leftrightarrow v_1 = w_1$, $v_2 = w_2$, $v_3 = w_3$.
② $v \parallel w \Leftrightarrow v = kw\ (\exists k \in \mathbb{R})$
   혹은 $w = kv\ (\exists k \in \mathbb{R})$
(2) ① $v + w := (v_1 + w_1, v_2 + w_2, v_3 + w_3)$.
② $\alpha v := (\alpha v_1, \alpha v_2, \alpha v_3)$.
(3) ① $\langle v, w \rangle$(혹은 $v \cdot w$)
$:= v_1 w_1 + v_2 w_2 + v_3 w_3$
② $v \times w := \begin{vmatrix} e_1 & e_2 & e_3 \\ v_1 & v_2 & v_3 \\ w_1 & w_2 & w_3 \end{vmatrix}$
$= (v_2 w_3 - v_3 w_2,$
$\quad v_3 w_1 - v_1 w_3,$
$\quad v_1 w_2 - v_2 w_1)$.
(단, $e_1 = (1, 0, 0)$, $e_2 = (0, 1, 0)$, $e_3 = (0, 0, 1)$)
③ $\|v\| := \sqrt{\langle v, v \rangle}$
$= \sqrt{v_1^2 + v_2^2 + v_3^2}$.

(2) $\alpha(t)$의 속력은 $\|\alpha'(t)\| = \sec t$이므로 호장함수는
$$s = s(t) = \int_0^t \|\alpha'(u)\| du = \ln(\sec t + \tan t)\ (t \in (0, \pi/2)).$$

1.2. 곡선의 벡터장

정 의 4 ($\mathbb{R}^3$의 접공간) (구판 정의4)
$p \in \mathbb{R}^3$에 대하여
(1) ① $T_p\mathbb{R}^3 := \{v_p \mid v \in \mathbb{R}^3\}$
   (p에서 $\mathbb{R}^3$의 접공간(tangent space))
② v_p(혹은 v) : $\mathbb{R}^3$의 접벡터(tangent vector) $\Leftrightarrow v_p \in T_p\mathbb{R}^3$
(v, p를 각각 v_p의 벡터부분(vector part), 작용점(point of application)이라 한다.)
(2) $v_p, w_p \in T_p\mathbb{R}^3$, $\alpha \in \mathbb{R}$에 대하여
① 두 벡터의 같음과 평행은 각각 다음과 같이 정의한다.
$$v_p = w_q \Leftrightarrow p = q,\ v = w,$$
$$v_p \parallel w_q \Leftrightarrow p \neq q,\ v \parallel w.$$
② $T_p\mathbb{R}^3$상의 스칼라곱과 벡터합을 각각
$$\alpha v_p := (\alpha v)_p,\ v_p + w_p := (v + w)_p$$
이라 정의하면 $T_p\mathbb{R}^3$는 $\mathbb{R}$ 위의 벡터공간이다. 또한
$$\langle T_p\mathbb{R}^3, +, \cdot \rangle \cong \langle \mathbb{R}^3, +, \cdot \rangle.$$
③ $T_p\mathbb{R}^3$상의 내적, 가위적, 노름을 각각 다음과 같이 정의한다.
$$\langle v_p, w_p \rangle := \langle v, w \rangle,\ v_p \times w_p := (v \times w)_p,\ \|v_p\| := \|v\|.$$

보 기 5 (구판 보기3)
$v = (2, 1, -3)$, $w = (-1, 2, 2)$일 때 임의의 $p \in \mathbb{R}^3$에 대하여 다음을 구하시오.
(1) $2v_p - 3w_p$ \qquad (2) $\langle v_p, w_p \rangle$
(3) $\|v_p\|$

풀 이

(1) $2v_p - 3w_p = (2v - 3w)_p$
$\qquad\qquad = ((4, 2, -6) + (3, -6, -6))_p$
$\qquad\qquad = (7, -4, -12)_p$.

(2) $<v_p, w_p> = <v, w> = <(2, 1, 3), (-1, 2, 2)> = -6$.

(3) $\|v_p\| = \sqrt{<v_p, v_p>} = \sqrt{<v, v>} = \sqrt{14}$.

정 의 5 (곡선의 벡터장) (구판 정의5)

정칙곡선 $\alpha : I = (a, b) \to \mathbb{R}^3$에 대하여

(1) Y : α를 따르는 벡터장(vector field along α)
$\qquad\qquad$ (혹은 α의 벡터장)

$\overset{\text{정의}}{\Leftrightarrow} Y : I \to \cup_{t \in I} T_{\alpha(t)} \mathbb{R}^3$,
$\qquad Y(t) = (y_1(t), y_2(t), y_3(t))_{\alpha(t)} \in T_{\alpha(t)} \mathbb{R}^3 (\forall t \in I)$.

NOTE

(1) 정칙곡선
$$\alpha : I = (a, b) \to \mathbb{R}^3$$
에 대하여 α', α''은 α의 미분가능벡터장이다.

(2) 정칙곡선
$$\alpha : I = (-\infty, \infty) \to \mathbb{R}^3$$
의 벡터장
$$Y(t) = (t, t^2, t^3)_{\alpha(t)} (t \in I)$$
에 대하여
① Y는 I에서 미분가능이다.
② $Y'(t) = (1, 2t, 3t^2)_{\alpha(t)} (t \in I)$.

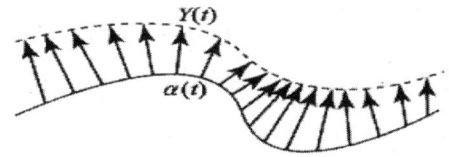

(2) 위의 벡터장 Y에 대하여

① Y : 미분가능벡터장(differentiable vector field)
$\qquad\qquad$ (혹은 미분가능(differentiable))

$\overset{\text{정의}}{\Leftrightarrow} y_i : I \to \mathbb{R}$는 미분가능($\forall i = 1, 2, 3$).

② 미분가능벡터장 $Y = (y_1, y_2, y_3)$에 대하여

㉠ $Y'(t) := (y_1'(t), y_2'(t), y_3'(t)) (\in T_{\alpha(t)} \mathbb{R}^3)(t \in I)$

㉡ Y : 평행하다(parallel).

$\overset{\text{정의}}{\Leftrightarrow} y_1, y_2, y_3 : I \to \mathbb{R}$는 상수함수

$\Leftrightarrow Y'(t) = (y_1'(t), y_2'(t), y_3'(t)) = (0, 0, 0)(\forall t \in I)$

정 리 2 (구판 정리2)

$\alpha: I=(a,b) \to \mathbb{R}^3$ 정칙곡선, X, Y : α에 따르는 벡터장, $f: I \to \mathbb{R}$ 미분가능함수일 때
(1) $(fY)' = f'Y + fY'$,   (2) $(X+Y)' = X' + Y'$,
(3) $\langle X, Y \rangle' = \langle X', Y \rangle + \langle X, Y' \rangle$.
(라이프니츠의 성질(Leibnizian property))

증 명

$X := (x_1, x_2, x_3)$, $Y := (y_1, y_2, y_3)$이라 할 때
(1) $(fY)' = (fy_1, fy_2, fy_3)' = ((fy_1)', (fy_2)', (fy_3)')$
$= (f'y_1 + fy_1', f'y_2 + fy_2', f'y_3 + fy_3')$
$= f'(y_1, y_2, y_3) + f(y_1', y_2', y_3') = f'Y + fY'$.
(2) $(X+Y)' = (x_1 + y_1, x_2 + y_2, x_3 + y_3)'$
$= (x_1' + y_1', x_2' + y_2', x_3' + y_3') = X' + Y'$.
(3) $(\langle X, Y \rangle)' = (x_1 y_1 + x_2 y_2 + x_3 y_3)'$
$= (x_1' y_1 + x_1 y_1') + (x_2' y_2 + x_2 y_2') + (x_3' y_3 + x_3 y_3')$
$= (x_1' y_1 + x_2' y_2 + x_3' y_3) + (x_1 y_1' + x_2 y_2' + x_3 y_3')$
$= \langle (x_1', x_2', x_3'), (y_1, y_2, y_3) \rangle$
$\quad + \langle (x_1, x_2, x_3), (y_1', y_2', y_3') \rangle$
$= \langle X', Y \rangle + \langle X, Y' \rangle$.

정 리 3

정칙곡선 $\alpha : I=(a,b) \to \mathbb{R}^3$에 대하여
(1) X, Y : α를 따르는 미분가능벡터장일 때
① $\langle X, Y \rangle =$ 상수 $\Rightarrow \langle X', Y \rangle + \langle X, Y' \rangle = 0$.
② $\|X\| =$ 상수 $\Rightarrow X(t) \perp X'(t)(\forall t \in I)$.
(2) ① α가 상수속력곡선 (즉, $\|\alpha'(t)\| = c$(양의 상수)($\forall t \in I$))일 때
$\alpha''(t) \perp \alpha'(t)(\forall t \in I)$.
② 특히, α가 단위속력곡선일 때 $\alpha''(t) \perp \alpha'(t)(\forall t \in I)$.

증 명

(1) ① $<X, Y> = c$(상수)이라 두고 양변을 미분하면
$$<X', Y> + <X, Y'> = 0.$$
② $\|X\| = c$(상수)라 할 때 $c^2 = \|X\|^2 = <X, X>$
$\Rightarrow 0 = <X, X>' = 2<X', X>$
$\Rightarrow X \perp X'$.

(2) (1)의 ②에 의해 자명하다.

1.3. 방향과 가위적

NOTE (순서기저와 방향)

(1) $\mathbb{R}^2$의 두 순서기저(ordered basis)
$$\alpha = \{e_1 = (1, 0), e_2 = (0, 1)\}, \ \beta = \{v_1 = (1, 1), v_2 = (0, 1)\}$$
에 대하여
$$v_1 = (1, 1) = 1e_1 + 1e_2 = a_{11}e_1 + a_{21}e_2 = \sum_{j=1}^{2} a_{j1}e_j,$$
$$v_2 = (0, 1) = 0e_1 + 1e_2 = a_{12}e_1 + a_{22}e_2 = \sum_{j=1}^{2} a_{j2}e_j.$$
여기서 α와 β에 의해 주어지는 전이행렬을
$$A = \begin{pmatrix} 1 & 0 \\ 1 & 1 \end{pmatrix} = (a_{ij})_{2 \times 2}$$
이라 하고
$$\det(A) = 1 > 0$$
이다. 이때, 두 순서기저 α, β는 "같은 방향을 갖는다."고 하고 $\alpha \sim \beta$라 쓴다.

(2) $\mathbb{R}^2$의 두 순서기저(ordered basis)
$$\alpha = \{e_1 = (1, 0), e_2 = (0, 1)\},\ \beta = \{v_1 = (1, 1), v_2 = (1, 0)\}$$
에 대하여
$$v_1 = (1, 1) = 1e_1 + 1e_2 = a_{11}e_1 + a_{21}e_2 = \sum_{j=1}^{2} a_{j1}e_j,$$
$$v_2 = (1, 0) = 1e_1 + 0e_2 = a_{12}e_1 + a_{22}e_2 = \sum_{j=1}^{2} a_{j2}e_j.$$
여기서 α와 β에 의해 주어지는 전이행렬을
$$A = \begin{pmatrix} 1 & 1 \\ 1 & 0 \end{pmatrix} = (a_{ij})_{2 \times 2}$$
이라 하고
$$\det(A) = -1 < 0$$
이다. 이때, 두 순서기저 $\alpha,\ \beta$는 "반대 방향을 갖는다."고 한다.

정 의 6 (구판 정의6)

(1) $\mathbb{R}^n$의 두 순서기저
$$\alpha = \{u_1, u_2, \cdots, u_n\},\ \beta = \{v_1, v_2, \cdots, v_n\}$$
에 의해 주어지는 전이행렬
$$A = (a_{ij})_{n \times n}$$
(즉, $v_1 = a_{11}u_1 + a_{21}u_2 + \cdots + a_{n1}u_n$,
$\vdots$
$v_n = a_{1n}u_1 + a_{2n}u_2 + \cdots + a_{nn}u_n$.)
에 대하여

① ㉠ $\alpha,\ \beta$: 같은 방향(same orientation)을 갖는다.
    (혹은 $\alpha \sim \beta$)
$\overset{\text{정의}}{\Leftrightarrow} \det(A) > 0$

㉡ $\alpha,\ \beta$: 다른 방향을 갖는다. (혹은 $\alpha \not\sim \beta$)
$\overset{\text{정의}}{\Leftrightarrow} \det(A) < 0$

② $\mathbb{R}^n$의 표준기저
$$\alpha = \{e_1 = (1, 0, \cdots, 0),\ \cdots,\ e_n = (0, 0, \cdots, 1)\}$$
에 대하여
㉠ β : 양의 방향(positive orientation)을 갖는다.
$\overset{\text{정의}}{\Leftrightarrow} \alpha,\ \beta$: 같은 방향.

I.3 방향과 가위적

ⓑ β : 음의 방향(negative orientation)을 갖는다.

정의
$\Leftrightarrow$ α, β : 반대 방향.

(2) $p = (p_1, p_2, p_3) \in \mathbb{R}^3$, $q = (q_1, q_2, q_3) \in \mathbb{R}^3$ 에 대하여

$$p \times q := \begin{vmatrix} e_1 & e_2 & e_3 \\ p_1 & p_2 & p_3 \\ q_1 & q_2 & q_3 \end{vmatrix}$$

(p와 q의 가위적(cross product)(혹은 벡터곱, 벡터적))
(단, $e_1 = (1, 0, 0)$, $e_2 = (0, 1, 0)$, $e_3 = (0, 0, 1)$)

정리 4 (구판 정리3)

p, q $\in \mathbb{R}^3$ 일 때 $v \in \mathbb{R}^3$ 에 대하여
$$v = p \times q \Leftrightarrow \langle v, u \rangle = \det(p, q, u) \; (\forall u \in \mathbb{R}^3).$$

(즉, $p \times q$ 는
$$\langle p \times q, u \rangle = \det(p, q, u) \; (\forall u \in \mathbb{R}^3)$$
을 만족하는 유일한 벡터이다.)

증명

$p = (p_1, p_2, p_3) \in \mathbb{R}^3$, $q = (q_1, q_2, q_3) \in \mathbb{R}^3$, $v = (v_1, v_2, v_3) \in \mathbb{R}^3$
에 대하여

($\Rightarrow$) "$v = p \times q \Rightarrow \langle v, u \rangle = \det(p, q, u) \; (\forall u = (u_1, u_2, u_3) \in \mathbb{R}^3)$"

($\because$) $\langle p \times q, u \rangle = \left\langle \begin{vmatrix} e_1 & e_2 & e_3 \\ p_1 & p_2 & p_3 \\ q_1 & q_2 & q_3 \end{vmatrix}, (u_1, u_2, u_3) \right\rangle$

$= u_1 \begin{vmatrix} p_2 & p_3 \\ q_2 & q_3 \end{vmatrix} - u_2 \begin{vmatrix} p_1 & p_3 \\ q_1 & q_3 \end{vmatrix} + u_3 \begin{vmatrix} p_1 & p_2 \\ q_1 & q_2 \end{vmatrix}$

$= \begin{vmatrix} p_1 & p_2 & p_3 \\ q_1 & q_2 & q_3 \\ u_1 & u_2 & u_3 \end{vmatrix} = \det(p, q, u)$.

NOTE (행렬식의 성질)

(1) 단위 행렬의 행렬식은 1이다.
(즉, $\det(E) = 1$)

(2) 상삼각행렬 혹은 하삼각행렬의 행렬식은 대각성분의 곱과 같다.

(3) 행렬 A의 행렬식과 그 전치행렬 A^T의 행렬식은 같다.
(즉, $\det(A^T) = \det(A)$)

(4) 행렬식은 행(열)에 관하여 선형이다.

(5) 영행(열)이 있는 행렬의 행렬식은 0이다.

(6) 하나의 행(열)을 k배하여 다른 행(열)에 더하여도 행렬식은 변하지 않는다.

(7) 두 행(열)이 같으면 행렬식은 0이다.

(8) 두 행(열)을 교환하면 행렬식의 부호는 바뀐다.

(9) 두 행렬의 곱의 행렬식은 행렬식의 곱과 같다.
(즉, $\det(AB) = \det(A)\det(B)$)

(10) 정칙행렬 A에 대하여
$$\det(A^{-1}) = \frac{1}{\det(A)}$$
이다.

(11) n차 정방행렬 A, B, C, D에 대하여 B, C 중에 적어도 하나는 O일 때
$$\det\begin{pmatrix} A & B \\ C & D \end{pmatrix} (2n\text{차 정방행렬})$$
$= \det(A)\det(D) - \det(B)\det(C)$.

($\Leftarrow$) " $\langle v, u \rangle = \det(p, q, u)$ ($\forall u = (u_1, u_2, u_3) \in \mathbb{R}^3$) $\Rightarrow v = p \times q$ "

($\because$) $v = (v_1, v_2, v_3)$에 대하여

$$\langle v, u \rangle = \det(p, q, u) \quad (\forall u \in \mathbb{R}^3)$$

$\Rightarrow v_1 = \langle v, e_1 \rangle = \begin{vmatrix} p_1 & p_2 & p_3 \\ q_1 & q_2 & q_3 \\ 1 & 0 & 0 \end{vmatrix} = \begin{vmatrix} p_1 & p_3 \\ q_2 & q_3 \end{vmatrix} = p \times q$의 첫 번째 좌표.

같은 방법에 의해

$v_2 = \langle v, e_2 \rangle = p \times q$의 두 번째 좌표,

$v_3 = \langle v, e_3 \rangle = p \times q$의 세 번째 좌표.

$\Rightarrow v = p \times q$.

정 리 5 (가위적의 성질) (구판 정리4)

$p, q, r, s \in \mathbb{R}^3$, $a \in \mathbb{R}$에 대하여

(1) $p \times q = 0 \cdots \text{㉠} \Leftrightarrow p \parallel q \cdots \text{㉡}$
  $\Leftrightarrow p, q$: 일차종속 $\cdots$ ㉢

(2) ① $(p \times q) \perp p$ ② $(p \times q) \perp q$

(3) p, q : 일차독립 $\Rightarrow \{p, q, p \times q\}$: $\mathbb{R}^3$의 양의 방향의 기저
  (순서기저)

(4) $p \times q = -q \times p$

(5) $(p+q) \times r = p \times r + q \times r$

(6) $(ap) \times q = a(p \times q) = p \times (aq)$

(7) $\langle p \times q, r \times s \rangle = \begin{vmatrix} \langle p, r \rangle & \langle p, s \rangle \\ \langle q, r \rangle & \langle q, s \rangle \end{vmatrix}$

(8) ① $p \times (q \times r) = \langle p, r \rangle q - \langle p, q \rangle r$
  ② $\{p, q\}$: 정규직교, $r = p \times q$ 일 때
    ㉠ $q \times r = p$ ㉡ $r \times p = q$.

(9) $\|p \times q\|^2 = \|p\|^2 \|q\|^2 - \langle p, q \rangle^2$
  $= \|p\|^2 \|q\|^2 \sin^2 \theta$ (단, $\angle(p, q) = \theta$)

(10) 정칙곡선 $\alpha, \beta : I = (a, b) \to \mathbb{R}^3$와 α에 따르는 미분가능벡터장 X, Y에 대하여
  ① $(\alpha \times \beta)' = \alpha' \times \beta + \alpha \times \beta'$ ② $(X \times Y)' = X' \times Y + X \times Y'$.

증 명

(1) ㉡ $\Rightarrow$ ㉠ $p \parallel q \Rightarrow \exists k \in \mathbb{R}$ s.t. $p = kq$

$$\Rightarrow p \times q = \det\begin{pmatrix} e_1 & e_2 & e_3 \\ kq_1 & kq_2 & kq_3 \\ q_1 & q_2 & q_3 \end{pmatrix} = 0.$$

㉠ $\Rightarrow$ ㉡ $p \times q = 0 \Rightarrow 0 = \begin{vmatrix} e_1 & e_2 & e_3 \\ p_1 & p_2 & p_3 \\ q_1 & q_2 & q_3 \end{vmatrix}$

$$= (p_2 q_3 - p_3 q_2,\ p_3 q_1 - p_1 q_3,\ p_1 q_2 - p_2 q_1).$$

(2) ① $<p \times q,\ p> = \det(p, q, p) = \begin{vmatrix} p_1 & p_2 & p_3 \\ q_1 & q_2 & q_3 \\ p_1 & p_2 & p_3 \end{vmatrix} = 0.$

② $<p \times q,\ q> = \det(p, q, q) = \begin{vmatrix} p_1 & p_2 & p_3 \\ q_1 & q_2 & q_3 \\ q_1 & q_2 & q_3 \end{vmatrix} = 0.$

(3) p, q : 일차독립 $\Rightarrow p \times q \neq 0$

$$\Rightarrow \det(p, q, p \times q) = <p \times q,\ p \times q>$$
$$= \|p \times q\|^2 > 0$$

$\Rightarrow \{p, q, p \times q\}$: $\mathbb{R}^3$의 양의 방향의 순서기저

(4) 행렬식의 성질에 의해

$$p \times q = \begin{vmatrix} e_1 & e_2 & e_3 \\ p_1 & p_2 & p_3 \\ q_1 & q_2 & q_3 \end{vmatrix} = -\begin{vmatrix} e_1 & e_2 & e_3 \\ q_1 & q_2 & q_3 \\ p_1 & p_2 & p_3 \end{vmatrix} = -q \times p.$$

(5) $(p+q) \times r = \begin{vmatrix} e_1 & e_2 & e_3 \\ p_1+q_1 & p_2+q_2 & p_3+q_3 \\ r_1 & r_2 & r_3 \end{vmatrix} = \begin{vmatrix} e_1 & e_2 & e_3 \\ p_1 & p_2 & p_3 \\ r_1 & r_2 & r_3 \end{vmatrix} + \begin{vmatrix} e_1 & e_2 & e_3 \\ q_1 & q_2 & q_3 \\ r_1 & r_2 & r_3 \end{vmatrix}$

$$= p \times r + q \times r.$$

(6) $(ap) \times q = \begin{vmatrix} e_1 & e_2 & e_3 \\ ap_1 & ap_2 & ap_3 \\ q_1 & q_2 & q_3 \end{vmatrix} = a\begin{vmatrix} e_1 & e_2 & e_3 \\ p_1 & p_2 & p_3 \\ q_1 & q_2 & q_3 \end{vmatrix} = a(p \times q).$

(7) (i) $r, s \in \{e_1, e_2, e_3\}$ 일 때 성립

($\because$) 일반성을 잃지 않고 $r = e_1$, $s = e_2$라 가정하면

좌변 $= <p \times q, e_1 \times e_2> \ = <p \times q, e_3>$
$= p \times q$의 세 번째 성분
$= \begin{vmatrix} p_1 & p_2 \\ q_1 & q_2 \end{vmatrix}$,

우변 $= <p, e_1><q, e_2> - <p, e_2><q, e_1> \ = p_1 q_2 - p_2 q_1$
$= \begin{vmatrix} p_1 & p_2 \\ q_1 & q_2 \end{vmatrix}$.

(ii) $r = r_1 e_1 + r_2 e_2 + r_3 e_3 (\in \mathbb{R}^3)$, $s = s_1 e_1 + s_2 e_2 + s_3 e_3 (\in \mathbb{R}^3)$에 대하여

$<p \times q, r \times s> \ = <p \times q, \sum_{i,j=1,2,3} r_i s_j e_i \times e_j>$
$= \sum_{i,j=1,2,3} r_i s_j <p \times q, e_i \times e_j>$
$= \sum_{i,j=1,2,3} r_i s_j (<p, e_i><q, e_j>$
$\qquad - <p, e_j><q, e_i>)$
$= <p, r><q, s> - <p, s><q, r>$
$= \begin{vmatrix} <p, r> & <p, s> \\ <q, r> & <q, s> \end{vmatrix}$.

(8) ① (i) $q, r \in \{e_1, e_2, e_3\}$일 때 성립

($\because$) 일반성을 잃지 않고 $q = e_1$, $r = e_2$라 가정하면

$p \times (e_1 \times e_2) = p \times e_3 = \begin{vmatrix} e_1 & e_2 & e_3 \\ p_1 & p_2 & p_3 \\ 0 & 0 & 1 \end{vmatrix} = (p_2, -p_1, 0)$,

$<p, e_2> e_1 - <p, e_1> e_2 = p_2 e_1 - p_1 e_2 = (p_2, -p_1, 0)$.

(ii) (7)과 같은 원리에 의해

$p \times (q \times r) = p \times (\sum_{i=1}^{3} q_i e_i \times \sum_{j=1}^{3} r_j e_j)$
$= \sum_{i=1}^{3} \sum_{j=1}^{3} q_i r_j (p \times (e_i \times e_j))$
$= \sum_{i=1}^{3} \sum_{j=1}^{3} q_i r_j (<p, e_j> e_i - <p, e_i> e_j)$

$$= <p, \sum_{j=1}^{3} r_j e_j > \sum_{i=1}^{3} q_i e_i - <p, \sum_{i=1}^{3} q_i e_i > \sum_{i=1}^{3} r_j e_j)$$
$$= \langle p, r \rangle q - \langle p, q \rangle r.$$

(9) $\|p \times q\|^2 = \langle p \times q, p \times q \rangle = \begin{vmatrix} \langle p, p \rangle & \langle p, q \rangle \\ \langle q, p \rangle & \langle q, q \rangle \end{vmatrix}$
$$= \|p\|^2 \|q\|^2 - \langle p, q \rangle^2.$$

(10) ① 아래의 ②와 같은 방법에 의해 증명된다.

② $X = (x_1, x_2, x_3)$, $Y = (y_1, y_2, y_3)$이라 할 때

$$(X \times Y \text{의 첫 번째 좌표})' = \left(\begin{vmatrix} x_2 & x_3 \\ y_2 & y_3 \end{vmatrix} \right)'$$
$$= (x_2 y_3 - x_3 y_2)'$$
$$= (x_2' y_3 + x_2 y_3') - (x_3' y_2 + x_3 y_2')$$
$$= (x_2' y_3 - x_3' y_2) + (x_2 y_3' - x_3 y_2')$$
$$= (X' \times Y + X \times Y' \text{의 첫 번째 좌표}).$$

같은 방법에 의해

$(X \times Y$의 두 번째 좌표$)' = (X' \times Y + X \times Y'$의 두 번째 좌표$)$,
$(X \times Y$의 세 번째 좌표$)' = (X' \times Y + X \times Y'$의 세 번째 좌표$)$.

1.4. 미분량의 정의

정 의 7 (구판 정의7)

단위속력곡선 $\beta : I \to \mathbb{R}^3$에 대하여

(1) $\boldsymbol{T}(s) := \beta'(s) \in T_{\beta(s)}\mathbb{R}^3$
   (β의 단위접벡터장(unit tangent vector field))

(2) ① $\boldsymbol{T}'(s) = \beta''(s) \in T_{\beta(s)}\mathbb{R}^3$
   (β의 곡률벡터장(curvature vector field))
   ② $\kappa(s) := \|\boldsymbol{T}'(s)\|$
   (β의 곡률함수(curvature function))

(3) $\rho(s) := \begin{cases} \dfrac{1}{\kappa(s)} &, \kappa(s) \neq 0 \\ \infty &, \kappa(s) = 0 \end{cases}$
   (β의 곡률반경(radius of curvature))

(4) $\kappa(s) \neq 0$일 때
$$\boldsymbol{N}(s) := \frac{\boldsymbol{T}'(s)}{\kappa(s)} \in T_{\beta(s)}\mathbb{R}^3$$
   (β의 주법선벡터장(unit principal normal vector field))

(5) $\boldsymbol{B}(s) := \boldsymbol{T}(s) \times \boldsymbol{N}(s) \in T_{\beta(s)}\mathbb{R}^3$
   (β의 종법선벡터장(unit binormal vector field)
   (혹은 이중법벡터장))

(6) $\tau(s) := -\langle \boldsymbol{B}'(s), \boldsymbol{N}(s) \rangle$
   (β의 열률함수(torsion function))

NOTE
(1) 각 점 $p = \beta(s) (\in \mathbb{R}^3)$에서
$$\{\boldsymbol{T}, \boldsymbol{N}, \boldsymbol{B}\}$$
는 $T_p\mathbb{R}^3$의 정규직교기저이고 이를 동삼면체(moving trihedron) (혹은 Frenet 표구장(Frenet frame field 혹은 orthonormal frame))이라 한다.

(2) ① n차원 내적공간 V의 정규직교기저 $\{e_1, e_2, \cdots, e_n\}$에 대하여
$$v = \langle v, e_1 \rangle e_1 + \cdots + \langle v, e_n \rangle e_n$$
$$(\forall v \in V)$$
② $\mathrm{v} \in T_p\mathbb{R}^3$에 대하여
$$\mathrm{v} = \langle \mathrm{v}, \boldsymbol{T} \rangle \boldsymbol{T} + \langle \mathrm{v}, \boldsymbol{N} \rangle \boldsymbol{N} + \langle \mathrm{v}, \boldsymbol{B} \rangle \boldsymbol{B}$$

NOTE (κ, τ의 의미)
(1) 단위속력곡선 β는 $\|\boldsymbol{T}(s)\| \equiv 1$이므로
$$<\boldsymbol{T}(s), \boldsymbol{T}'(s)> = 0$$
이다. 따라서 $\boldsymbol{T}(s)$는 $\boldsymbol{T}'(s)$와 수직이므로 <u>$\boldsymbol{T}'(s)$은 각 점 s에서 접하는 접벡터 $\boldsymbol{T}(s)$로 부터 주어진 곡선이 얼마나 빨리 벗어나는가</u>를 측정해 준다. 즉, β가 $\mathbb{R}^3$에서 굽어진 정도를 측정해 준다.
(2) 각 $s \in I$ 에서 $\boldsymbol{T}(s)$와 $\boldsymbol{N}(s)$에 의해 만들어지는 평면을 s에서 단위속력곡선 β의 접촉평면(osculating plane)이라 한다. $\boldsymbol{B}(s)$는 $\boldsymbol{T}(s)$, $\boldsymbol{N}(s)$에 수직이므로 접촉평면에 수직이고, $\|\boldsymbol{B}(s)\| \equiv 1$이므로 <u>$\boldsymbol{B}'(s)$는 곡선이 접촉평면으로부터 얼마나 빨리 벗어나는가</u>를 측정해 준다. 또한

I.4 미분량의 정의

$$B'(s) = \langle B'(s), N(s) \rangle N(s)$$

가 되고 τ의 정의에 의해

$$B'(s) = -\tau N(s).$$

보 기 6

다음의 단위속력곡선 $\beta = \beta(s)(s \in I)$에 관한 물음에 답하시오.

(1) $\beta : I = (-\infty, \infty) \to \mathbb{R}^3$,

$$\beta(s) = \frac{1}{\sqrt{2}}(\cos s, \sin s, s)(s \in I)$$

일 때 $\beta(0)$에서 T, N, B, κ, τ를 각각 구하시오.

(2) $\beta : I = (-1, 1) \to \mathbb{R}^3$,

$$\beta(s) = \left(\frac{(1+s)^{3/2}}{3}, \frac{(1-s)^{3/2}}{3}, \frac{s}{\sqrt{2}} \right)(s \in I)$$

일 때 $\beta(0)$에서 T, κ를 각각 구하시오.

풀 이

(1) (i) $T(s) = \beta'(s) = \frac{1}{\sqrt{2}}(-\sin s, \cos s, 1)$이므로

$$T(0) = \frac{1}{\sqrt{2}}(0, 1, 1).$$

$\beta''(s) = -\frac{1}{\sqrt{2}}(\cos s, \sin s, 0),$

$N(s) = \frac{\beta''(s)}{\|\beta''(s)\|} = -(\cos s, \sin s, 0)$이므로

$$N(0) = (-1, 0, 0).$$

$B(s) = T(s) \times N(s) = \frac{1}{\sqrt{2}} \begin{vmatrix} i & j & k \\ -\sin s & \cos s & 1 \\ -\cos s & -\sin s & 0 \end{vmatrix}$

$= \frac{1}{\sqrt{2}}(\sin s, -\cos s, 1)$ 이므로

$$B(0) = \frac{1}{\sqrt{2}}(0, -1, 1).$$

00년시행기출

곡선

$$X = (4\cos t)e_1 + (4\sin t)e_2 + 3te_3$$

에 대하여 다음 물음에 답하시오.
(단, e_1, e_2, e_3는 $\mathbb{R}^3$의 표준기저이다.)
[총 5점]

(1) 단위속력벡터를 구하시오. [2점]

(2) 곡률을 구하시오. [2점]

(3) 곡률반경을 구하시오. [1점]

93년시행기출

$a > 0$일 때, 단위속력곡선(unit-speed curve) $X(t)$

$$= \left(a\cos\frac{t}{\sqrt{a^2+1}}, a\sin\frac{t}{\sqrt{a^2+1}}, \frac{t}{\sqrt{a^2+1}} \right)$$

의 곡률(curvature)은?

① $\dfrac{a}{a^2+1}$ ② $\dfrac{\sqrt{a}}{a^2+1}$

③ $\dfrac{\sqrt{2}\,a}{a^2+1}$ ④ $\dfrac{2a}{a^2+1}$

(ii) ㉠ $\kappa(0) = \|\beta''(0)\| = \dfrac{1}{\sqrt{2}}$,

㉡ $\boldsymbol{B}'(s) = \dfrac{1}{\sqrt{2}}(\cos s, \sin s, 0)$ 이므로
$$\tau(0) = -\langle \boldsymbol{B}'(0), \boldsymbol{N}(0) \rangle = -\dfrac{1}{\sqrt{2}}.$$

(2) (i) $\boldsymbol{T} = \beta'(s) = \left(\dfrac{(1+s)^{1/2}}{2}, -\dfrac{(1-s)^{1/2}}{2}, \dfrac{1}{\sqrt{2}} \right)$,
$$\boldsymbol{T}(0) = \left(\dfrac{1}{2}, -\dfrac{1}{2}, \dfrac{1}{\sqrt{2}} \right).$$

(ii) $\beta''(s) = \left(\dfrac{1}{4}(1+s)^{-1/2}, \dfrac{1}{4}(1-s)^{-1/2}, 0 \right)$,
$\kappa(s) = \|\beta''(s)\| = \left(\dfrac{1}{8(1-s^2)} \right)^{1/2}$ 이므로 $\kappa(0) = \dfrac{1}{2\sqrt{2}}$.

예 제 2

단위속력곡선 $\beta : I = (-\infty, \infty) \to \mathbb{R}^3$가
$$\beta(s) = u(s)\boldsymbol{N}(s) + v(s)\boldsymbol{B}(s) \;(\forall s \in I)$$
의 꼴로 나타난다. 그러면 β는 원점을 중심으로 하는 하나의 구면상의 곡선임을 보이시오.

풀 이

(i) $\langle \beta(s), \boldsymbol{T}(s) \rangle = u(s)\langle \boldsymbol{N}(s), \boldsymbol{T}(s) \rangle + v(s)\langle \boldsymbol{B}(s), \boldsymbol{T}(s) \rangle$
$$\equiv 0 \;(\forall s \in I)$$

이므로
$$(\langle \beta(s), \beta(s) \rangle)' = 2\langle \beta(s), \beta'(s) \rangle = 2\langle \beta(s), \boldsymbol{T}(s) \rangle = 0 \;(\forall s \in I).$$

(ii) $\| \beta(s) - \boldsymbol{0} \|^2 = \langle \beta(s), \beta(s) \rangle \equiv$ 상수, β는 정칙곡선이므로
$$\| \beta(s) \|^2 =: r^2 > 0 \;(\forall s \in I).$$

(즉, $\beta = \beta(s)$: 원점을 중심으로 하는 반지름 r인 구면곡선이다.)

I.4 미분량의 정의

정 의 8 (구판 정의8)
정칙곡선 $\alpha = \alpha(t)(t \in I)$ 위의 각 점 $\mathbf{x} = \alpha(t)$에 대하여
(1) 접선(tangent line) : $\mathbf{y} = \mathbf{x} + t\boldsymbol{T}$ $(t \in \mathbb{R})$
 (즉, $\mathbf{x}$를 지나고 $\boldsymbol{T}$에 평행한 직선)
(2) 주법선(principle normal line) : $\mathbf{y} = \mathbf{x} + t\boldsymbol{N}$ $(t \in \mathbb{R})$
 (즉, $\mathbf{x}$를 지나고 $\boldsymbol{N}$에 평행한 직선)
(3) 종법선(binormal line) : $\mathbf{y} = \mathbf{x} + t\boldsymbol{B}$ $(t \in \mathbb{R})$
 (즉, $\mathbf{x}$를 지나고 $\boldsymbol{B}$에 평행한 직선)
(4) 법평면(normal plane) : $\langle \mathbf{y} - \mathbf{x}, \boldsymbol{T} \rangle = 0$
 (즉, $\mathbf{x}$를 지나고 $\boldsymbol{T}$에 수직인 평면)
(5) 전직평면(rectifying plane) : $\langle \mathbf{y} - \mathbf{x}, \boldsymbol{N} \rangle = 0$
 (즉, $\mathbf{x}$를 지나고 $\boldsymbol{N}$에 수직인 평면)
(6) 접촉평면(osculating plane) : $\langle \mathbf{y} - \mathbf{x}, \boldsymbol{B} \rangle = 0$
 (즉, $\mathbf{x}$를 지나고 $\boldsymbol{B}$에 수직인 평면)

NOTE
$a, b \in \mathbb{R}^3$, $b \neq 0$에 대하여
(1) $\mathbf{x} = a + tb$ $(t \in \mathbb{R})$
 : a를 지나고 b에 평행한 직선의 방정식
(2) $\langle \mathbf{x} - a, b \rangle = 0$
 : a를 지나고 b에 수직인 평면의 방정식

보 기 7
단위속력곡선 $\beta : I = (-\infty, \infty) \to \mathbb{R}^3$,
$$\beta(s) = \frac{1}{\sqrt{2}}(\cos s, \sin s, s)(s \in I)$$
의 한 점 $\beta(0)$에서 접선, 주법선, 종법선, 법평면, 전직평면, 접촉평면의 방정식을 각각 구하시오.

풀 이
(i) 위의 보기의 계산결과에 의해
$$\boldsymbol{T}(0) = \frac{1}{\sqrt{2}}(0, 1, 1). \quad \boldsymbol{N}(0) = (-1, 0, 0). \quad \boldsymbol{B}(0) = \frac{1}{\sqrt{2}}(0, -1, 1).$$
(ii) ㉠ 접선 : $\beta(0) + t\boldsymbol{T} = \frac{1}{\sqrt{2}}(1, 0, 0) + t \cdot \frac{1}{\sqrt{2}}(0, 1, 1)$
$$= \frac{1}{\sqrt{2}}(1, t, t) \ (t \in \mathbb{R}).$$
㉡ 주법선 : $\beta(0) + t\boldsymbol{N} = \frac{1}{\sqrt{2}}(1, 0, 0) + t \cdot (-1, 0, 0)$
$$= (\frac{1}{\sqrt{2}} - t, 0, 0) \ (t \in \mathbb{R}).$$
㉢ 종법선 : $\beta(0) + t\boldsymbol{B} = \frac{1}{\sqrt{2}}(1, 0, 0) + t \cdot \frac{1}{\sqrt{2}}(0, -1, 1)$
$$= \frac{1}{\sqrt{2}}(1, -t, t) \ (t \in \mathbb{R}).$$

ⓔ 법평면 : $0 = \langle (x, y, z) - \beta(0), \boldsymbol{T} \rangle$
$= \langle (x - \frac{1}{\sqrt{2}}, y, z)), (0, \frac{1}{\sqrt{2}}, \frac{1}{\sqrt{2}}) \rangle.$
$\Leftrightarrow \frac{1}{\sqrt{2}} y + \frac{1}{\sqrt{2}} z = 0$

ⓜ 전직평면 : $0 = \langle (x, y, z) - \beta(0), \boldsymbol{N} \rangle$
$= \langle (x - \frac{1}{\sqrt{2}}, y, z)), (-1, 0, 0) \rangle$
$\Leftrightarrow x = \frac{1}{\sqrt{2}}.$

ⓑ 접촉평면 : $0 = \langle (x, y, z) - \beta(0), \boldsymbol{B} \rangle$
$= \langle (x - \frac{1}{\sqrt{2}}, y, z)), (0, -\frac{1}{\sqrt{2}}, \frac{1}{\sqrt{2}}) \rangle$
$\Leftrightarrow -\frac{1}{\sqrt{2}} y + \frac{1}{\sqrt{2}} z = 0.$

06년시행기출
곡선
$\alpha : (0, \infty) \to \mathbb{R}^3,$
$\alpha(t) = (t^3 + t, t^2 + 1, t)$
가 있다. 이 곡선의 접촉평면($\alpha'(t)$와 $\alpha''(t)$를 포함하는 평면)과 xy-평면이 이루는 각이 $45°$가 되는 t의 값을 구하시오. (단, $\mathbb{R}^3$은 3차원 유클리드공간이다.) [4점]

보 기 8
3차원 유클리드 공간상의 두 곡선
$\alpha(t) = (t, t^2, 2 - t^2),\ \beta(t) = (t^2, 2 - t, 2t^2 - 1)\ (t \in \mathbb{R})$
이 있다. 점 $P(1, 1, 1)$에서 곡선 $\alpha(t)$와 $\beta(t)$의 두 접촉평면이 이루는 각을 θ라 할 때 $\cos^2 \theta$의 값을 구하시오.

풀 이
(i) ㉠ $P = \alpha(1)$에서
$\alpha'(t) = (1, 2t, -2t)|_{t=1} = (1, 2, -2),$
$\alpha''(t) = (0, 2, -2)|_{t=1} = (0, 2, -2)$
에 대하여 $u := \alpha'(t) \times \alpha''(t) = (0, 2, 2) = 2(0, 1, 1).$
㉡ $P = \beta(1)$에서
$\beta' = (2t, -1, 4t)|_{t=1} = (2, -1, 4),$
$\beta'' = (2, 0, 4)|_{t=1} = (2, 0, 4)$
에 대하여 $v := \beta' \times \beta'' = (-4, 0, 2) = -2(2, 0, 1).$
(ii) $\theta =$ (두 접촉평면의 사잇각) $= ((0, 1, 1), (2, 0, -1)$의 사잇각)
이므로 $\cos^2 \theta = \left| \frac{\langle (0, 1, 1), (2, 0, -1) \rangle}{\| (0, 1, 1) \| \ \| (2, 0, -1) \|} \right| = \frac{1}{\sqrt{10}}.$

예 제 3

정칙곡선
$$\alpha : I = (-\infty, \infty) \to \mathbb{R}^3$$
의 각 점 $\alpha(t)$에서의 법평면이 고정된 한 점 $p(\in \mathbb{R}^3)$를 지난다. 그러면 α는 p를 중심으로 하는 하나의 구면상의 곡선임을 보이시오.

풀 이

임의의 $t \in I$에 대하여 $\alpha(t)$에서의 법평면의 방정식은
$$\langle \alpha(t) - (x, y, z), \alpha'(t) \rangle = 0$$
이므로 가정에 의해 $0 = \langle \alpha(t) - p, \alpha'(t) \rangle \,(\forall t \in I)$.

$\Rightarrow 0 = \langle \alpha(t) - p, \alpha'(t) \rangle = \frac{1}{2}(\langle \alpha(t) - p, \alpha(t) - p \rangle)' \,(\forall t \in I)$

$\Rightarrow \alpha$는 정칙곡선이므로 $\alpha'(t) \neq 0 \,(\forall t \in I)$가 되어
$EXIST$상의 상수 $s.t.\ c = \langle \alpha(t) - p, \alpha(t) - p \rangle$
$$= \| \alpha(t) - p \|^2 (> 0)$$

$\Rightarrow \alpha$는 p에서 일정한 거리 $\sqrt{c}$를 갖는 구면상의 곡선

1.5. 미분량의 계산

> **보기 9**
> 정칙곡선 $\alpha : (-\infty, \infty) \to \mathbb{R}^3$,
> $$\alpha(t) = (a\cos t, a\sin t, bt) \ (a>0, \ b \neq 0)$$
> 의 T, N, B, κ, τ를 구하시오.

풀 이

(i) 위의 보기에 의해 $\alpha(t)$의 호장에 의한 재매개화 β는
$$\beta(s) = \left(a\cos\left(\frac{s}{c}\right), a\sin\left(\frac{s}{c}\right), \frac{bs}{c}\right) (-\infty < s < \infty)$$
(단, $c = \sqrt{a^2 + b^2}$).

(ii) $T(s) = \beta'(s) = \left(-\frac{a}{c}\sin\left(\frac{s}{c}\right), \frac{a}{c}\cos\left(\frac{s}{c}\right), \frac{b}{c}\right)$,

$T'(s) = \beta''(s) = \left(-\frac{a}{c^2}\cos\left(\frac{s}{c}\right), -\frac{a}{c^2}\sin\left(\frac{s}{c}\right), 0\right)$,

$\kappa(s) = \|T'(s)\| = \frac{a}{c^2} > 0$,

$N(s) = \dfrac{T'(s)}{\kappa} = \left(-\cos\left(\frac{s}{c}\right), -\sin\left(\frac{s}{c}\right), 0\right)$,

$B(s) = T(s) \times N(s) = \left(\frac{b}{c}\sin\left(\frac{s}{c}\right), -\frac{b}{c}\cos\left(\frac{s}{c}\right), \frac{a}{c}\right)$,

$B'(s) = \left(\frac{b}{c^2}\cos\left(\frac{s}{c}\right), \frac{b}{c^2}\sin\left(\frac{s}{c}\right), 0\right)$,

$\tau(s) = -\langle B'(s), N(s)\rangle = \dfrac{b}{c^2}$.

NOTE

(1) $p \in \mathbb{R}^3$에 대하여
$T_p\mathbb{R}^3 := \{v_p | v \in \mathbb{R}^3\}$
$\cong \mathbb{R}^3$(실벡터공간).

(2) 단위속력곡선 $\beta = \beta(s)(s \in I)$에 대하여

①

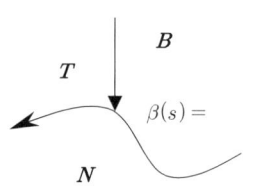

$p = \beta(s)$에서
$\{T, N, B\}$: $T_{\beta(s)}\mathbb{R}^3$의 정규직교기저.

② $v_p \in T_p\mathbb{R}^3$에 대하여
$v = \langle v, T\rangle T + \langle v, N\rangle N + \langle v, B\rangle B$.

> **정 리 6** (프레네-세레(Frenet-Serret)의 정리) (구판 정리5)
> 단위속력곡선 $\beta : I \to \mathbb{R}^3$의 곡률 $\kappa(>0)$와 열률 τ에 대하여 다음이 성립한다.
> $$\begin{matrix} T' = \kappa N \\ N' = -\kappa T + \tau B \\ B' = -\tau N \end{matrix} \quad \left(즉 \begin{pmatrix} T' \\ N' \\ B' \end{pmatrix} = \begin{pmatrix} 0 & \kappa & 0 \\ -\kappa & 0 & \tau \\ 0 & -\tau & 0 \end{pmatrix} \begin{pmatrix} T \\ N \\ B \end{pmatrix} \right)$$

증 명

(i) $T' = \kappa N$

($\because$) $\|T'\| = \kappa > 0$이므로 $T' = \|T'\|\dfrac{T'}{\|T'\|} = \kappa N$

(ii) $B' = -\tau N$

($\because$) $\{T, N, B\}$는 $\mathbb{R}^3$의 정규직교기저이므로
$$B' = \langle B', T \rangle T + \langle B', N \rangle N + \langle B', B \rangle B$$
이다. $B \perp T$이므로 $\langle B, T \rangle = 0$이고 양변을 미분하면
$\langle B', T \rangle + \langle B, T' \rangle = 0$,
$\langle B', T \rangle = -\langle B, T' \rangle = -\langle B, \kappa N \rangle = -\kappa \langle B, N \rangle = 0$.
(즉, $\langle B', T \rangle = 0 \cdots$ ①)
따라서 τ의 정의에 의해 $\langle B', N \rangle = -\tau \cdots$ ②.
$\langle B, B \rangle = \|B\|^2 = 1^2 = 1$이므로 양변을 미분하면
$\langle B', B \rangle + \langle B, B' \rangle = 0$, $\langle B, B' \rangle = 0 \cdots$ ③.
①, ②, ③에 의하여
$$B' = \langle B', T \rangle T + \langle B', N \rangle N + \langle B', B \rangle B = 0T - \tau N + 0B$$
이다.

(iii) $N' = -\kappa T + \tau B$

($\because$) $\{T, N, B\}$는 $\mathbb{R}^3$의 정규직교기저이므로
$$N' = \langle N', T \rangle T + \langle N', N \rangle N + \langle N', B \rangle B$$
이다. $N \perp T$이므로 $\langle N, T \rangle = 0$이고 양변을 미분하면
$$\langle N', T \rangle + \langle N, T' \rangle = 0.$$
따라서 $\langle N', T \rangle = -\langle N, T' \rangle = -\langle N, \kappa N \rangle = -\kappa \langle N, N \rangle = -\kappa$
이다. (즉, $\langle N', T \rangle = -\kappa \cdots$ ④)
$\|N\| = 1$이므로 $\langle N, N \rangle = 1$, 양변을 미분하면
$$0 = \langle N', N \rangle + \langle N, N' \rangle = 2 \langle N', N \rangle.$$
따라서 $\langle N', N \rangle = 0 \cdots$ ⑤.
$N \perp B$이므로 $\langle N, B \rangle = 0$, 양변을 미분하면
$$\langle N', B \rangle + \langle N, B' \rangle = 0$$
그러므로 $\langle N', B \rangle = -\langle N, B' \rangle = \tau \cdots$ ⑥.
따라서 ④, ⑤, ⑥에 의하여
$$N' = \langle N', T \rangle T + \langle N', N \rangle N + \langle N', B \rangle B = -\kappa T + \tau B.$$

15년시행기출

3차원 유클리드 공간 $\mathbb{R}^3$에서 단위속력곡선(unit speed curve)
$$\gamma : \mathbb{R} \to \mathbb{R}^3$$
의 점 $\gamma(s)$에서의 곡률(curvature) $\kappa(s)$는 $\kappa(s) = \sqrt{s^4 + 4s^2 + 3}$ 이다. 곡선 $\alpha : \mathbb{R} \to \mathbb{R}^3$ 을
$$\alpha(t) = \gamma(t) + \gamma'(t)$$
로 정의할 때, $t=0$ 에서 $t=1$ 까지 곡선 α의 길이를 구하시오. [2점]

16년시행기출

3차원 유클리드 공간 $\mathbb{R}^3$의 한 평면에 있고 곡률(curvature)이 양인 단위속력곡선(unit speed curve) $\gamma : \mathbb{R} \to \mathbb{R}^3$에 대하여, 점 $\gamma(s)$에서의 접선벡터(tangent vector)를 $T(s)$, 주법선벡터(principal normal vector)를 $N(s)$라 하자.
곡선 $\beta : \mathbb{R} \to \mathbb{R}^3$ 을 $\beta(s) = \frac{1}{2}T(s) + N(s)$로 정의할 때, 모든 양수 t에 대하여 $s=0$에서 $s=t$까지 곡선 β의 길이는 $3t$이다. $s=1$일 때, 곡선 γ의 곡률을 구하시오. [2점]

17년시행기출

3차원 유클리드 공간 $\mathbb{R}^3$에서 $\alpha(2) = (0, 0, 0)$인 단위속력곡선 $\alpha : \mathbb{R} \to \mathbb{R}^3$ 에 대하여 곡선 $\beta : \mathbb{R} \to \mathbb{R}^3$ 을
$$\beta(t) = \int_2^t (\alpha(s) + s^2 N(s)) ds$$
라 하자. 두 벡터 $\alpha'(2), \beta''(2)$가 서로 수직일 때, $t=2$에서 α의 곡률 κ의 값을 구하시오.
(단, $N(s)$는 곡선 α의 주법벡터장이다.)

예 제 4

단위속력곡선 $\beta : I = (-\infty, \infty) \to \mathbb{R}^3$의 모든 점에서 곡률과 열률이
$$\kappa = 2(\text{상수}), \quad \tau = -3(\text{상수})$$
이라 할 때 다음의 물음에 답하시오.

(1) $\gamma(s) = \beta(s) + \beta''(s)$ $(s \in I)$이라면 $\gamma(0)$에서 $\gamma(2)$까지 γ의 길이를 구하시오.

(2) $\gamma(s) = \int_0^s B(u) du$ $(s \in I)$이라면 γ의 곡률 κ_γ와 열률 τ_γ를 각각 구하시오. (단, B는 β의 이중법벡터장이다.)

풀 이

(1) (i) $\gamma(s) = \beta(s) + \kappa N = \beta(s) + 2N$ 이므로
$$\begin{aligned}\gamma'(s) &= T + 2N' \\ &= T + 2(-\kappa T + \tau B) \quad ((\because) \text{프레네-세레의 정리}) \\ &= T + 2(-2T - 3B) \\ &= -3T - 6B\end{aligned}$$
이므로 $\|\gamma'(s)\| = \sqrt{<\gamma'(s), \gamma'(s)>} = 3\sqrt{5}$.

(ii) $\gamma(0)$에서 $\gamma(2)$까지 γ의 길이 $= \int_0^2 \|\gamma'(s)\| ds = 6\sqrt{5}$.

(2) (i) $\|\gamma'(s)\| = \|B(s)\| = 1$ $(\forall s \in I)$이므로 $\gamma = \gamma(s)$ $(s \in I)$는 단위속력곡선이다.

(ii) ㉠ $\kappa_\gamma = \|T_\gamma'\| = \|B'\| = \|-\tau N\| = |\tau| = 3$,

㉡ $N_\gamma = \dfrac{\gamma''(s)}{\|\gamma''(s)\|} = \dfrac{B'}{\|B'\|} = \dfrac{-\tau N}{\|-\tau N\|}$ $((\because) \text{프레네-세레의 정리})$
$= \pm N$,

$T_\gamma = \gamma'(s) = B$ $(\forall s \in I)$이므로
$$B_\gamma = T_\gamma \times N_\gamma = B \times (\pm N) = \pm (B \times N) = \mp T.$$

따라서 $\tau_\gamma = -\langle B_\gamma', N_\gamma \rangle$
$= -\langle (\mp T)', \pm N \rangle = -\langle \mp \kappa N, \pm N \rangle = \kappa = 2$.

예 제 5

단위속력곡선 $\beta : I=(-\infty, \infty) \to \mathbb{R}^3$가
$$N(s)=c(s)\beta(s)(\forall s \in I)$$
의 꼴로 나타나고 $\kappa(s)>0(\forall s \in I)$이라 하자. 그러면 $\kappa(s)=$상수, $\tau(s)=0(\forall s \in I)$임을 보이시오.

풀 이

(i) $N'(s)=-\kappa(s)T(s)+\tau(s)B(s)$ $(\forall s \in I) \cdots$ ①.
   (($\because$) 프레네-세레의 정리)

(ii) $N(s)=c(s)\beta(s)$ $(\forall s \in I)$의 양변을 미분하면
$$N'(s)=c'(s)\beta(s)+c(s)\beta'(s)$$
$$=\frac{c'(s)}{c(s)}N(s)+c(t)T(s) \ (\forall s \in I) \cdots ②.$$

①과 ②를 비교하면 임의의 $s \in I$에 대하여
$$\tau(s)=0, \ c'(s)=0, \ \kappa(s)=-c(s) \ (\forall s \in I).$$
또한 $c(s) \equiv c$(상수)이고 $0<\kappa(s) \equiv -c$(상수).

정 리 7 (구판 정리6)

임의의 정칙곡선 α에 대하여

(1) ① $\alpha'=vT$ ② $\alpha''=\dfrac{dv}{dt}T+\kappa v^2 N$

③ $\alpha'''=aT+bN+\kappa v^3 \tau B$ $(\exists a, b \in \mathbb{R})$ (단, $v=\|\alpha'\|$.)

④ $\alpha' \times \alpha''=\kappa v^3 B$ ⑤ $\langle \alpha' \times \alpha'', \alpha''' \rangle = \kappa^2 v^6 \tau$

(2) ① $T=\dfrac{\alpha'}{\|\alpha'\|}$ ② $B=\dfrac{\alpha' \times \alpha''}{\|\alpha' \times \alpha''\|}$ ③ $N=B \times T$

④ $\kappa=\dfrac{\|\alpha' \times \alpha''\|}{\|\alpha'\|^3}$ ⑤ $\tau=\dfrac{\langle \alpha' \times \alpha'', \alpha''' \rangle}{\|\alpha' \times \alpha''\|^2}$

증 명

정칙곡선 α의 호장함수는 $s(t)=\displaystyle\int_{t_0}^{t} \|\alpha'(u)\|du$이므로
$$\frac{ds}{dt}=\|\alpha'(t)\|=:v(t).$$

NOTE (T, N, B, κ, τ의 계산)

단위속력곡선 → 정의를 이용한다.

↑ 호의 길이에 의한 재매개화

임의 속력곡선 → 공식(정리7)을 이용한다.

13년시행기출(p.23 정리6)

3차원 유클리드 공간 $\mathbb{R}^3$에서 비틀림률(열률, 꼬임률, torsion)과 곡률(curvature)이 각각 상수 τ, 1인 단위속력 곡선 α에 대하여, 곡선 β를 다음과 같이 정의하자.
$$\beta(s)=\int_0^s N(t)dt$$
여기서 $N(t)$는 곡선 α의 주법벡터장(단위주법벡터장, principal normal vector field, unit principal normal vector field)이다. 곡선 β의 곡률과 비틀림률을 각각 $\kappa_\beta(>0)$, τ_β라 할 때 $\kappa_\beta+\tau_\beta$의 값을 구하시오. [2점]

(1) 정칙곡선 $\alpha(t)$의 호장에 의한 재매개화를 $\beta(s)$라고 하자.

① $\beta(s) = \alpha(t(s))$에서
$$T = \frac{d\beta}{ds} = \alpha'(t(s)) \cdot t'(s) = \alpha'(t) \cdot \frac{dt}{ds}$$
$$= \frac{\alpha'(t)}{\|\alpha'(t)\|} = \frac{\alpha'(t)}{v}.$$
$\therefore \alpha'(t) = v\boldsymbol{T} \ (\in T_{\alpha(t)}\mathbb{R}^3)$

② $\alpha''(t) = \dfrac{d}{dt}(\alpha'(t)) = \dfrac{d}{dt}(v\boldsymbol{T}) = \dfrac{dv}{dt}\boldsymbol{T} + v\dfrac{d\boldsymbol{T}}{dt}$
$$= \frac{dv}{dt}\boldsymbol{T} + v\frac{d\boldsymbol{T}}{ds}\frac{ds}{dt} = \frac{dv}{dt}\boldsymbol{T} + v^2\frac{d\boldsymbol{T}}{ds}$$
$$= \frac{dv}{dt}\boldsymbol{T} + \kappa v^2 \boldsymbol{N} \ (\in T_{\alpha(t)}\mathbb{R}^3).$$

③ $\alpha'''(t) = \dfrac{d}{dt}\left(\dfrac{dv}{dt}\boldsymbol{T} + \kappa v^2 \boldsymbol{N}\right)$
$$= \frac{d^2v}{dt^2}\boldsymbol{T} + \frac{d\boldsymbol{T}}{dt} + \frac{d\kappa}{dt}v^2\boldsymbol{N} + 2\kappa v\frac{dv}{dt}\boldsymbol{N} + \kappa v^2\frac{d\boldsymbol{N}}{dt}$$
$$= \frac{d^2v}{dt^2}\boldsymbol{T} + \frac{d\boldsymbol{T}}{ds}\frac{ds}{dt} + \frac{d\kappa}{dt}v^2\boldsymbol{N} + 2\kappa v\frac{dv}{dt}\boldsymbol{N} + \kappa v^2\frac{d\boldsymbol{N}}{ds}\frac{ds}{dt}$$
$$= \frac{d^2v}{dt^2}\boldsymbol{T} + \kappa v\boldsymbol{N} + \frac{d\kappa}{dt}v^2\boldsymbol{N} + 2\kappa v\frac{dv}{dt}\boldsymbol{N} + \kappa v^3(-\kappa\boldsymbol{T} + \tau\boldsymbol{B})$$
$$= a\boldsymbol{T} + b\boldsymbol{N} + \kappa v^3\tau\boldsymbol{B} \ (\exists a, b \in \mathbb{R}).$$

④ $\alpha' \times \alpha'' = v\boldsymbol{T} \times (\dfrac{dv}{dt}\boldsymbol{T} + \kappa v^2\boldsymbol{N}) = v\boldsymbol{T} \times \kappa v^2\boldsymbol{N} = \kappa v^3\boldsymbol{B}.$

⑤ $\langle \alpha' \times \alpha'', \alpha''' \rangle = \langle \kappa v^3\boldsymbol{B}, a\boldsymbol{T} + b\boldsymbol{N} + \kappa v^3\tau\boldsymbol{B}\rangle$
$$= \langle \kappa v^3\boldsymbol{B}, \kappa v^3\tau\boldsymbol{B}\rangle = \kappa^2 v^6 \tau.$$

(2) ① (1)의 ①에 의해 $T = \dfrac{\alpha'(t)}{\|\alpha'(t)\|}.$

② $\alpha'(t) \times \alpha''(t) = (v\boldsymbol{T}) \times \left(\dfrac{dv}{dt}\boldsymbol{T} + \kappa v^2\boldsymbol{N}\right)$
$$= v\frac{dv}{dt}\boldsymbol{T} \times \boldsymbol{T} + \kappa v^3\boldsymbol{T} \times \boldsymbol{N}$$
$$= \kappa v^3\boldsymbol{B}.$$

$\|\boldsymbol{B}\| = 1$, $\kappa \geq 0$, $v = \|\alpha'(t)\| > 0$이므로
$\|\alpha'(t) \times \alpha''(t)\| = \|\kappa v^3 \boldsymbol{B}\| = \kappa v^3.$
따라서 $\kappa \neq 0$일 때,
$$\boldsymbol{B} = \frac{\alpha'(t) \times \alpha''(t)}{\kappa v^3} = \frac{\alpha' \times \alpha''}{\|\alpha' \times \alpha''\|}.$$

1.5 미분량의 계산

③ $N = B \times T$.

④ $\kappa = \dfrac{\|\alpha'(t) \times \alpha''(t)\|}{v^3} = \dfrac{\|\alpha' \times \alpha''\|}{\|\alpha'\|^3}$.

⑤ $\langle \alpha'(t) \times \alpha''(t), \alpha'''(t) \rangle = \kappa^2 v^6 \tau \langle B, B \rangle = \kappa^2 v^6 \tau$ 이므로

$$\tau = \dfrac{\langle \alpha'(t) \times \alpha''(t), \alpha'''(t) \rangle}{\kappa^2 v^6} = \dfrac{\langle \alpha'(t) \times \alpha''(t), \alpha'''(t) \rangle}{\|\alpha'(t) \times \alpha''(t)\|^2}.$$

보 기 10

다음의 정칙곡선 $\alpha : I = (-1, 1) \to \mathbb{R}^3$의 점 $\alpha(0)$에서 T, N, B, κ, τ를 각각 구하시오.

(1) $\alpha(t) = (1 + t^2, t, t^3) \ (t \in I)$

(2) $\alpha(t) = (\sin t + \cos t, \sin t, \cos(2t)) \ (t \in I)$

풀 이

(1) $\alpha'(0) = (2t, 1, 3t^2)|_{t=0} = (0, 1, 0)$,

$\alpha''(0) = (2, 0, 6t)|_{t=0} = (2, 0, 0)$,

$\alpha'''(0) = (0, 0, 6)|_{t=0} = (0, 0, 6)$,

$\alpha'(0) \times \alpha''(0) = \begin{vmatrix} i & j & k \\ 0 & 1 & 0 \\ 2 & 0 & 0 \end{vmatrix} = (0, 0, -2)$,

$\langle \alpha'(0) \times \alpha''(0), \alpha'''(0) \rangle = -12$,

$\|\alpha'(0)\| = 1$,

$\|\alpha'(0) \times \alpha''(0)\| = 2$.

따라서 $B = \dfrac{\alpha' \times \alpha''}{\|\alpha' \times \alpha''\|} = (0, 0, -1)$,

$T = \dfrac{\alpha'}{\|\alpha'\|} = (0, 1, 0)$,

$N = B \times T = \begin{vmatrix} i & j & k \\ 0 & 0 & -1 \\ 0 & 1 & 0 \end{vmatrix} = (1, 0, 0)$,

$\kappa = \dfrac{\|\alpha' \times \alpha''\|}{\|\alpha'\|^3} = 2, \quad \tau = \dfrac{\langle \alpha' \times \alpha'', \alpha''' \rangle}{\|\alpha' \times \alpha''\|^2} = -3$.

01년시행기출

곡선 $\alpha : [-1, 1] \to \mathbb{R}^3$을

$$\alpha(t) = \left(2t, t^2, \dfrac{1}{3}t^3\right)$$

으로 정의할 때, 다음 물음에 답하시오.
[총 5점]

(1) $t = 0$에서 곡선 α의 비꼬임(torsion)을 구하시오. [3점]

(2) $\phi = ydx + zdy + xydz$일 때, $\displaystyle\int_\alpha \phi$ 를 계산하시오. [2점]

95년시행기출

다음 곡선의 이차 곡률(Second curvature, torsion)을 구하면?

$$X = (\cos t)\vec{e_1} + (\sin t)\vec{e_2} + 3t\vec{e_3}$$

(단, $\vec{e_1} = (1, 0, 0)$, $\vec{e_2} = (0, 1, 0)$, $\vec{e_3} = (0, 0, 1)$)

① $\dfrac{3}{10}$ ② $\dfrac{3}{5}$ ③ 1 ④ 3

08년시행기출

실수 전체의 집합을 $\mathbb{R}$라 하자. 3차원 유클리드 공간에 놓인 정칙곡선 $\alpha : \mathbb{R} \to \mathbb{R}^3$에 대하여 곡선 $\beta : \mathbb{R} \to \mathbb{R}^3$을

$$\beta(t) = 2\alpha(-2t)$$

로 정의하자. $t = 0$일 때 α의 비틀림(열률, torsion)을 $\tau(0)$이라 하면 $t = 0$일 때 β의 비틀림은? [2점]
(단, 모든 점에서 α의 곡률과 비틀림은 모두 양수이다.)

① $\dfrac{1}{2}\tau(0)$ ② $-\dfrac{1}{2}\tau(0)$ ③ $-2\tau(0)$
④ $\tau(0)$ ⑤ $-\tau(0)$

01년시행기출

곡선 $\alpha : [0, 1] \to \mathbb{R}^3$을
$$\alpha(t) = (2t, t^2, t^3/3) \ (t \in [0, 1])$$
으로 정의할 때, $t = 0$에서 곡선 α의 비꼬임(torsion)을 구하시오. [3점]

18년시행기출

3차원 유클리드 공간 $\mathbb{R}^3$에서 곡선 C가
$$C = \{(x, y, z) \in \mathbb{R}^3 \mid y = x^3 - ax + a, z = x - 1\}$$
일 때, 이 곡선의 비틀림률(열률, 꼬임률, torsion) τ를 구하시오.
또한 점 $(1, 1, 0)$에서 곡선 C의 곡률(curvature)이 3이 되도록 하는 a의 값을 구하시오. (단, a는 상수이다.) [2점]

19년시행기출

3차원 유클리드 공간 $\mathbb{R}^3$에서 곡선
$$\gamma(t) = (2t - \cos t, t + \sin t, 2t + 1)$$
$$(0 < t < 2\pi)$$
위의 점 $\gamma(t_0)$에서의 접벡터(tangent vector)가 벡터 $(6, 2, 4)$와 평행하다. t_0의 값과 $t = t_0$일 때 곡선 γ의 비틀림률(열률, 꼬임률, torsion)을 각각 구하시오. [2점]

(2) $\alpha'(0) = (\cos t - \sin t, \cos t, -2\sin(2t))|_{t=0} = (1, 1, 0)$,
$\alpha''(0) = (-\sin t + \cos t, -\sin t, -4\cos(2t))|_{t=0} = (1, 0, -4)$,
$\alpha'''(0) = (-\cos t - \sin t, -\cos t, 8\sin(2t))|_{t=0} = (-1, -1, 0)$,
$\alpha'(0) \times \alpha''(0) = \begin{vmatrix} i & j & k \\ 1 & 1 & 0 \\ 1 & 0 & -4 \end{vmatrix} = (-4, 4, -1)$,
$\langle \alpha'(0) \times \alpha''(0), \alpha'''(0) \rangle = 0$,
$\|\alpha'(0)\| = \sqrt{2}$,
$\|\alpha'(0) \times \alpha''(0)\| = \sqrt{33}$.

따라서 $B = \dfrac{\alpha' \times \alpha''}{\|\alpha' \times \alpha''\|} = \dfrac{1}{\sqrt{33}}(-4, 4, -1)$,

$T = \dfrac{\alpha'}{\|\alpha'\|} = \dfrac{1}{\sqrt{2}}(1, 1, 0)$,

$N = B \times T = \dfrac{1}{\sqrt{66}} \begin{vmatrix} i & j & k \\ -4 & 4 & -1 \\ 1 & 1 & 0 \end{vmatrix} = \dfrac{1}{\sqrt{66}}(1, -1, -8)$,

$\kappa = \dfrac{\|\alpha' \times \alpha''\|}{\|\alpha'\|^3} = \dfrac{\sqrt{66}}{4}$, $\tau = \dfrac{\langle \alpha' \times \alpha'', \alpha''' \rangle}{\|\alpha' \times \alpha''\|^2} = 0$.

예 제 6

정칙곡선 $\alpha : I = (-\infty, \infty) \to \mathbb{R}^3$,
$$\alpha(t) = (3t - t^3, 3t^2, 3t + t^3) \ (t \in I)$$
에 대하여 곡률과 열률의 최솟값
$$a = \min\{\kappa(p) \mid p \in \alpha(I)\}, \ b = \min\{\tau(p) \mid p \in \alpha(I)\}$$
를 각각 구하시오.

풀 이

(i) $\alpha' = 3(1 - t^2, 2t, 1 + t^2)$,
$\alpha'' = 6(-t, 1, t)$,
$\alpha''' = 6(-1, 0, 1)$,
$\alpha' \times \alpha'' = 18(-1 + t^2, -2t, 1 + t^2)$,
$\langle \alpha' \times \alpha'', \alpha''' \rangle = 6 \cdot 18 \cdot 2$,
$\|\alpha' \times \alpha''\| = 18\sqrt{2}(1 + t^2)$,
$\|\alpha'\| = 3\sqrt{2}(1 + t^2)$.

$$B = \frac{\alpha' \times \alpha''}{\|\alpha' \times \alpha''\|} = \frac{(-1+t^2, -2t, 1+t^2)}{\sqrt{2}(1+t^2)},$$

$$T = \frac{\alpha'}{\|\alpha'\|} = \frac{(1-t^2, 2t, 1+t^2)}{\sqrt{2}(1+t^2)},$$

$$N = B \times T = \frac{(-2t, 1-t^2, 0)}{1+t^2},$$

$$\kappa = \frac{\|\alpha' \times \alpha''\|}{\|\alpha'\|^3} = \frac{1}{3(1+t^2)^2}, \quad \tau = \frac{\langle \alpha' \times \alpha'', \alpha''' \rangle}{\|\alpha' \times \alpha''\|^2} = \frac{1}{3(1+t^2)^2}.$$

(ii) $a = \min\{1/3(1+t^2)^2 \mid t \in I\} = 1/3$,

$b = \min\{1/3(1+t^2)^2 \mid t \in I\} = 1/3$.

1.6. 등장사상과 곡선의 기본정리

정 의 9 (구판 정의9)

(1) $F : \mathbb{R}^3 \to \mathbb{R}^3$에 대하여

$F :$ 등장사상(isometry) $\overset{\text{정의}}{\Leftrightarrow}$ $d(F(p), F(q)) = d(p, q)$
$$(\forall p, q \in \mathbb{R}^3)$$

(즉, $\|F(p) - F(q)\| = \|p - q\|$ ($\forall p, q \in \mathbb{R}^3$))

(2) 선형변환 $A : \mathbb{R}^3 \to \mathbb{R}^3$에 대하여

$A :$ 직교변환(orthogonal transformation)

$\overset{\text{정의}}{\Leftrightarrow} \langle A(p), A(q) \rangle = \langle p, q \rangle$ ($\forall p, q \in \mathbb{R}^3$) $\cdots$ ㉠

$\Leftrightarrow AA^T = I$ (단위행렬) (즉, A는 직교행렬이다.) $\cdots$ ㉡

$\underset{\not\Leftarrow}{\Rightarrow} \det(A) = \pm 1$ (반례 : $A = \begin{pmatrix} 1 & 1 & 0 \\ 0 & 1 & 0 \\ 0 & 0 & 1 \end{pmatrix} \neq A^T$) $\cdots$ ㉢

증 명

(2) (㉠$\Rightarrow$㉡) $i, j = 1, 2, 3$에 대하여

$A^T A$의 (i,j)성분 $= \langle e_i, A^T A e_j \rangle$
$\qquad\qquad\qquad = \langle A e_i, A e_j \rangle$
$\qquad\qquad\qquad = \langle e_i, e_j \rangle = \delta_{ij} = \begin{cases} 1, i = j \\ 0, i \neq j \end{cases} = I$의 (i,j)성분.

따라서 $A^T A = I$.

(㉡$\Rightarrow$㉠) 임의의 $p, q \in \mathbb{R}^3$에 대하여

$\langle Ap, Aq \rangle = \langle p, A^T A q \rangle = \langle p, Iq \rangle = \langle p, q \rangle$.

(㉡$\Rightarrow$㉢) $1 = \det(I) = \det(AA^T) = \det(A)\det(A^T) = \det(A)^2$이므로 $\det(A) = \pm 1$.

보 기 11 (구판 보기4)

(1) 평행이동(translation)

고정된 $a \in \mathbb{R}^3$에 대하여
$$T : \mathbb{R}^3 \to \mathbb{R}^3, \ T(p) = p + a \ (p \in \mathbb{R}^3)$$
일 때 T는 등장사상이다. (이때 $T := T_a$라 쓴다.)

1.6 등장사상과 곡선의 기본정리

(2) 회전이동(rotation)

고정된 $\theta \in \mathbb{R}$ 에 대하여 $T : \mathbb{R}^3 \to \mathbb{R}^3$,
$$T(p_1, p_2, p_3) = (p_1\cos\theta - p_2\sin\theta, p_1\sin\theta + p_2\cos\theta_1, p_3)$$
$$(p = (p_1, p_2, p_3) \in \mathbb{R}^3)$$
일 때 T는 등장사상이다.

증 명

(1) $p, q \in \mathbb{R}^3$ 에 대하여
$$\|T(p) - T(q)\| = \|(p+a) - (q+a)\| = \|p-q\|.$$

(2) $p = (p_1, p_2, p_3) \in \mathbb{R}^3$, $q = (q_1, q_2, q_3) \in \mathbb{R}^3$에 대하여
$$\|T(p) - T(q)\|^2 = ((p_1-q_1)\cos\theta - (p_2-q_2)\sin\theta)^2$$
$$+ ((p_1-q_1)\sin\theta + (p_2-q_2)\cos\theta)^2 + (p_3-q_3)^2$$
$$= (p_1-q_1)^2(\cos^2\theta + \sin^2\theta)$$
$$+ (p_2-q_2)^2(\cos^2\theta + \sin^2\theta) + (p_3-q_3)^2$$
$$= \|p-q\|^2.$$

정 리 8 (구판 정리7)

(1) $F, G : \mathbb{R}^3 \to \mathbb{R}^3$에 대하여
$$F, G : \text{등장사상} \Rightarrow G \circ F : \text{등장사상}.$$

(2) ① $T_a \circ T_b = T_{a+b}$　　　② $(T_a)^{-1} = T_{-a}$

③ $a \in \mathbb{R}^3$, $b \in \mathbb{R}^3$에 대하여
$$\exists ! T : \mathbb{R}^3 \to \mathbb{R}^3 \text{ 평행이동 } s.t. \ T(a) = b.$$

(3) 등장사상의 기본성질

$F : \mathbb{R}^3 \to \mathbb{R}^3$에 대하여

　　　　　　F : 직교변환 …ⓒ

$F(0) = 0$일 때 성립 ↗↙ 항상 성립

　　　　　　F : 등장사상 …㉠

항상 성립 ↘↖ 항상 성립

　　$\exists ! T$: 평행이동, $\exists ! A$: 직교변환
　　　　　　s.t. $F = T \circ A$ …ⓔ

NOTE

3차 정방행렬 A에 대하여

(1) $A : \mathbb{R}^3 \to \mathbb{R}^3$는 선형변환

(2) $p, q, r \in \mathbb{R}^3$에 대하여

① $<A(p), A(q) \times A(r)>$
$= \det(A) <p, q \times r>$

② A : 직교행렬
$\Rightarrow \|A(p)\| = \|p\|$

12년시행기출

좌표공간에서 두 단위속력곡선
$$\alpha(t)=\left(3\cos\frac{t}{5},\ 3\sin\frac{t}{5},\ \frac{4}{5}t\right),$$
$$\beta(t)=\left(3\cos\frac{t}{5},\ 3\sin\frac{t}{5},\ -\frac{4}{5}t\right)$$
에 대하여 옳은 것만을 <보기>에서 있는 대로 고른 것은? [2점]

< 보 기 >
ㄱ. 곡선 α의 곡률(curvature) κ_α와 곡선 β의 곡률 κ_β에 대하여 $\kappa_\alpha = \kappa_\beta$이다.
ㄴ. 곡선 α의 열률(꼬임률, 비틀림률, torsion) τ_α와 곡선 β의 열률 τ_β에 대하여 $\tau_\alpha = -\tau_\beta$이다.
ㄷ. $\beta(t)=L(\alpha(t))$이고 L을 나타내는 행렬의 행렬식이 1인 직교변환(orthogonal transformation) L이 존재한다.

① ㄴ   ② ㄷ   ③ ㄱ, ㄴ   ④ ㄴ, ㄷ
⑤ ㄱ, ㄴ, ㄷ

14년시행기출

좌표공간 $\mathbb{R}^3$에서 두 곡선
$\alpha(t)=(2t,\ t^2,\ at^3)$, $\beta(t)=(t,\ bt,\ t^2)$
이 합동이 되도록 하는 두 상수 $a,\ b$에 대하여 a^2+b^2의 값을 구하시오. [2점]

---

(4) 곡선의 기본정리(fundamental theorem of curves)

두 정칙곡선 $\alpha,\ \gamma:I=(a,b)\to \mathbb{R}^3$에 대하여
$$\exists F:\mathbb{R}^3\to\mathbb{R}^3\ \text{등장사상 s.t.}\ F(\alpha(t))=\gamma(t)(\forall t\in I)$$
$$\Leftrightarrow \kappa_\alpha(t)=\kappa_\gamma(t)(\forall t\in I),\ \tau_\alpha(t)=\tau_\gamma(t)(\forall t\in I)$$
$$(\text{혹은}\ \tau_\alpha(t)=-\tau_\gamma(t)(\forall t\in I))$$

따라서 정칙곡선은 등장사상을 무시하면 곡률과 열률에 의해 오직 하나로 결정되는데 이를 나타내는 방정식
$$\kappa=\kappa(s),\ \tau=\tau(s)$$
를 곡선의 자연방정식(natural equations) 혹은 본질방정식(intrinsic equations)이라 한다.

증 명

(1) 임의의 $p,\ q\in\mathbb{R}^3$에 대하여
$$\|G(F(p))-G(F(q))\|=\|F(p)-F(q)\|=\|p-q\|.$$

(2) ⓒ "존재성"
$$T:\mathbb{R}^3\to\mathbb{R}^3,\ T=T_{b-a}$$
이라 할 때 $T(a)=T_{b-a}(a)=(b-a)+(a)=b$이다.

"유일성"
$T_u,\ T_v:\mathbb{R}^3\to\mathbb{R}^3$ 평행이동, $T_u(p)=q,\ T_v(p)=q$이라 할 때
$$p+u=T_u(p)=q=T_v(p)=p+v$$
이므로 $u=v$이다. 따라서 $T_u=T_v$이다.

(3) "ⓒ⇒ⓐ" 임의의 $p,q\in\mathbb{R}^3$에 대하여
$$\|F(p)-F(q)\|^2=<F(p)-F(q),\ F(p)-F(q)>$$
$$=<F(p-q),\ F(p-q)>$$
$$=<p-q,\ p-q>\ =\|p-q\|^2.$$
따라서 $d(F(p),F(q))=d(p,q)$.

"ⓐ⇒ⓒ" (i) $p,q\in\mathbb{R}^3$에 대하여 $<F(p),F(q)>=<p,q>$.
$(\because)$ ① $\|F(p)-F(q)\|^2=<F(p)-F(q),\ F(p)-F(q)>$
$=<F(p),F(p)>-2<F(p),F(q)>+<F(q),F(q)>$
$=<p,p>-2<F(p),F(q)>+<q,q>$
$((\because)\ <F(p),F(p)>=<F(p)-0,\ F(p)-0>$
$=\|F(p)-0\|^2$
$=\|F(p)-F(0)\|^2=\|p-0\|^2$

$$= \|p\|^2 = <p, p>,$$

같은 이유에 의해 $<F(q), F(q)> = <q, q>$.)

② $\|F(p) - F(q)\|^2 = \|p - q\|^2$
$= <p-q, p-q> = <p,p> - 2<p,q> + <q,q>$.

따라서 ①과 ②를 비교하면 $<F(p), F(p)> = <p, q>$.

(ⅱ) F : 선형사상

(∵) $e_1 = (1, 0, 0),\ e_2 = (0, 1, 0),\ e_3 = (0, 0, 1)$에 대하여

① $\{F(e_1), F(e_2), F(e_3)\}$: $\mathbb{R}^3$의 정규직교기저.

(∵) $<F(e_i), F(e_j)> = <e_i, e_j> = \delta_{ij} = \begin{cases} 1, & i = j \\ 0, & i \neq j \end{cases}$.

② 임의의 $\boldsymbol{a} = (a_1, a_2, a_3) \in \mathbb{R}^3$에 대하여
$$F(\boldsymbol{a}) = <F(\boldsymbol{a}), F(e_1)> F(e_1) + <F(\boldsymbol{a}), F(e_2)> F(e_2)$$
$$+ <F(\boldsymbol{a}), F(e_3)> F(e_3)$$
$$= a_1 F(e_1) + a_2 F(e_2) + a_3 F(e_3)$$
$$= \sum_{i=1}^{3} a_i F(e_i).$$

③ $p = (p_1, p_2, p_3),\ q = (q_1, q_2, q_3),\ a \in \mathbb{R},\ b \in \mathbb{R}$에 대하여
$$F(ap + bq) = \sum_{i=1}^{3}(ap_i + bq_j) F(e_i)$$
$$= a\sum_{i=1}^{3} p_i F(e_i) + b\sum_{i=1}^{3} q_i F(e_i) = aF(p) + bF(q) .$$

(4) ㉠⇒㉡ $\|\gamma'(t)\|^2 = \|A(\alpha'(t))\|^2$
$$= <A(\alpha'(t)) \cdot A(\alpha'(t))>$$
$$= <\alpha'(t), \alpha'(t)> = \|\alpha'(t)\|^2 (\forall t \in I).$$

㉠⇒㉡ $F: \mathbb{R}^3 \to \mathbb{R}^3$ 등장사상
$\Rightarrow F = T_a \cdot A$ ($\exists T_a$: 평행이동, $\exists A$: 직교변환)
$\Rightarrow \gamma(t) = F(\alpha(t)) = A(\alpha(t)) + a \, (\forall t \in I)$.
$\Rightarrow \gamma'(t) = A(\alpha'(t)),\ \gamma''(t) = A(\alpha''(t)),\ \gamma'''(t) = A(\alpha'''(t))$.

(ⅰ) $\kappa_\gamma(t) = \dfrac{\|\gamma'(t) \times \gamma''(t)\|}{\|\gamma'(t)\|^3}$

$= \dfrac{\|A(\alpha'(t)) \times A(\alpha''(t))\|}{\|A(\alpha'(t))\|^3}$

$= \dfrac{\sqrt{\|A(\alpha'(t))\|^2 \|A(\alpha''(t))\|^2 - <A(\alpha'(t)), A(\alpha''(t))>}}{\|A(\alpha'(t))\|^3}$

$= \dfrac{\sqrt{\|\alpha'(t)\|^2 \|\alpha''(t)\|^2 - <\alpha'(t), \alpha''(t)>}}{\|\alpha'(t)\|^3}$

$= \kappa_\alpha(t) \, (\forall t \in I)$.

(ⅱ) $\tau_\gamma(t) = \dfrac{<\gamma'(t), \gamma''(t) \times \gamma'''(t)>}{\|\gamma'(t) \times \gamma''(t)\|^2}$

$= \dfrac{<A(\alpha'(t)), A(\alpha''(t)) \times A(\alpha'''(t))>}{\|A(\alpha'(t)) \times A(\alpha''(t))\|^2}$

$= \det(A) \cdot \dfrac{<\alpha'(t), \alpha''(t) \times \alpha'''(t)>}{\|\alpha'(t) \times \alpha''(t)\|^2}$

$= (\pm 1)\tau_\alpha(t) \, (\forall t \in I)$.

1.7. 미분량과 곡선의 기하학적 성질

정 리 9 (구판 정리8)
정칙곡선 α에 대하여
(1) α : 직선 $\Leftrightarrow \kappa(s)=0 \ (\forall s)$,
(2) $\kappa > 0$일 때
  α : 평면곡선 $\Leftrightarrow \tau(s)=0 \ (\forall s)$,
(3) $\kappa(s)=$상수$>0,\ \tau(s)=0 \ (\forall s)$
$\Rightarrow \alpha$: 반지름이 $\dfrac{1}{\kappa}$인 원의 일부.

NOTE
정칙곡선 $\alpha=\alpha(t)(t\in I)$에 대하여
(1) α : 직선(straight line)
$\Leftrightarrow \exists a : \mathbb{R}^3$의 0아닌 상수벡터,
  $\exists b : \mathbb{R}^3$의 상수벡터
  s.t. $\alpha(t)=ta+b \ (\forall t\in I)$
(2) α : 반지름이 r인 원
$\Leftrightarrow \exists a : \mathbb{R}^3$의 0아닌 상수벡터,
  $\exists b : \mathbb{R}^3$의 상수벡터
  s.t. (ⅰ) $\langle a, \alpha(t)-b\rangle=0 \ (\forall t\in I)$
  (ⅱ) $\|\alpha(t)-b\|=r \ (\forall t)$

증 명
(1) ($\Rightarrow$) $\alpha=\alpha(t)$를 직선의 매개화함수라 하면 적당한 $p, q\in\mathbb{R}^3$ ($q\neq 0$)에 대하여 $\alpha(t)=p+tq(\forall t)$
$\Rightarrow \alpha'(t)=q$이므로 $\alpha(t)$의 호장함수는
$$s(t)=\int_0^t \|q\|du=\|q\|t \ (\forall t)$$
$\Rightarrow \alpha(t)$의 호장에 의한 매개화 $\beta(s)=\alpha(s^{-1}(s))=p+\dfrac{q}{\|q\|}s$
$\Rightarrow T(s)=\beta'(s)=\dfrac{q}{\|q\|}$
$\Rightarrow T'(s)=0$이므로 $\kappa(s)=\|T'(s)\|=0(\forall s)$.
($\Leftarrow$) $\kappa(s)=\|T'(s)\|=0(\forall s)$
$\Rightarrow T'(s)=0(\forall s) \Rightarrow T(s)=a(\exists a\in\mathbb{R}^3)$
$\Rightarrow \alpha(s)=as+b(\exists b\in\mathbb{R}^3)$
$\Rightarrow \alpha$: b를 지나고 a에 평행한 직선

11년시행기출
3차원 공간 $\mathbb{R}^3$에 놓여있는 정규곡선(정칙곡선, regular curve) C에 대하여 옳은 것만을 <보기>에서 있는 대로 고른 것은? [2점]

<보 기>
ㄱ. C 위의 모든 점에서 곡률(curvature)이 0이면 C는 직선이거나 직선의 일부이다.
ㄴ. C 위의 모든 점에서 열률(비틀림률, 포임률, torsion)이 정의되고 그 값이 0이면 C는 적당한 평면에 놓여 있다.
ㄷ. C위의 모든 점에서 곡률이 양의 상수로 일정하면 C는 원이거나 원의 일부이다.

① ㄱ ② ㄷ ③ ㄱ, ㄴ ④ ㄱ, ㄷ
⑤ ㄱ, ㄴ, ㄷ

02년시행기출
다음 곡선의 곡률(curvature)과 열률(torsion, 비포임률)을 구하고, 두 값을 모두 이용하여 곡선의 종류가 무엇인지 쓰시오. [5점]

$$\mathbf{x}(\theta)=(\cos\theta-2,\ \cos\theta+2,\ \sqrt{2}\sin\theta)$$
(단, $0\leq\theta<2\pi$)

(2) α의 호장에 의한 재매개화를 β라 할 때

($\Rightarrow$) $\beta = \beta(s)$가 평면곡선이라면 적당한 $p, q \in \mathbb{R}^3 (q \neq 0)$에 대하여
$$\langle \beta(s) - p, q \rangle = 0 (\forall s)$$
$\Rightarrow$ 양변을 미분하면 $\langle \beta'(s), q \rangle = \langle \beta''(s), q \rangle = 0 (\forall s)$
  (즉, $q \perp \beta'(s) (= T(s))$, $q \perp \beta''(s) (= \kappa N(s))$)
$\Rightarrow q = \langle q, T(s) \rangle T(s) + \langle q, N(s) \rangle N(s) + \langle q, B(s) \rangle B(s)$
    $= \langle q, B(s) \rangle B(s)$

이므로
$$B(s) = \frac{q}{\|q\|} (\forall s) \text{ 혹은 } B(s) = -\frac{q}{\|q\|} (\forall s).$$
$\Rightarrow B'(s) = 0 (\forall s)$가 되어 $\tau = -\langle B'(s), N(s) \rangle = 0 (\forall s)$.

($\Leftarrow$) 고정된 $s_0 (\in \mathbb{R})$에 대하여
$$f(s) := \langle \beta(s) - \beta(s_0), B(s_0) \rangle$$
라 할 때

(i) $f'(s) \equiv 0 (\forall s)$
($\because$) ㉠ $B'(s) = -\tau(s) N(s) = 0 N(s) = 0 (\forall s)$이므로 $B(s)$: 상수,
따라서 $B(s) = B(s_0) (\forall s)$, ⋯ ①
㉡ $f'(s) = \langle \beta(s) - \beta(s_0), B(s_0) \rangle'$
$= \langle (\beta(s) - \beta(s_0))', B(s_0) \rangle + \langle \beta(s) - \beta(s_0), B'(s_0) \rangle$
$= \langle \beta'(s), B(s_0) \rangle$
$= \langle T(s), B(s) \rangle \ (\because \ ①)$
$= 0 (\forall s)$.

그러므로 f는 상수함수이다.
(ii) $f(s_0) = \langle \beta(s_0) - \beta(s_0), B(s_0) \rangle = \langle 0, B(s_0) \rangle = 0$,
(i)과 (ii)에 의해 $f \equiv 0$,
그러므로 β는 $\beta(s_0)$를 지나고 $B(s_0) (=$상수$)$에 수직인 평면에 놓인 곡선이다.

(3) α의 호장에 의한 재매개화를 β라 하자. 그러면
(i) $\gamma(s) := \beta(s) + \frac{1}{\kappa} N(s)$라 두고 양변을 미분하면
$\gamma'(s) = \beta'(s) + \frac{1}{\kappa} N'(s)$
$= T(s) + \frac{1}{\kappa(s)} (-\kappa T(s) + \tau(s) B(s))$

04년시행기출
호의 길이 s로 나타낸 매개변수 곡선 $\alpha : [a, b] \to \mathbb{R}^3$가 $\alpha(s) \neq 0$이고
$$\alpha(s) + \frac{1}{\kappa(s)} N(s)$$
가 고정된 점이면, α는 원의 일부임을 보이시오.
(단, $\kappa(s)$는 $\alpha(s)$의 곡률(curvature)이고, $N(s)$는 주법선벡터(principal normal vector)이다.) [3점]

(∵ 프레네-세레 방정식)
$= T(s) - T(s) \ ((\because) \ \tau \equiv 0)$
$= 0.$

$\Rightarrow$ 적당한 $c \in \mathbb{R}^3$에 대하여 $\gamma(s) = c(\forall s)$

$\Rightarrow \|c - \beta(s)\| = \left\|\dfrac{1}{\kappa}N(s)\right\| = \dfrac{1}{\kappa}.$

(ii) $\tau \equiv 0$이므로 정리9의 (2)의 증명과정에 의해 고정된 s_0에 대하여

$$\langle \beta(s) - \beta(s_0), B(s_0) \rangle \equiv 0(\forall s).$$

(즉, β는 $\beta(s_0)$를 지나고 $B(s_0)$에 수직인 평면위의 곡선이다.)

$\langle c - \beta(s_0), B(s_0) \rangle = \langle \gamma(s) - \beta(s_0), B(s_0) \rangle$

$\qquad = \langle \beta(s) + \dfrac{1}{\kappa}N(s) - \beta(s_0), B(s_0) \rangle$

$\qquad = \langle \beta(s) - \beta(s_0), B(s_0) \rangle + \dfrac{1}{\kappa}\langle N(s), B(s_0) \rangle$

$\qquad = 0 \ ((\because) \ \tau \equiv 0$이므로 $B(s) = B(s_0)(\forall s)).$

따라서 $\beta(s)$는 위의 평면상의 점 c로부터 거리가 $\dfrac{1}{\kappa}$로서 일정한 동일한 평면 위의 곡선이다. 그러므로 β는 반지름이 $\dfrac{1}{\kappa}$인 원 혹은 원의 일부이다.

예 제 7 (구판 예제5)

정칙곡선 $\alpha = \alpha(t)(t \in \mathbb{R})$가 원의 일부이고 다음 조건을 만족할 때 이 원의 중심 p와 반지름 r은?

$$\|\alpha'(t)\| = 1 \ (\forall t), \ \alpha(0) = (1, 1, 1), \ \alpha''(0) = (0, 0, 3)$$

풀 이

$\|\alpha'(t)\| = 1(\forall t)$이므로 α는 단위속력곡선이다. 따라서
$$\kappa(0) = \|\alpha''(0)\| = 3, \ \boldsymbol{N}(0) = \frac{\alpha''(0)}{\|\alpha''(0)\|} = (0, 0, 1)$$
이다. 그러므로 원의 중심과 반지름은 각각
$$p = \alpha(0) + \frac{1}{\kappa(0)}\boldsymbol{N}(0) = (1, 1, 4/3), \ r = \frac{1}{\kappa(0)} = \frac{1}{3}.$$

20년시행기출

3차원 유클리드 공간 $\mathbb{R}^3$에서 구 $M = \{(x, y, z) \in \mathbb{R}^3 | x^2 + y^2 + z^2 = 1\}$ 위에 단위속력곡선(arc-length parametrized curve) $\gamma : [0, 1] \to M$이 있다. 각 $s \in [0, 1]$에 대하여 점 $\gamma(s)$에서의 γ의 종법선벡터(binormal vector)를 $B(s)$, 점 $\gamma(s)$에서의 M의 법선벡터(normal vector)를 $n(s)$라 하자.
모든 $s \in [0, 1]$에 대하여 $B(s) \cdot n(s) = \frac{1}{2}$을 만족할 때, $\gamma(s)$의 비틀림률(열률, 꼬임률, torsion) $a(s)$와 곡률(curvature) $b(s)$를 구하시오. [2점]

예 제 8 (구판 예제6)

단위속력곡선 $\alpha = \alpha(s)$가 다음을 만족할 때 물음에 답하시오.

(i) $\kappa(s) > 0 \ (\forall s)$
(ii) $\tau(s) = 0 \ (\forall s)$
(iii) $\alpha(0) = (0, 0, 2), \ \alpha'(0) = \left(\frac{1}{\sqrt{2}}, \frac{1}{\sqrt{2}}, 0\right),$
$\alpha''(0) = \left(0, 0, -\frac{1}{2}\right)$

(1) 위의 곡선 α는 하나의 평면위에 놓인다. 그 평면의 음함수 방정식은?
(2) 위의 곡선 α가 상수곡률을 가질 때 원이 된다. 이 원의 반지름은?

풀 이

(1) $\boldsymbol{T}(0) = \alpha'(0) = \left(\frac{1}{\sqrt{2}}, \frac{1}{\sqrt{2}}, 0\right),$

$\boldsymbol{N}(0) = \frac{\alpha''(0)}{\|\alpha''(0)\|} = (0, 0, -1)$이므로 구하는 평면은
$$\alpha(0) = (0, 0, 2)$$
를 지나고 $\boldsymbol{B}(0) = \boldsymbol{T}(0) \times \boldsymbol{N}(0) = \left(-\frac{1}{\sqrt{2}}, \frac{1}{\sqrt{2}}, 0\right)$에 수직인 평면이다. 따라서 구하는 평면의 음함수 방정식은 $x - y = 0$이다.

(2) $\kappa = \|\alpha''(0)\| = 1/2$이므로, 이 원의 반지름은 2이다.

NOTE

정칙곡선 $\alpha : I$ (개구간) $\to \mathbb{R}^3$에 대하여 각 $t \in I$에 대하여

$$\gamma(t) := \alpha(t) + \frac{1}{\kappa}N$$
$$= \lim_{\delta \to 0^+} \gamma_\delta(t)$$

($\alpha(t)$에서의 **곡률중심**(center of curvature))

이때, $\gamma : I \to \mathbb{R}^3$ 는 정칙곡선이 되고 $\gamma = \gamma(t)(t \in I)$를 α의 축폐선(evolute)이라 한다.
(단, $\gamma_\delta(t)$는 $\alpha(t-\delta)$, $\alpha(t)$, $\alpha(t+\delta)$를 지나는 유일한 원의 중심, N은 $\alpha(t)$에서의 주법벡터장이다.)

예 제 9 (구판 예제)
다음 정칙곡선 $\alpha : I \to \mathbb{R}^3$의 축폐선 $\gamma = \gamma(t)(t \in I)$를 구하시오.
(1) $\alpha(t) = (t - \sin t, 1 - \cos t, 0)$ $(t \in I = (-\infty, \infty))$
(2) $\alpha(t) = (0, t, t^2/2)$ $(t \in I = (-\infty, \infty))$

풀 이
(1) 각 $t \in I$에 대하여
(i) $N = B \times T$
$$= \frac{\alpha' \times \alpha''}{\|\alpha' \times \alpha''\|} \times \frac{\alpha'}{\|\alpha'\|}.$$
(ii) $\gamma(t) = \alpha + \frac{1}{\kappa}N = \alpha + \frac{\|\alpha'\|^2}{\|\alpha' \times \alpha''\|^2}(\alpha' \times \alpha'') \times \alpha'$,
$$= (t + \sin t, -1 + \cos t, 0) \ (t \in I = (-\infty, \infty))$$
(2) $t \in I = (-\infty, \infty)$에 대하여
(i) $\alpha'(t) = (0, 1, t)$, $\alpha''(t) = (0, 0, 1)$, $\alpha'(t) \times \alpha''(t) = (1, 0, 0)$이므로 $\kappa(t) = \frac{\|\alpha'(t) \times \alpha''(t)\|}{\|\alpha'(t)\|^3} = \frac{1}{(1+t^2)^{3/2}}.$
(ii) $\gamma = \gamma(t) = \alpha(t) + \frac{1}{\kappa(t)}N(t) = \left(0, -t^3, 1 + \frac{3}{2}t^2\right).$

정 의 10 (구판 정의10)

(1) 단위속력곡선 β의 단위접벡터장 $T = T(s)$에 대하여
$$\gamma(s) := T(s) (\forall s \in I)$$
라 정의할 때 γ를 β의 구면곡선(spherical curve)이라 한다.

(2) 정칙곡선 α의 단위접선벡터장 T에 대하여

$\quad \alpha$: 주면나선(cylindrical helix)(혹은 원기둥나선)

$\overset{\text{정의}}{\Leftrightarrow} \exists u = $상수단위벡터$(\in \mathbb{R}^3)$, $\theta = $상수$(\in \mathbb{R})$
$$\langle T(s), u \rangle = \cos\theta \ (\forall s).$$

이때, u를 α의 축(axis), θ를 α의 경사도(pitch)라 한다.

보 기 12 (구판 보기6)

(1) 단위속력곡선
$$\beta(s) = \left(a\cos\left(\frac{s}{c}\right), a\sin\left(\frac{s}{c}\right), \frac{bs}{c}\right) (s \in (-\infty, \infty))$$
의 구면곡선을 구하시오. (단, $c = \sqrt{a^2+b^2}$, $a > 0$, $b > 0$).

(2) 정칙곡선
$$\alpha(t) = (3t - t^3, 3t^2, 3t + t^3)(t \in (-\infty, \infty))$$
는 주면나선임을 보이시오.

풀 이

(1) β의 구면곡선은
$$\gamma(s) = \beta'(s) = \left(-\frac{a}{c}\sin\left(\frac{s}{c}\right), \frac{a}{c}\cos\left(\frac{s}{c}\right), \frac{b}{c}\right).$$

(2) α의 단위접벡터는
$$T = \frac{\alpha'(t)}{\|\alpha'(t)\|} = \frac{1}{\sqrt{2}}\left(\frac{1-t^2}{1+t^2}, \frac{2t}{1+t^2}, 1\right).$$

$u = (0, 0, 1)$라 할 때 $\langle T, u \rangle = \dfrac{1}{\sqrt{2}} = \cos\left(\dfrac{\pi}{4}\right)$이므로 α는 u를 축으로 하고 경사도는 $\theta = \dfrac{\pi}{4}$인 나선이다.

정 리 10 (구판 정리9)
정칙곡선 α에 대하여
(1) α : 원점을 중심으로 하고 반지름이 a인 구면위의 곡선
$\Rightarrow \kappa \geq \dfrac{1}{a}$.
(2) $\kappa > 0$일 때
$$\alpha : \text{주면나선} \Leftrightarrow \dfrac{\tau}{\kappa} : \text{상수}.$$

증 명
α의 호장에 의한 재매개화를 β라 하자. 그러면
(1) β는 원점을 중심으로 하고 반지름이 a인 구면위의 곡선이므로 $\langle \beta(s), \beta(s) \rangle = \|\beta(s)\|^2 = a^2$
$\Rightarrow$ 양변을 미분하면
$\quad 0 = \langle \beta'(s), \beta(s) \rangle + \langle \beta(s), \beta'(s) \rangle$
$\quad\quad = 2 \langle \beta'(s), \beta(s) \rangle = 2 \langle \boldsymbol{T}(s), \beta(s) \rangle$
$\quad$(즉, $0 = \langle \boldsymbol{T}(s), \beta(s) \rangle$)
$\Rightarrow$ 양변을 다시 미분하고 Frenet-Serret 방정식의
$\quad \boldsymbol{T}'(s) = \kappa(s) \boldsymbol{N}(s)$를 이용하면
$\quad 0 = \langle \boldsymbol{T}'(s), \beta(s) \rangle + \langle \boldsymbol{T}(s), \beta'(s) \rangle$
$\quad\quad = \kappa(s) \langle \boldsymbol{N}(s), \beta(s) \rangle + \langle \boldsymbol{T}(s), \boldsymbol{T}(s) \rangle$
$\quad\quad = \kappa(s) \langle \boldsymbol{N}(s), \beta(s) \rangle + 1$
$\Rightarrow \kappa(s) \langle \boldsymbol{N}(s), \beta(s) \rangle = -1$
$\Rightarrow$ 양변에 절대값을 취하여 Cauchy-Schwarz부등식을 이용하면
$\quad 1 = \kappa(s) |\langle \boldsymbol{N}(s), \beta(s) \rangle|$
$\quad\quad \leq \kappa(s) \|\boldsymbol{N}(s)\| \|\beta(s)\|$
$\quad\quad = \kappa(s) \cdot 1 \cdot a$
$\Rightarrow \kappa(s) \geq \dfrac{1}{a}$.

(2) ($\Rightarrow$) α : 주면나선이라 가정하면
$\exists u$: 상수단위벡터 $s.t.$ $\langle u, T(s) \rangle = \cos\theta = $ 상수$(\forall s)$
$\Rightarrow 0 = \langle u, T(s) \rangle' = \langle u', T(s) \rangle + \langle u, T'(s) \rangle$
$\qquad\qquad\qquad = 0 + \kappa \langle u, N(s) \rangle$
$\qquad\qquad\qquad = \kappa \langle u, N(s) \rangle$
$\Rightarrow \kappa > 0$이므로 $\langle u, N(s) \rangle = 0 (\forall s)$
$\Rightarrow u = \langle u, T(s) \rangle T(s) + \langle u, N(s) \rangle N(s) + \langle u, B(s) \rangle B(s)$
$\qquad (\forall s),$
$\qquad ((\because)\ \{T(s), N(s), B(s)\}$: 정규직교기저$(\forall s))$
$\langle T, u \rangle = \cos\theta$, $\|u\| = 1$이므로 $u = \cos\theta T(s) + \sin\theta B(s)$,
양변을 미분하면 $0 = \cos\theta T'(s) + \sin\theta B'(s)$
$\qquad\qquad\qquad\quad = (\kappa\cos\theta - \tau\sin\theta) N$
$\Rightarrow N \neq 0$이므로 $\dfrac{\tau}{\kappa} = \cot\theta$: 상수

($\Leftarrow$) $\dfrac{\tau}{\kappa}$: 상수 $\Rightarrow \exists \theta$: 상수 $s.t.$ $\dfrac{\tau}{\kappa} = \cot\theta$
$\Rightarrow (\kappa\cos\theta - \tau\sin\theta) N = 0$
$\Rightarrow \dfrac{d}{ds}(\cos\theta T + \sin\theta B) = 0 (\because\ T' = \kappa N,\ B' = -\tau N)$
$\Rightarrow \cos\theta T + \sin\theta B = $ 상수벡터 $(\equiv u)$
$\Rightarrow$ 양변에 T를 내적취하면 $\langle T, u \rangle = \cos\theta$
따라서 α는 u를 축으로 θ를 경사도로 하는 주면나선이다.

유 제 1 (구판 유제5)
실수상수 $a > 0$에 의해 나타나는 정칙곡선
$$\alpha(t) = (at,\ t^2,\ t^3)(t \in \mathbb{R})$$
가 주면나선이기 위한 a를 모두 구하시오.

풀 이

α : 주면나선 $\Leftrightarrow \dfrac{\tau}{\kappa} = $ 상수
$\qquad\qquad\qquad \Leftrightarrow a = \pm \dfrac{2}{3}.$

따라서 구하는 양의 실수는 $a = \dfrac{2}{3}.$

2. 곡선의 대역적 이론

2.1. 평면곡선의 대역적 이론

정 의 11 (구판 정의11)
정칙단위속력평면곡선 $\beta(s) = (x(s), y(s))(s \in (a, b))$에 대하여
(1) $t(s) := (x'(s), y'(s))$: 접벡터장(tangent vector field)
(2) $n(s) := (-y'(s), x'(s))$: 법벡터장(normal vector field)
(3) $k(s) := \langle t'(s), n(s) \rangle$: 평면곡률(plane curvature)

보 기 13 (구판 보기7)
(1) $\alpha : (-\infty, \infty) \to \mathbb{R}^2$, $\alpha(s) = (r\cos(s/r), r\sin(s/r))(r > 0)$
에 대하여 $t(s) = (-\sin(s/r), \cos(s/r))$,
$$n(s) = (-\cos(s/r), -\sin(s/r)), \ k(s) = \frac{1}{r}.$$
(2) $\alpha : (-\infty, \infty) \to \mathbb{R}^2$, $\alpha(s) = (r\cos(s/r), -r\sin(s/r))(r > 0)$
에 대하여 $t(s) = (-\sin(s/r), -\cos(s/r))$,
$$n(s) = (\cos(s/r), -\sin(s/r)), \ k(s) = -\frac{1}{r}.$$

NOTE
공간곡선의 T, N, κ와 평면곡선의 t, n, k를 비교하면
(1) $t = T$,
(2) $n(s)$는 $t(s)$가 반시계방향으로 $90°$ 회전한 벡터가 되고,
$t(s)$가 반시계방향으로 회전할 때는
$$N(s) = n(s),$$
$t(s)$가 시계방향으로 회전할 때는
$$N(s) = -n(s),$$
따라서 $k(s)$
$= \begin{cases} \kappa(s) \ (\text{반시계방향으로 회전할 때}) \\ -\kappa(s) \ (\text{시계방향으로 회전할 때}) \end{cases}$
(3) 공간곡선의 곡률과는 달리 평면곡률은 음의 값을 가질 수 있음에 유의하자.

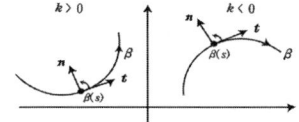

정 의 12 (구판 정의12)
(1) 정칙평면곡선 $\alpha(t)$에 대하여
α : 폐곡선(closed curve) $\overset{\text{정의}}{\Leftrightarrow}$ $\exists a > 0 \ s.t. \ \alpha(t) = \alpha(t+a)(\forall t)$
위의 식을 만족하는 최소의 상수 $a > 0$를 α의 **주기**(period)라 한다.
(2) 단위속력폐곡선 $\beta(s)$와 그의 길이 l에 대하여 β의 **회전수**(rotation index)는
$$m := \frac{1}{2\pi}(\theta(l) - \theta(0)) = \frac{1}{2\pi}\int_0^l k(s)ds$$
(단, $\theta : I \to \mathbb{R}$ 연속함수로서 $\theta(s)$는 $t(s)$와 x축의 양의 방향과의 사잇각)

보 기 14 (구판 보기8)
원 $\beta(s) = (\cos s, \sin s)(0 \leq s \leq 2\pi)$의 회전수를 구하시오.

풀 이

$\beta(s) = \beta(s+2\pi)(\forall s)$ 이고 $\beta'(s) = t(s) = (-\sin s, \cos s)$ 이므로 β는 단위속력평면폐곡선이다. 따라서
$t'(s) = (-\cos s, -\sin s)$,
$n(s) = (-(\sin s)', (\cos s)') = (-\cos s, -\sin s)$,
$k(s) = \langle t'(s), n(s) \rangle = 1$.

그러므로 β의 회전수는 $m = \dfrac{1}{2\pi}\displaystyle\int_0^{2\pi} 1\, ds = \dfrac{2\pi}{2\pi} = 1$.

예 제 10 (구판 예제7)
다음 그림의 폐곡선들의 회전수를 구하시오.

  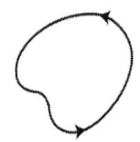 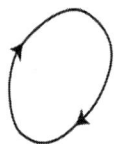 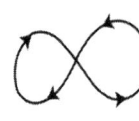

$m=2$ $m=3$ $m=1$ $m=-1$ $m=0$

정 의 13 (구판 정의13)
평면정칙곡선 α의 평면곡률 k에 대하여 $k'=0$인 점을 정점(vertex)이라 한다.

보 기 15 (구판 보기9)
(1) 단위원 $\beta(s) = (\cos s, \sin s)$ 위의 모든 점은 정점이다.

(2) 타원 $\alpha(t) = (2\cos t, \sin t)$는 $t = 0$, $\dfrac{\pi}{2}$, π, $\dfrac{3\pi}{2}$에 4개의 정점을 갖는다.

풀 이

(1) $t(s) = \beta'(s) = (-\sin s, \cos s)$, $t'(s) = (-\cos s, \sin s)$
    $n(s) = (-\cos s, -\sin s)$,

따라서 $\beta(s)$의 평면곡률은 $k(s) = \langle t'(s), n(s) \rangle = 1(\forall s)$,
$k'(s) = 0(\forall s)$

(2) $\alpha(t)$의 접벡터 $t(s)$와 x축의 양의 방향의 사잇각 θ는 증가하므로 $\alpha(t)$를 공간곡선으로 간주하여 $\alpha(t) = (2\cos t, \sin t, 0)$라 두고 임의의 속력곡선의 곡률계산공식을 적용하여 곡률을 계산하면
$\alpha' = (-2\sin t, \cos t, 0)$,
$\alpha'' = (-2\cos t, -\sin t, 0)$,
$\alpha' \times \alpha'' = (0, 0, 2)$,
$\|\alpha'\| = \sqrt{4\sin^2 t + \cos^2 t}$,
$k = \dfrac{\|\alpha' \times \alpha''\|}{\|\alpha'\|^3} = 2(4\sin^2 t + \cos^2 t)^{-3/2}$
$k' = \dfrac{dk}{ds} = \dfrac{dk}{dt} \Big/ \dfrac{ds}{dt} = -3(4\sin^2 t + \cos^2 t)^{-3}(3\sin 2t)$
여기서 $-3(4\sin^2 t + \cos^2 t)^{-3} = -3(1 + 3\sin^2 t)^{-3} \neq 0(\forall t)$이므로
$$k' = 0 \Leftrightarrow \sin 2t = 0 \Leftrightarrow t = 0, \ \dfrac{\pi}{2}, \ \pi, \ \dfrac{3\pi}{2}.$$

예 제 11 (구판 예제8)
극방정식 $r = 1 - 2\sin\theta$는 두 개의 정점을 갖는다. 두 정점을 구하시오.

풀 이
$\alpha(t) = ((1-2\sin t)\cos t, (1-2\sin t)\sin t, 0)$
$\quad = (\cos t - \sin 2t, \sin t + 2\cos 2t - 1, 0)$
라 두고 임의의 속력곡선의 곡률계산공식을 적용하여 곡률을 계산하면
$\alpha' = (-\sin t - 2\cos 2t, \cos t - 2\sin 2t, 0)$,
$\alpha'' = (-\cos t + 4\sin 2t, -\sin t - 4\cos 2t, 0)$,
$\alpha' \times \alpha'' = (0, 0, 9 - 6\sin t)$,
$\|\alpha'\| = (5 - 4\sin t)^{1/2}$,
$\|\alpha' \times \alpha''\| = 9 - 6\sin t$,
$k = \dfrac{\|\alpha' \times \alpha''\|}{\|\alpha'\|^3} = 3(3 - 2\sin t)(5 - 4\sin t)^{-3/2}$
$k' = \dfrac{dk}{dt} \Big/ \dfrac{ds}{dt} = 12\cos t(2 - \sin t)(5 - 4\sin t)^{-3}$
여기서 $12(2 - \sin t)(5 - 4\sin t)^{-3} \neq 0(\forall t)$이므로
$$k' = 0 \Leftrightarrow \cos t = 0 \Leftrightarrow t = \dfrac{\pi}{2}, \ \dfrac{3\pi}{2}.$$

2.2. 공간곡선의 대역적 이론

정 의 14 (구판 정의14)
정칙곡선 $\beta:[0,l] \to \mathbb{R}^3$, β의 길이가 l일 때

(1) $\int_0^l \kappa(s)ds$: β의 **전곡률**(total curvature)

(2) $\int_0^l \tau(s)ds$: β의 **전열률**(total torsion)

(단, s는 호의 길이.)

정 리 11 (프렌첼(Frenchel)) (구판 정리10)
폐공간곡선의 전곡률 $\geq 2\pi$.

예 제 12 (구판 예제9)
다음의 정칙곡선 $\alpha = \alpha(t)(t \in I)$의 전곡률과 전열률을 각각 구하시오.
(1) $\alpha(t) = (\cos t, \sin t, t)$ ($I = [0, 1]$)
(2) $\alpha(t) = (2\cos t, \sin t, 0)$ ($I = [0, 2\pi]$)

풀 이

(1) $\kappa = \kappa(s(t)) = \dfrac{\|\alpha' \times \alpha''\|}{\|\alpha'\|^3} = \dfrac{1}{2}$,

$\tau = \tau(s(t)) = \dfrac{\langle \alpha' \times \alpha'', \alpha''' \rangle}{\|\alpha' \times \alpha''\|^2} = \dfrac{1}{2}$.

α의 호장함수는 $s(t) = \int_0^t \|\alpha'(u)\| du$이므로,

$$\frac{ds}{dt} = \|\alpha'(t)\| = \sqrt{2},$$

곡선 α의 길이를 l이라 할 때

$$\int_0^l \kappa(s)ds = \int_0^1 \kappa(s(t))\frac{ds}{dt}dt = \int_0^1 \frac{1}{\sqrt{2}}dt = \frac{1}{\sqrt{2}},$$

$$\int_0^l \tau(s)ds = \int_0^1 \tau(s(t))\frac{ds}{dt}dt = \int_0^1 \frac{1}{\sqrt{2}}dt = \frac{1}{\sqrt{2}}.$$

즉, 곡선 α의 전곡률과 전열률은 모두 $\dfrac{1}{\sqrt{2}}$이다.

(2) $\kappa = \kappa(s(t)) = \dfrac{\|\alpha' \times \alpha''\|}{\|\alpha'\|^3} = \dfrac{2}{(4\sin^2 t + \cos^2 t)^{3/2}}$,

$$\tau = \tau(s(t)) = \dfrac{\langle \alpha' \times \alpha'', \alpha''' \rangle}{\|\alpha' \times \alpha''\|^2} = 0$$

이다. α의 호장함수는 $s(t) = \displaystyle\int_0^t \|\alpha'(u)\| du$ 이므로,

$$\dfrac{ds}{dt} = \|\alpha'(t)\| = \sqrt{4\sin^2 t + \cos^2 t} \ .$$

타원 α의 길이를 l이라 할 때

$$\int_0^l \kappa(s) ds = \int_0^{2\pi} \kappa(s(t)) \dfrac{ds}{dt} dt$$

$$= 4 \int_0^{\pi/2} \kappa(s(t)) \dfrac{ds}{dt} dt$$

$$= 4 \int_0^{\pi/2} \dfrac{2}{(4\sin^2 t + \cos^2 t)^{3/2}} \sqrt{4\sin^2 t + \cos^2 t} \ dt$$

$$= 4 \int_0^{\pi/2} \dfrac{2\sec^2 t}{4\tan^2 t + 1} dt$$

$$= 4 \int_0^{\infty} \dfrac{du}{u^2 + 1} \quad (2\tan t \equiv u \text{라 치환})$$

$$= 4\tan^{-1} u \big]_0^{\infty} = 2\pi,$$

$$\int_0^l \tau(s) ds = \int_0^{2\pi} \tau(s(t)) \dfrac{ds}{dt} dt = \int_0^{2\pi} 0 \, dt = 0.$$

그러므로 타원 α의 전곡률은 2π이고, 전열률은 0이다.

예 제 13 (구판 예제10)

폐공간곡선 α의 곡률 κ가 $\kappa \leq \dfrac{1}{a}$(단, a는 상수)이면 α의 길이는 $2\pi a$보다 크거나 같음을 보이시오.

풀 이

α의 길이 l에 대하여

$$2\pi \leq \int_0^{2\pi} \kappa(s)\,ds \ (\because \text{Frenchel의 정리에 의해})$$

$$\leq \int_0^l \frac{1}{a}ds = \frac{1}{a}l$$

따라서 $l \geq 2\pi a$이다.

3. 곡면의 국소적 이론(local theory)

3.1. 접벡터와 공변미분

정 의 15 (구판 정의15)

$v_p \in T_p \mathbb{R}^3$ 일 때 미분가능함수(C^∞- 함수)

$$f : \mathbb{R}^3 \to \mathbb{R}^1$$

에 대하여

$$v_p[f] := \frac{d}{dt} f(p+tv)|_{t=0} \quad (혹은\ df(v_p))$$

(v_p에 대한 f의 방향도함수(directional derivative))

NOTE
위의 정의에서

$$v_p : C^\infty(\mathbb{R}^3) \to \mathbb{R}$$

임을 알 수 있다.
.(단, $C^\infty(\mathbb{R}^3) = \{f \mid f : \mathbb{R}^3 \to \mathbb{R}$ 는 C^∞함수 $\}$.)

정 리 12 ($\mathbb{R}^3$의 접벡터 v_p의 성질) (구판 정리11)

$f, g : \mathbb{R}^3 \to \mathbb{R}$ 는 미분가능, $v_p, w_p \in T_p \mathbb{R}^3$, $a, b \in \mathbb{R}$ 에 대하여

(1) $v = (v_1, v_2, v_3)$일 때

$$v_p[f] = \sum_{i=1}^{3} v_i \frac{\partial f}{\partial x_i}(p).$$

(2) ① $(av_p + bw_p)[f] = av_p[f] + bw_p[f]$
② $v_p[af + bg] = av_p[f] + bv_p[g]$
   (즉, $v_p : C^\infty(\mathbb{R}^3) \to \mathbb{R}$ 는 선형사상이다.)
③ $v_p[fg] = v_p[f]g(p) + f(p)v_p[g]$

증 명

(1) $v_p[f] = df(\alpha(0))d\alpha(0) = \sum_{i=1}^{3} v_i \frac{\partial f}{\partial x_i}(p)$.

(2) ① $v = (v_1, v_2, v_3)$, $w = (w_1, w_2, w_3)$으로 놓으면
$$av + bw = (av_1 + bw_1, av_2 + bv_2, av + bw_3)$$
이다.
$$(av_p + bw_p)[f] = \sum_{i=1}^{3}(av_i + bw_i)\frac{\partial f}{\partial x_i}(p)$$
$$= a\sum_{i=1}^{3}v_i\frac{\partial f}{\partial x_i}(p) + b\sum_{i=1}^{3}w_i\frac{\partial f}{\partial x_i}(p)$$
$$= av_p[f] + bw_p[f].$$

② 편미분에 관한 성질에 의해
$$\frac{\partial}{\partial x_i}(af + bg) = a\frac{\partial f}{\partial x_i} + b\frac{\partial g}{\partial x_i} \quad (i=1, 2, 3)$$
이므로 (1)에 의해 성립한다.

③ $v = (v_1, v_2, v_3)$으로 놓으면 (1)에 의해
$$v_p[fg] = \sum_{i=1}^{3} v_i \frac{\partial}{\partial x_i}(fg)(p)$$
이다. 편미분에 관한 곱의 법칙에 의해
$$\frac{\partial}{\partial x_i}(fg) = \frac{\partial f}{\partial x_i}g + f\frac{\partial g}{\partial x_i}$$
이므로
$$v_p[fg] = \sum_{i=1}^{3}(\frac{\partial f}{\partial x_i}(p)g(p) + f(p)\frac{\partial g}{\partial x_i}(p))$$
$$= v_p[f]g(p) + f(p)v_p[g].$$

보 기 16 (구판 보기10)

(1) $v = (2, 2, 1)$, $p = (3, -1, 2)$에 대하여 방향도함수 $v_p[f]$를 구하여라.

① $f(x, y, z) = xy^2 z$
② $f(x, y, z) = x^3 z$

3.1 접벡터와 공변미분 　　　　　　　　　　　3. 곡면의 국소적 이론

(2) $v = (1, -2, 3)$, $p = (0, \frac{\pi}{2}, \pi)$에 대하여 방향도함수 $v_p[f]$를 구하여라.
① $f(x, y, z) = e^x \sin y$
② $f(x, y, z) = e^x \cos(xy)$

풀 이

(1) ① $v_p[f] = \sum_{i=1}^{3} v_i \frac{\partial f}{\partial x_i}(p)$

$\qquad = 2 \cdot y^2 z|_p + 2 \cdot 2xyz|_p + 1 \cdot xy^2|_p = -17.$

② $v_p[f] = \sum_{i=1}^{3} v_i \frac{\partial f}{\partial x_i}(p)$

$\qquad = 2 \cdot 3x^2 z|_p + 2 \cdot 0|_p + 1 \cdot x^3|_p = 135.$

(2) ① $v_p[f] = v_1 \frac{\partial f}{\partial x}(p) + v_2 \frac{\partial f}{\partial y}(p) + v_3 \frac{\partial f}{\partial z}(p)$

$\qquad = 1 \cdot e^0 \cdot \sin\left(\frac{\pi}{2}\right) + (-2) \cdot e^0 \cdot \cos\left(\frac{\pi}{2}\right) + 0 = 1.$

② $v_p[f] = 1 \cdot e^x \cos(xy)|_p + (-2) \cdot e^x \cdot (-\sin(xy)) \cdot x|_p + 0|_p$
$\qquad = 1.$

정 의 16 (구판 정의16)

$F : \mathbb{R}^n \to \mathbb{R}^m$, $F = (f_1, \cdots, f_m)$ 에 대하여
(1) F : 미분가능 $\Leftrightarrow$ f_i : 미분가능 ($\forall i = 1, 2, \cdots, m$)
(2) $n = m$일 때

　F : 미분동형사상(diffeomorphism) $\stackrel{정의}{\Leftrightarrow}$ (ⅰ) F : 전단사함수,
　　　　　　　　　　　　　　　　　　(ⅱ) F, F^{-1} : 미분가능.
(3) $F : D(\mathbb{R}^n$의 개집합$) \to \mathbb{R}^m$가 미분가능, $p \in D$일 때
$dF_p : T_p\mathbb{R}^n \to T_{F(p)}\mathbb{R}^m$,
$\qquad dF_p(v_p) := \frac{d}{dt}F(p+tv)|_{t=0} (\in T_{F(p)}\mathbb{R}^m)(v_p \in T_p\mathbb{R}^n).$

NOTE
두 위상공간 X, Y에 대하여
$f : X \to Y$는 위상동형사상
$\Leftrightarrow$ (ⅰ) f : 전단사함수,
　(ⅱ) f, f^{-1} : 연속.

정 리 13 (구판 정리12)

$F = (f_1, \cdots, f_m) : \mathbb{R}^n \to \mathbb{R}^m$ 미분가능, $v_p \in T_p\mathbb{R}^n$ 일 때

(1) $dF_p(v_p) = (v_p[f_1], \cdots, v_p[f_m])_{F(p)} \ (\in T_{F(p)}\mathbb{R}^n)$
$$= J_F(p)(v_p)$$

(단, $J_F(p) := \begin{pmatrix} \dfrac{\partial f_1}{\partial x_1} & \cdots & \dfrac{\partial f_1}{\partial x_n} \\ \vdots & & \vdots \\ \dfrac{\partial f_m}{\partial x_1} & \cdots & \dfrac{\partial f_m}{\partial x_n} \end{pmatrix}$

: F의 p에서의 야코비행렬(Jacobian matrix).)

(2) $dF_p : T_p\mathbb{R}^n \to T_{F(p)}\mathbb{R}^m$ 는 선형사상이다.

(3) 정칙곡선 $\alpha : (-\epsilon, \epsilon) \to \mathbb{R}^3$에 대하여
$$\alpha(0) = p, \ \alpha'(0) = v_p$$
이면 $dF_p(v_p) = (F \circ \alpha)'(0)$이다.

(4) 다변수함수의 연쇄율(chain rule)

$D(\subset \mathbb{R}^3) \xrightarrow{F} E(\subset \mathbb{R}^3) \xrightarrow{G} \mathbb{R}^l$ 일 때
$$d(G \circ F) = dG \circ dF.$$

증 명

(2) 임의의 $v, w \in T_p\mathbb{R}^3$와 임의의 $a, b \in \mathbb{R}$에 대하여
$$dF_p(av + bw) = adF_p(v) + bdF_p(w)$$
가 성립함을 보이면 된다. 그런데 이것은 v_p의 선형성과 (1)에 의해 자명하다.

(4) $\alpha(t) = F(p + tv) \ (t \in (-\epsilon, \epsilon))$이라 할 때 $\alpha(0) = F(p)$,
$$\alpha'(0) = \frac{d}{dt}F(p+tv)\bigg|_{t=0} = dF(v_p) := w_{F(p)} \in T_{F(p)}\mathbb{R}^3.$$

따라서 $d(G \circ F)(v_p) = \dfrac{d}{dt}((G \circ F)(p+tv))\bigg|_{t=0}$
$$= \frac{d}{dt}(G(F(p+tv)))\bigg|_{t=0}$$
$$= dG(w_{F(p)}) ((\because) \ (3))$$
$$= dG(dF(v_p))$$
$$= (dG \circ dF)(v_p).$$

3.1 접벡터와 공변미분
3. 곡면의 국소적 이론

보 기 17 (구판 보기11)

(1) 함수 $F : \mathbb{R}^3 \to \mathbb{R}^3$,
$$F(x, y, z) = (x\cos y, x\sin y, z)$$
일 때 다음과 같은 v, p에 대하여 $dF_p(v_p)$를 구하시오.

① $v = (2, -1, 3)$, $p = (0, 0, 0)$

② $v = (2, -1, 3)$, $p = (2, \dfrac{\pi}{2}, \pi)$

(2) 함수 $F : \mathbb{R}^2 \to \mathbb{R}^2$,
$$F(x, y) = (x^2 + xy, 2y)$$
일 때 $v = (1, 2)$, $p = (1, -1)$에 대하여 $dF_p(v_p)$를 구하시오.

풀 이

(1) ① $v = (2, -1, 3)$, $p = (0, 0, 0)$에 대하여

$$dF_p(v_p) = \begin{pmatrix} df_1(v_p) \\ df_2(v_p) \\ df_3(v_p) \end{pmatrix} = \begin{pmatrix} \sum_{i=1}^{3} v_i \dfrac{\partial f_1}{\partial x_i}(v_p) \\ \sum_{i=1}^{3} v_i \dfrac{\partial f_2}{\partial x_i}(v_p) \\ \sum_{i=1}^{3} v_i \dfrac{\partial f_3}{\partial x_i}(v_p) \end{pmatrix}_{F(p)} = (2, 0, 3).$$

② 위와 같은 이유에 의해 $dF_p(v_p) = (2, 2, 3)$.

(2) $dF_p(v_p) = (J_F(p))(v_p) = \begin{pmatrix} \dfrac{\partial f_1}{\partial x} & \dfrac{\partial f_1}{\partial y} \\ \dfrac{\partial f_2}{\partial x} & \dfrac{\partial f_2}{\partial y} \end{pmatrix}_p (v_p)$

$\qquad = \begin{pmatrix} 2x + y & x \\ 0 & 2 \end{pmatrix}_p (v_p)$

$\qquad = \begin{pmatrix} 1 & 1 \\ 0 & 2 \end{pmatrix} \begin{pmatrix} 1 \\ 2 \end{pmatrix} = \begin{pmatrix} 3 \\ 4 \end{pmatrix}.$

정 리 14 (구판 정리13)

(1) 역함수정리(inverse function theorem)

미분가능함수 $F : \mathbb{R}^n \to \mathbb{R}^n$와 $p \in \mathbb{R}^n$에 대하여
$$\det(J_F(p)) \neq 0$$
일 때 $\exists D :$ p의 근방 $s.t.$
$$F|_D : D \to F(D) \text{ 미분동형사상}.$$

(2) 음함수정리(implicit function theorem)

미분가능함수 $f : \mathbb{R}^2 \times \mathbb{R} \to \mathbb{R}$와 $p = ((x_0, y_0), z_0) \in \mathbb{R}^2 \times \mathbb{R}$에 대하여
$$f(p) = 0, \ \frac{\partial f}{\partial z}(p) \neq 0$$
일 때 $\exists D : (x_0, y_0)$의 근방, $\exists g : D \to \mathbb{R}$ 미분가능 $s.t.$
(i) $z_0 = g(x_0, y_0)$ (ii) $f(x, y, g(x, y)) = 0 \ (\forall (x, y) \in D)$.

정 의 17 ($\mathbb{R}^3$의 벡터장과 자연틀장) (구판 정의17)

(1) ① $V : \mathbb{R}^3$의 벡터장(vector field)

$\Leftrightarrow V : \mathbb{R}^3 \to \cup_{p \in \mathbb{R}^3} T_p \mathbb{R}^3 \ s.t. \ V(p) \in T_p \mathbb{R}^3 (p \in \mathbb{R}^3)$

② $V : \mathbb{R}^3$의 벡터장, $f : \mathbb{R}^3 \to \mathbb{R}$ 미분가능일 때
$$(V[f])(p) := V(p)[f].$$

(2) 각 $i = 1, 2, 3$에 대하여
$$x_i : \mathbb{R}^3 \to \mathbb{R}, \ x_i(p) = p_i \ (p = (p_1, p_2, p_3) \in \mathbb{R}^3)$$
이라 할 때
$$x_1 := x, \ x_2 := y, \ x_3 := z$$
를 $\mathbb{R}^3$의 자연좌표함수(natural coordinate functions)라 한다.

(3) 각 $i = 1, 2, 3$에 대하여
$$U_i : \mathbb{R}^3 \to \cup_{p \in \mathbb{R}^3} T_p \mathbb{R}^3, \ U_i(p) \equiv (e_i)_p \ (\in T_p \mathbb{R}^3).$$
(즉, $U_1(p) \equiv (1, 0, 0)_p, \ U_2(p) \equiv (0, 1, 0)_p, \ U_3(p) \equiv (0, 0, 1)_p$)

이때, 각 점 $p \in \mathbb{R}^3$에 대하여
$$\{U_1(p), U_2(p), U_3(p)\}$$
는 $T_p \mathbb{R}^3$의 정규직교기저이고
$$\{U_1, U_2, U_3\}$$
를 자연틀장(natural frame field)이 한다.

정 리 15 (구판 정리14)

(1) ① $f : \mathbb{R}^3 \to \mathbb{R}$ 미분가능일 때
$$U_i[f] = \frac{\partial f}{\partial x_i} (i = 1, 2, 3).$$

② 각 $i, j = 1, 2, 3$에 대하여
$$U_i(x_j) = \delta_{ij} = \left\{ \begin{array}{ll} 1 & i = j \\ 0 & i \neq j \end{array} \right. .$$

(2) $V : \mathbb{R}^3$의 벡터장일 때
① 각 $i = 1, 2, 3$에 대하여 $\exists ! v_i : \mathbb{R}^3 \to \mathbb{R}$ $s.t.$
$$V = v_1 U_1 + v_2 U_2 + v_3 U_3 = \sum_{i=1}^{3} v_i U_i.$$

여기서
V : 미분가능벡터장(diffrentiable vector field)
$\overset{정의}{\Leftrightarrow} v_i : \mathbb{R}^3$에서 미분가능($\forall i = 1, 2, 3$))
이라 정의한다.

② $f : \mathbb{R}^3 \to \mathbb{R}$ 미분가능, $V = \sum_{i=1}^{3} v_i U_i$에 대하여
$$V[f] = \sum_{i=1}^{3} v_i \frac{\partial f}{\partial x_i}.$$

증 명

(1) ① $i = 1$인 경우, $p \in \mathbb{R}^3$에 대하여
$U_1[f](p) = U_1(p)[f] = e_1(p)[f]$
$\qquad = 1 \cdot \frac{\partial f}{\partial x_1}(p) + 0 \cdot \frac{\partial f}{\partial x_2}(p) + 0 \cdot \frac{\partial f}{\partial x_3}(p) = \frac{\partial f}{\partial x_1}(p).$

$i = 2, 3$인 경우도 같은 방법으로 증명된다.

② $p \in \mathbb{R}^3$에 대하여 ①에 의해
$$U_i[x_j] = \frac{\partial x_j}{\partial x_i} = \left\{ \begin{array}{ll} 1 & i = j \\ 0 & i \neq j \end{array} \right. = \delta_{ij}.$$

(2) ① 각 점 $p \in \mathbb{R}^3$에 대하여 $V(p) \in T_p\mathbb{R}^3$이므로
$$\begin{aligned}V(p) &= (v_1(p), v_2(p), v_3(p))_p \\ &= v_1(p)(1, 0, 0)_p + v_2(p)(0, 1, 0)_p + v_3(p)(0, 0, 1)_p \\ &= v_1(p)U_1(p) + v_2(p)U_2(p) + v_3(p)U_3(p) \\ &= \sum_{i=1}^{3} v_i(p)U_i(p) = \left(\sum_{i=1}^{3} v_i U_i\right)(p).\end{aligned}$$

그러므로 $V = \sum_{i=1}^{3} v_i U_i$이다.

② $V = \sum_{i=1}^{3} v_i U_i$라 할 때 각 점 $p \in \mathbb{R}^3$에 대하여
$$\begin{aligned}(V[f])(p) = V(p)[f] &= \left(\sum_{i=1}^{3} v_i(p) U_i(p)\right)[f] \\ &= \sum_{i=1}^{3} v_i(p)(U_i(p)[f]) = \sum_{i=1}^{3} v_i(p)\frac{\partial f}{\partial x_i}(p) \\ &= \left(\sum_{i=1}^{3} v_i \frac{\partial f}{\partial x_i}\right)(p).\end{aligned}$$

그러므로 $V[f] = \sum_{i=1}^{3} v_i \frac{\partial f}{\partial x_i}$이다.

보 기 18 (구판 보기 12)

다음에 주어지는 $\mathbb{R}^3$의 벡터장 V와 함수
$$f: \mathbb{R}^3 \to \mathbb{R}$$
에 대하여 $V[f]$를 구하시오.

(1) $V = xU_1 + yU_2 + zU_3$, $f(x, y, z) = xy - 2xz$ $((x, y, z) \in \mathbb{R}^3)$

(2) $V = \sin x\, U_1 + \cos y\, U_2 + xz\, U_3$,
$f(x, y, z) = xe^y \sin z$ $((x, y, z) \in \mathbb{R}^3)$

(3) $V = yz U_1 + xz U_2 + xy U_3$,
$f(x, y, z) = x^2 y^4 + x^4 z^3$ $((x, y, z) \in \mathbb{R}^3)$

풀 이

(1) $V[f] = \sum_{i=1}^{3} v_i \frac{\partial f}{\partial x_i}$
$= x(y - 2z) + yx + z(-2x) = 2x(y - 2z).$

(2) $V[f] = \sum_{i=1}^{3} v_i \dfrac{\partial f}{\partial x_i}$
$= \sin x(e^y \sin z) + \cos y(xe^y \sin z) + xz(xe^y \cos z)$
$= e^y(\sin x \sin z + x\cos y \sin z + x^2 z \cos z)$.

(3) $V[f] = \sum_{i=1}^{3} v_i \dfrac{\partial f}{\partial x_i}$
$= yz(2xy^4 + 4x^3z^3) + xz(4x^2y^3) + xy(3x^4z^2)$
$= xyz(2y^4 + 4x^2z^3 + 4x^2y^2 + 3x^4z)$.

정 리 16 (구판 정리15)
$X, Y : \mathbb{R}^3$의 미분가능벡터장, $a \in \mathbb{R}$, $f: \mathbb{R}^3 \to \mathbb{R}$ 가 미분가능일 때
(1) ① $X+Y$: 미분가능벡터장
② aX : 미분가능벡터장
③ fX : 미분가능벡터장
④ $X \times Y$: 미분가능벡터장
(2) $\langle X, Y \rangle : \mathbb{R}^3$상의 미분가능함수

정 리 17 (구판 정리16)
미분가능함수 $g: \mathbb{R}^3 \to \mathbb{R}$에 대하여
(1) $\nabla g := \sum_{i=1}^{3} \dfrac{\partial g}{\partial x_i} U_i$: $\mathbb{R}^3$의 벡터장
$\qquad\qquad\qquad$ (: g의 그래디언트(gradient))
(즉, 각 $\mathrm{p} \in \mathbb{R}^3$에 대하여 $\nabla g(\mathrm{p}) := \sum_{i=1}^{3} \dfrac{\partial g}{\partial x_i}(\mathrm{p}) U_i(\mathrm{p}) \in T_\mathrm{p}\mathbb{R}^3$.)
(2) ∇g는
$\qquad \langle \nabla g, V \rangle = V[g] \, (\forall V : \mathbb{R}^3$의 미분가능벡터장 $V)$
를 만족하는 유일한 $\mathbb{R}^3$의 벡터장이다.
(즉, $\mathbb{R}^3$의 벡터장 W에 대하여
$\qquad W = \nabla g \Leftrightarrow \langle W, V \rangle = V[g] \, (\forall V : \mathbb{R}^3$의 미분가능벡터장).)

증 명

(2) ($\Rightarrow$) $V = \sum_{j=1}^{3} v_j U_j$로 놓으면 $V[g] = \sum_{i=1}^{3} v_i \frac{\partial g}{\partial x_i}$.
정의에 의해
$$\nabla g \cdot V = (\sum_{i=1}^{3} \frac{\partial g}{\partial x_i} U_i) \cdot (\sum_{j=1}^{3} v_j U_j)$$
$$= \sum_{i,j=1}^{3} v_j \frac{\partial g}{\partial x_i} \delta_{ij} = \sum_{i=1}^{3} v_i \frac{\partial g}{\partial x_i}.$$
따라서 $\nabla g = V[g]$.

($\Leftarrow$) $\mathbb{R}^3$의 벡터장 $W = \sum_{i=1}^{3} w_i U_i$가 모든 벡터장 V에 대하여
$\langle W, V \rangle = V[g]$를 만족시킨다고 가정하면 $W \cdot V = \sum_{i=1}^{3} w_i v_i$이므로
$$\sum_{i=1}^{3} v_i w_i = \sum_{i=1}^{3} v_i \frac{\partial g}{\partial x_i}$$
$V = \sum_{j=1}^{3} v_j U_j$가 임의의 벡터장이므로 각 $i = 1, 2, 3$에 대하여
$$w_i = \frac{\partial g}{\partial x_i}$$
이 성립한다. 따라서 $W = \sum_{i=1}^{3} w_i U_i = \sum_{i=1}^{3} \frac{\partial g}{\partial x_i} U_i = \nabla g$.

보 기 19 (구판 보기13)

(1) $V = xU_1 + yU_2$, $W = 2x^2 U_2 - U_3$일 때 p$= (-1, 0, 2)$에서
$$(W - xV)(\mathrm{p})$$
의 값은?

(2) 함수 $f(x, y, z) = xe^y \cos z$와 벡터장 $V = xU_1 - yU_3$에 대하여 다음을 구하시오.
① ∇f ② $\langle \nabla f, V \rangle$

풀 이

(1) $(W - xV)(\mathrm{p}) = W(\mathrm{p}) - (xV)(\mathrm{p})$
$= (2(-1)^2 U_2(\mathrm{p}) - U_3(\mathrm{p}))$
$\quad - (-1)((-1)U_1(\mathrm{p}) + 0 U_2(\mathrm{p}))$
$= (-1)U_1(\mathrm{p}) + 2U_2(\mathrm{p}) + (-1)U_3(\mathrm{p})$
$= ((-1)e_1)_\mathrm{p} + (2e_2)_\mathrm{p} + ((-1)e_3)_\mathrm{p}$
$= (-e_1 + 2e_2 - e_3)_\mathrm{p}$

3.1 접벡터와 공변미분

$$= (-1, 2, -1)_p \in T_p \mathbb{R}^3.$$

(2) ① $\nabla f = \left(\dfrac{\partial}{\partial x} f, \dfrac{\partial}{\partial y} f, \dfrac{\partial}{\partial z} f \right)$

$$= \sum_{i=1}^{3} \dfrac{\partial f}{\partial x_i} U_i$$

$$= e^y \cos z \, U_1 + x e^y \cos z \, U_2 + (-x e^y \sin z) U_3.$$

② $(<\nabla f, V>)(1, 0, 0) = \left(\left\langle \sum_{i=1}^{3} \dfrac{\partial f}{\partial x_i} U_i, \sum_{i=1}^{3} v_i U_i \right\rangle \right)(1, 0, 0)$

$$= \left(\sum_{i=1}^{3} v_i \dfrac{\partial f}{\partial x_i} \right)(1, 0, 0)$$

$$= (x e^y \cos z + 0 \, x \, e^y \cos z + (-y)(-x e^y \sin z))|_{(1, 0, 0)}$$

$$= 1.$$

정 의 18 (공변미분) (구판 정의18)

$\mathbb{R}^3$의 벡터장 $W = \sum\limits_{i=1}^{3} w_i U_i$에 대하여

(1) 접벡터에 대한 공변미분

$v_p \in T_p \mathbb{R}^3$일 때

$$\nabla_{v_p} W := (W(p + tv))'(0)$$

$$= \sum_{i=1}^{3} (w_i(p + tv))'(0) U_i(p) \, (\in T_p \mathbb{R}^3).$$

(2) 벡터장에 대한 공변미분

V : $\mathbb{R}^3$의 벡터장일 때, 각 $p \in \mathbb{R}^3$에 대하여

$$(\nabla_V W)(p) := \nabla_{V(p)} W.$$

NOTE

정의18에서 $\nabla_{v_p} W$는

$\nabla_v W, \, dW_p(v_p), \, dW(v_p)$

와 같이 나타내기도 한다.

> **정 리 18** (구판 정리17)
> 미분가능벡터장 Y, Z, W, 미분가능함수 $f:\mathbb{R}^3 \to \mathbb{R}$, v_p, w_p $\in T_p\mathbb{R}^3$, $a,b\in\mathbb{R}$에 대하여 다음이 성립한다.
> (단, $Y=\sum_{i=1}^{3} y_i U_i$, $Z=\sum_{i=1}^{3} z_i U_i$, $W=\sum_{i=1}^{3} w_i U_i$이다.)
>
> (1) $\nabla_{v_p} W = \sum_{i=1}^{3} v_p[w_i] U_i(p)$
>
> (2) $\nabla_V W = \sum_{i=1}^{3} V[w_i] U_i$
>
> (3) ① $\nabla_{av_p+bw_p} Y = a\nabla_{v_p} Y + b\nabla_{w_p} Y$
> ② $\nabla_{v_p}(aY+bZ) = a\nabla_{v_p} Y + b\nabla_{v_p} Z$
> ③ $\nabla_{v_p} fY = v_p[f] Y(p) + f(p) \nabla_{v_p} Y$
> ④ $v_p[\langle Y, Z\rangle] = \langle \nabla_{v_p} Y, Z(p)\rangle + \langle Y(p), \nabla_{v_p} Z\rangle$
>
> (4) $\nabla_{v_p}(Y\times Z) = (\nabla_{v_p} Y)\times Z(p) + Y(p)\times(\nabla_{v_p} Z)$

증 명

(1) $\nabla_{v_p} W = \sum_{i=1}^{3} (w_i(p+tv))'(0) U_i(p) = \sum_{i=1}^{3} v_p[w_i] U_i(p)$.

(2) 각 $p \in \mathbb{R}^3$에 대하여

$$\nabla_V W(p) = \nabla_{V(p)} W = \sum_{i=1}^{3} V(p)[w_i] U_i(p)$$
$$= \sum_{i=1}^{3} V[w_i](p) U_i(p) = \left(\sum_{i=1}^{3} V[w_i] U_i\right)(p).$$

따라서 $\nabla_V W = \sum_{i=1}^{3} V[w_i] U_i$이다.

(3) ① $\nabla_{av_p+bw_p} Y = \sum_{i=1}^{3} (av_p+bw_p)[y_i] U_i(p)$
$$= a\sum_{i=1}^{3} v_p[y_i] U_i(p) + b\sum_{i=1}^{3} w_p[y_i] U_i(p)$$
$$= a\nabla_{v_p} Y + b\nabla_{w_p} Y.$$

② $\nabla_{v_p}(aY+bZ) = \nabla_{v_p}\left(a\sum_{i=1}^{3} y_i U_i + b\sum_{i=1}^{3} z_i U_i\right)$

$$= \nabla_{v_p}(\sum_{i=1}^{3}(ay_i+bz_i)U_i) = \sum_{i=1}^{3}v_p[ay_i+bz_i]U_i(p)$$

$$= \sum_{i=1}^{3}(av_p[y_i]+bv_p[z_i])U_i(p)$$

$$= a\nabla_{v_p}Y + b\nabla_{v_p}Z.$$

③ $\nabla_{v_p}fY = \nabla_{v_p}(f\sum_{i=1}^{3}y_iU_i) = \sum_{i=1}^{3}v_p[fy_i]U_i(p)$

$$= \sum_{i=1}^{3}(v_p[f]y_i(p) + f(p)\cdot v_p[y_i])U_i(p)$$

$$= v_p[f]\sum_{i=1}^{3}y_i(p)U_i(p) + f(p)\sum_{i=1}^{3}v_p[y_i]U_i(p)$$

$$= v_p[f]Y(p) + f(p)\nabla_{v_p}Y.$$

(4) $v_p[\langle Y,Z\rangle] = v_p[\langle \sum_{i=1}^{3}y_iU_i, \sum_{i=1}^{3}z_iU_i\rangle] = v_p[\sum_{i=1}^{3}y_iz_i]$

$$= \sum_{i=1}^{3}v_p[y_iz_i]$$

$$= \sum_{i=1}^{3}(v_p[y_i]\cdot z_i(p) + y_i(p)\cdot v_p[z_i])$$

$$= \langle \sum_{i=1}^{3}v_p[y_i]U_i(p), \sum_{i=1}^{3}z_i(p)U_i(p)\rangle$$

$$+ \langle \sum_{i=1}^{3}y_i(p)U_i(p), \sum_{i=1}^{3}v_p[z_i]U_i(p)\rangle$$

$$= \langle \nabla_{v_p}Y, Z(p)\rangle + \langle Y(p), \nabla_{v_p}Z\rangle.$$

보 기 20 (구판 보기14)

$W : \mathbb{R}^3 \to \cup_{p \in \mathbb{R}^3} T_p \mathbb{R}^3$,
$$W(x, y, z) = x^2 U_1 + yz U_2 + xy U_3 \quad ((x, y, z) \in \mathbb{R}^3)$$
일 때 $p = (1, 2, -1)$, $v = (-1, 2, 1)$에 대하여 다음을 구하시오.
(1) $\nabla_{v_p} W (= dW_p(v_p))$ (2) $V = xU_1 + zU_3$일 때 $(\nabla_v W)(p)$

풀 이

(1) $\nabla_{v_p} W = \dfrac{d}{dt}(W(p + tv))|_{t=0}$

$\qquad = \dfrac{d}{dt}((1-t)^2, (2+2t)(-1+t), (1-t)(2+2t))|_{t=0}$

$\qquad = (-2, 0, 0)_p (\in T_p \mathbb{R}^3)$.

(2) (i) $V[w_1] = \sum_{i=1}^{3} v_i \dfrac{\partial w_1}{\partial x_i} = 2x^2$, $V[w_2] = \sum_{i=1}^{3} v_i \dfrac{\partial w_2}{\partial x_i} = yz$,

$V[w_3] = \sum_{i=1}^{3} v_i \dfrac{\partial w_3}{\partial x_i} = xy$.

$\nabla_v W = \sum_{i=1}^{3} V[w_i] U_i = 2x^2 U_1 + yz U_2 + xy U_3$.

(ii) $(\nabla_v W)(p) = 2U_1(p) - U_2(p) + 2U_3(p) = (2, -1, 2)_p$.

보 기 21 (구판 보기15)

(1) $p = (1, 1, 1)$, $v_p = (3, -4, 5)$와 $W = x^2 U_1 + yz U_2 + y^2 U_3$에 대하여 $\nabla_{v_p} W (= dW_p(v_p))$를 구하시오.

(2) 벡터장 $V = xy U_1 + (x+z) U_2 + y U_3$, $W = 0 U_1 + y^2 U_2 + xy U_3$에 대하여 $\nabla_v W$를 구하시오.

풀 이

(1) (i) $v_p[w_1] = \sum_{i=1}^{3} v_i \dfrac{\partial w_1}{\partial x_i}(p)$

$\qquad = 3 \cdot (2x) + (-4) \cdot 0 + 5 \cdot 0|_p = 6x|_p = 6$,

$v_p[w_2] = \sum_{i=1}^{3} v_i \dfrac{\partial w_2}{\partial x_i}(p)$

$$= 3 \cdot 0 + (-4) \cdot z + 5 \cdot y|_p = 5 \cdot y|_p = 1,$$

$$v_p[w_3] = \sum_{i=1}^{3} v_i \frac{\partial w_3}{\partial x_i}(p)$$

$$= 3 \cdot 0 + (-4) \cdot (2y) + 5 \cdot 0|_p = -8.$$

(ii) $\nabla_{v_p} W = \sum_{i=1}^{3} v_p[w_i] U_i(p)$

$$= 6 U_1(p) + 1 U_2(p) + (-8) U_3(p)$$

$$= (6, 1, -8)_p \ (\in T_p \mathbb{R}^3).$$

(2) (i) $V[w_1] = \sum_{i=1}^{3} v_i \frac{\partial w_1}{\partial x_i} = 0,$

$$V[w_2] = \sum_{i=1}^{3} v_i \frac{\partial w_2}{\partial x_i} = v_2 \frac{\partial y^2}{\partial y} = (x+z) 2y,$$

$$V[w_3] = \sum_{i=1}^{3} v_i \frac{\partial w_3}{\partial x_i} = v_1 \frac{\partial (xy)}{\partial x} + v_2 \frac{\partial xy}{\partial y} = xyy + (x+y)x.$$

(ii) $\nabla_v W = \sum_{i=1}^{3} V[w_i] U_i$

$$= 0 U_1 + 2(x+z)y U_2 + x(x+y^2+z) U_3.$$

3.2. 곡면의 매개화

정 의 19 (구판 정의19)

(1) $\mathbb{R}^2$의 개부분집합 D에 대하여
   $(\mathbf{x}, D)$: 좌표조각사상(coordinate patch)
   $\overset{\text{정의}}{\Leftrightarrow}$ $\mathbf{x}: D(\subset \mathbb{R}^2) \to \mathbb{R}^3$

   (i) $\mathbf{x}$: D에서 미분가능(즉, C^∞-함수)
   (ii) $\mathbf{x}$: $1-1$
   (iii) $\mathbf{x}_u \times \mathbf{x}_v \neq 0 (\Leftrightarrow \mathbf{x}$: 정칙사상(regular mapping))

(2) $(\mathbf{x}, D)$: 고유조각사상(proper patch)
   $\overset{\text{정의}}{\Leftrightarrow}$ $\mathbf{x}$: 좌표조각사상 $s.t.$ $\mathbf{x}^{-1} : \mathbf{x}(D) \to D$ 연속
   (따라서 고유조각사상은 위상동형사상이다.)

(3) $M(\subset \mathbb{R}^3)$: $\mathbb{R}^3$의 곡면(surface)
   (혹은 정칙곡면(regular surface))
   $\overset{\text{정의}}{\Leftrightarrow}$ $\forall p \in M, \exists \mathbf{x} : D(\subset \mathbb{R}^2) \to M$ 고유조각사상
   $s.t.$ $\mathbf{x}(D)$: p의 근방
   $\Leftrightarrow \exists \{(\mathbf{x}_i, D_i)\}_i$: 고유조각사상의 모임
   $s.t.$ $\cup_i \mathbf{x}_i(D_i) = M$

(4) $M(\subset \mathbb{R}^3)$: 단순곡면(simple surface)
   $\overset{\text{정의}}{\Leftrightarrow}$ $\exists \mathbf{x} : D(\subset \mathbb{R}^2) \to \mathbb{R}^3$ 고유조각사상
   $s.t.$ $M = \mathbf{x}(D)$
   (즉, 단 하나의 고유조각사상으로 표현되는 곡면을 뜻한다.)

보 기 22 (구판 보기16)

(1) $D = \{(u, v) \mid u^2 + v^2 < 1\}$에 대하여
   $$\mathbf{x}: D(\subset \mathbb{R}^2) \to \mathbb{R}^3, \quad \mathbf{x}(u, v) = (u, v, \sqrt{1 - u^2 - v^2})$$
   일 때 $(\mathbf{x}, D)$는 고유조각사상임을 보이시오.

(2) $D = \mathbb{R}^2$에 대하여
   $$\mathbf{x}: D \to \mathbb{R}^3, \quad \mathbf{x}(u, v) = (u, v, u^2 v)$$
   일 때 $(\mathbf{x}, D)$는 고유조각사상임을 보이시오.

풀 이

(1) (i) $\mathbf{x}(u, v) = (u, v, \sqrt{1-u^2-v^2})$는 D에서 미분가능.

(ii) $\mathbf{x} : 1-1$

($\because$) $\mathbf{x}(u_1, v_1) = \mathbf{x}(u_2, v_2)$

$\Rightarrow (u_1, v_1, \sqrt{1-u_1^2-v_1^2}) = (u_2, v_2, \sqrt{1-u_2^2-v_2^2})$

$\Rightarrow (u_1, v_1) = (u_2, v_2)$.

(iii) $\mathbf{x}_u \times \mathbf{x}_v = \left(\dfrac{u}{\sqrt{1-u^2-v^2}}, \dfrac{v}{\sqrt{1-u^2-v^2}}, 1 \right)$

$\neq (0, 0, 0) \ (\forall\, (u, v) \in D)$.

(iv) $(x, y, z) = \mathbf{x}(u, v) = (u, v, \sqrt{1-u^2-v^2})$이라 할 때

$$\mathbf{x}^{-1}(x, y, z) = (u, v) = (x, y)$$

이다. 따라서 $\mathbf{x}^{-1}(x, y, z) = (x, y)$는 $\mathbf{x}(D)$에서 연속이다.

(2) (i) $\mathbf{x}(u, v) = (u, v, u^2 v)$는 $D = \mathbb{R}^2$에서 미분가능.

(ii) $\mathbf{x} : 1-1$

($\because$) $\mathbf{x}(u_1, v_1) = \mathbf{x}(u_2, v_2) \Rightarrow (u_1, v_1, u_1^2 v_1) = (u_2, v_2, u_2^2 v_2)$

$\Rightarrow u_1 = u_2, \ v_1 = v_2$

$\Rightarrow (u_1, u_2) = (v_1, v_2)$.

(iii) $\mathbf{x}_u \times \mathbf{x}_v = \begin{vmatrix} i & j & k \\ 1 & 0 & 2uv \\ 0 & 1 & u^2 \end{vmatrix}$

$= (-2uv, -u^2, 1) \neq (0, 0, 0) \ (\forall\, (u, v) \in D)$.

(iv) $(x, y, z) = \mathbf{x}(u, v) = (u, v, u^2 v)$이라 할 때,

$$\mathbf{x}^{-1}(x, y, z) = (u, v) = (x, y)$$

이다. 따라서 $\mathbf{x}^{-1}(x, y, z) = (x, y)$는 $\mathbf{x}(D)$에서 연속이다.

> **유 제 2** (구판 유제6)
> $D=\{(u,v)\mid u>0, v>0\}$에 대하여
> $$\mathbf{x}: D(\subset \mathbb{R}^2) \to \mathbb{R}^3, \ \mathbf{x}(u,v)=(u^2, uv, v^2)$$
> 일 때 $\mathbf{x}$는 고유조각사상임을 보이시오.

풀 이

(i) $\mathbf{x}(u,v)=(u^2, uv, v^2)$는 D에서 미분가능.

(ii) $\mathbf{x} : 1-1$

($\because$) $\mathbf{x}(u_1, v_1)=\mathbf{x}(u_2, v_2) \Rightarrow (u_1^2, u_1v_1, v_1^2)=(u_2^2, u_2v_2, v_2^2)$
$\Rightarrow (u_1, v_1)=(u_2, v_2)$
(($\because$) $u_1>0, \ u_2>0, \ v_1>0, \ v_2>0$).

(iii) $\mathbf{x}_u \times \mathbf{x}_v = (2v^2, -4uv, 2u^2) \neq (0,0,0) \ (\forall (u,v) \in D)$.

(iv) $(x,y,z)=\mathbf{x}(u,v)=(u^2, uv, v^2)$이라 할 때
$$\mathbf{x}^{-1}(x,y,z)=(u,v)=\left(\sqrt{x}, \frac{y}{\sqrt{x}}\right)$$
는 $\mathbf{x}(D)$에서 연속이다.

> **정 리 19** (구판 정리18)
> (1) $\mathbb{R}^2$의 개집합 D, 미분가능함수 $f: D(\subset \mathbb{R}^2) \to \mathbb{R}$ 에 대하여
> ① $\mathbf{x}(u,v)=(u,v,f(u,v))$
> 혹은 $\mathbf{x}(u,v)=(u,f(u,v),v)$
> 혹은 $\mathbf{x}(u,v)=(f(u,v),u,v)$일 때 $(\mathbf{x}, D)$는 고유조각사상이다.
> 이를 몽쥬의 조각사상(Monge patch)이라 한다.
> ② ①의 $(\mathbf{x}, D)$에 대하여 $M=\mathbf{x}(D)$: 곡면.
> (2) $f: \mathbb{R}^3 \to \mathbb{R}$ 와 실수상수 c에 대하여
> $$M=\{(x,y,z) \in \mathbb{R}^3 \mid f(x,y,z)=c\}$$
> 이라 할 때
> (i) $M \neq \phi$, (ii) f : $\mathbb{R}^3$에서 미분가능.
> (iii) $(\nabla f)(\mathrm{p}) \neq \mathbf{0} \ (\forall \mathrm{p} \in M)$
> 이면 M은 곡면이다.
> (단, $\nabla = \left(\frac{\partial}{\partial x}, \frac{\partial}{\partial y}, \frac{\partial}{\partial z}\right) = \sum_{i=1}^{3} \frac{\partial}{\partial x_i} U_i$).

(3) 곡면 M과 $\mathrm{p}=(p_1, p_2, p_3)\in M$에 대하여

$\exists\, V(\subset M)$: p의 근방,

$\exists\, f : D_1((p_1, p_2)$의 근방$) \to \mathbb{R}$ 미분가능

$s.t.\ V=\{(x, y, f(x, y))\,|\,(x, y)\in D_1\}$,

혹은 $\exists\, V(\subset M)$: p의 근방,

$\exists\, f : D_1((p_1, p_3)$의 근방$) \to \mathbb{R}$ 미분가능

$s.t.\ V=\{(x, f(x, z), z)\,|\,(x, z)\in D_1\}$,

혹은 $\exists\, V(\subset M)$: p의 근방,

$\exists\, f : D_1((p_2, p_3)$의 근방$) \to \mathbb{R}$ 미분가능

$s.t\ V=\{(f(y, z), y, z)\,|\,(y, z)\in D_1\}$.

증 명

(2) $\mathrm{p}=(p_1, p_2, p_3)\in M$일 때,

$$0\neq \nabla f(\mathrm{p}) = \frac{\partial f}{\partial x}(p)U_1(p) + \frac{\partial f}{\partial y}(p)U_2(p) + \frac{\partial f}{\partial z}(p)U_3(p)$$
$$= (\frac{\partial f}{\partial x}(p), \frac{\partial f}{\partial y}(p), \frac{\partial f}{\partial z}(p))_p \in T_p\mathbb{R}^3$$

이라 할 때 $\frac{\partial f}{\partial x_i}(p)\neq 0\,(\exists\, i=1, 2, 3)$

$\Rightarrow$ 일반성을 잃지 않고 $\frac{\partial f}{\partial x}(p)\neq 0$이라 가정하면 음함수정리에 의해

$\exists\, D$: (p_1, p_2)의 개근방, $\exists\, h : D \to \mathbb{R}$ 미분가능 $s.t.$

$p_3 = h(p_1, p_2),\ f(x, y, h(x, y))=c(\forall\,(x, y)\in D)$.

$\Rightarrow \mathbf{x} : D \to \mathbb{R}$, $\mathbf{x}(x, y)=(x, y, h(x, y))$이라 할 때, $(\mathbf{x}, D)$는 p의 좌표함수이다. $((\because)$ 정리19 (1)$)$

※ 이 명제의 역은 성립하지 않는다. 그 반례로 미분가능함수

$f:\mathbb{R}^3 \to \mathbb{R}$, $f(x, y, z)=x^3((x, y, z)\in \mathbb{R}^3)$

에 대하여

$M=\{(x, y, z)\in \mathbb{R}^3\,|\,f(x, y, z)=0\}=\{(x, y, z)\in \mathbb{R}^3\,|\,x=0\}$

는 곡면이지만 $(\nabla f)(0, 0, 0)=0$이다.

> **예 제 14** (구판 예제11)
> (1) $\mathbb{R}^3$의 단위구면
> $$M = \{(x, y, z) \in \mathbb{R}^3 \mid x^2 + y^2 + z^2 = 1\}$$
> 는 곡면이 됨을 보이시오.
> (2) 실수 $c \neq -1$에 대하여
> $$M = \{(x, y, z) \in \mathbb{R}^3 \mid x^2 - 2x + yz = c\}$$
> 가 곡면이 됨을 보이시오.

풀 이

(1) $D = \{(u, v) \mid u^2 + v^2 < 1\}$에 대하여
$$\mathbf{x}_1,\ \mathbf{x}_2,\ \mathbf{x}_3,\ \mathbf{x}_4,\ \mathbf{x}_5,\ \mathbf{x}_6 : D(\subset \mathbb{R}^2) \to \mathbb{R}^3,$$
$\mathbf{x}_1(u, v) = (u, v, \sqrt{1-u^2-v^2}) = (u, v, f_1(u, v))$,
$\mathbf{x}_2(u, v) = (u, v, -\sqrt{1-u^2-v^2}) = (u, v, f_2(u, v))$,
$\mathbf{x}_3(u, v) = (u, \sqrt{1-u^2-v^2}, v) = (u, f_3(u, v), v)$,
$\mathbf{x}_4(u, v) = (u, -\sqrt{1-u^2-v^2}, v) = (u, f_4(u, v), v)$,
$\mathbf{x}_5(u, v) = (\sqrt{1-u^2-v^2}, u, v) = (f_5(u, v), u, v)$,
$\mathbf{x}_6(u, v) = (-\sqrt{1-u^2-v^2}, u, v) = (f_6(u, v), u, v)$
이라 할 때
$$f_i : D(\subset \mathbb{R}^2) \to \mathbb{R}\ (i = 1, 2, \cdots, 6)$$
는 미분가능이므로 $\mathbf{x}_i (i = 1, 2, \cdots, 6)$는 고유조각사상이고
$$M = \cup_{i=1}^{6} \mathbf{x}_i(D)$$
이다. 따라서 M는 곡면이다.

다른 풀이

함수 $f : \mathbb{R}^3 \to \mathbb{R}$,
$$f(x, y, z) = x^2 + y^2 + z^2 ((x, y, z) \in \mathbb{R}^3)$$
이라 할 때 f는 $\mathbb{R}^3$상에서 미분가능이다.
(ⅰ) $(1, 0, 0) \in M$이므로 $M \neq \phi$,
(ⅱ) $\nabla f = (2x, 2y, 2z) = (0, 0, 0) \Leftrightarrow (x, y, z) = (0, 0, 0)$
이고 $(0, 0, 0) \not\in M$이다.
따라서 M은 곡면이다.

(2) 함수 $f : \mathbb{R}^3 \to \mathbb{R}$,
$$f(x, y, z) = x^2 - 2x + yz ((x, y, z) \in \mathbb{R}^3)$$

이라 할 때 f는 $\mathbb{R}^3$상에서 미분가능이다.
(i) $(0, 1, c) \in M$이므로 $M \neq \phi$.
(ii) $\nabla f = (2(x-1), z, y) = (0, 0, 0) \Leftrightarrow (x, y, z) = (1, 0, 0)$
이고 $(1, 0, 0) \notin M((\because) \, c \neq -1)$이다. 따라서 M은 곡면이다.

도 입 ($\mathbb{R}^3$의 접벡터의 성질)

$\mathbb{R}^3$의 접벡터에 대한 다음과 같은 성질을 일반화하여 곡면의 접벡터를 정의하자.

$\quad v_p$: $\mathbb{R}^3$의 접벡터
$\Leftrightarrow v_p \in T_p \mathbb{R}^3$
$\Leftrightarrow \exists \alpha : (-\epsilon, \epsilon) \to \mathbb{R}^3$ 정칙곡선 $s.t.$ $\alpha(0) = p$, $\alpha'(0) = v_p$.

정 의 20 (곡면의 벡터장) (구판 정의20)

곡면 M과 $p \in M$에 대하여
(1) ① v_p : p에서 M에 접하는 접벡터(tangent vector)
$\qquad\qquad\qquad$ (혹은 p에서 M의 접벡터)
$\overset{정의}{\Leftrightarrow}$ (i) $v_p \in T_p \mathbb{R}^3$
$\quad$ (ii) $\exists \alpha : (-\epsilon, \epsilon) \to M$ 정칙곡선
$\qquad\qquad s.t.$ $\alpha(0) = p$, $\alpha'(0) = v_p$.
$\overset{정의}{\Leftrightarrow}$ $v_p \in T_p M$ (:p에서 M에 접하는 접평면(tangent plane)).
(즉, $T_p M = \{v_p \mid v_p \text{는 } M\text{의 접벡터}\}$.)
② V : M의 접벡터장(tangent vector field)
$\overset{정의}{\Leftrightarrow}$ $V : M \to \cup_{p \in M} T_p M$ $s.t.$ $V(p) \in T_p M$ ($\forall p \in M$)

(2) ① v_p : p에서 M의 법벡터(normal vector) (혹은 $v_p \perp M$)
$\overset{정의}{\Leftrightarrow}$ (i) $v_p \in T_p \mathbb{R}^3$
  (ii) $\langle v_p, w_p \rangle = 0$ ($\forall w_p \in T_p M$)

② V : M의 법벡터장(normal vector field)
$\overset{정의}{\Leftrightarrow}$ $V : M \to \cup_{p \in M} T_p \mathbb{R}^3$ s.t.
  $V(p)(\in T_p \mathbb{R}^3)$: p에서 M의 법벡터
  (즉, $V(p) \perp M$) ($\forall p \in M$)

③ V : M의 단위법벡터장(unit normal vector field)
$\overset{정의}{\Leftrightarrow}$ $V : M \to \cup_{p \in M} T_p \mathbb{R}^3$ s.t.
  $V(p)(\in T_p \mathbb{R}^3)$: p에서 M의 단위법벡터
  (즉, $V(p) \perp M$, $\|V(p)\| = 1$) ($\forall p \in M$)

NOTE
$$T_p M = \langle \mathbf{x}_u, \mathbf{x}_v \rangle_\mathbb{R} \leq T_p \mathbb{R}^3$$
$$= \{ c_1 \mathbf{x}_u + c_2 \mathbf{x}_v \in T_p \mathbb{R}^3 \mid c_1, c_2 \in \mathbb{R} \}$$

정 의 21 (매개변수곡선) (구판 정의21)

M의 고유조각사상 $\mathbf{x} : D(\mathbb{R}^2) \to \mathbb{R}^3$와 한 점 $(u_0, v_0)(\in D)$에 대하여
(1) ① $\alpha(u) := \mathbf{x}(u, v_0)$
  : $\mathbf{x}$의 $v = v_0$에서의 u-매개변수곡선(u-parameter curve),
② $\beta(v) := \mathbf{x}(u_0, v)$
  : $\mathbf{x}$의 $u = u_0$에서의 v-매개변수곡선(v-parameter curve)
(2) $\alpha'(u_0) = \mathbf{x}_u(u_0, v_0)$, $\beta'(v_0) = \mathbf{x}_v(u_0, v_0)$
  : (u_0, v_0)에서의 $\mathbf{x}$의 편속도함수(partial velocity vector)

보 기 23 (구판 보기17)

좌표조각사상 $\mathbf{x} : \mathbb{R}^2 \to \mathbb{R}^3$, $\mathbf{x}(u, v) = (u+v, u-v, u^2+v^2)$에 대하여
(1) $\mathbf{x}$의 $v = 0$에서의 u-매개곡선 α와 $u = 1$에서의 v-매개곡선 β를 각각 구하시오.
(2) $(1, 0)$에서의 $\mathbf{x}$의 두 편속도함수를 각각 구하시오.

풀 이
(1) ① $\mathbf{x}$의 $v = 0$에서의 u-매개곡선은
  $\alpha : (-\infty, \infty) \to \mathbb{R}^3$, $\alpha(u) = \mathbf{x}(u, 0) = (u, u, u^2)$.

② **x**의 $u=1$에서의 u-매개곡선은
$$\beta:(-\infty,\infty)\to\mathbb{R}^3,\ \beta(v)=\mathbf{x}(1,v)=(1+v,1-v,1+v^2).$$
(2) **x**의 $(1,0)$에서의 **x**의 편속도함수는
$$\alpha'(1)=\mathbf{x}_u(1,0)=(1,1,2),\ \beta'(0)=\mathbf{x}_v(1,0)=(1,-1,0).$$

NOTE

$\mathbb{R}^n$에서

$$\nabla:=\left(\frac{\partial}{\partial x_1},\cdots,\frac{\partial}{\partial x_n}\right)=\sum_{i=1}^{n}\frac{\partial}{\partial x_i}U_i:\text{델(del) (혹은 나블라(nabla))}.$$

정 리 20 (구배벡터장) (구판 정리19)
(1) 곡면 M의 고유조각사상
$$\mathbf{x}:D\to\mathbf{x}(D)(\subset M)$$
에 대하여
$$U:M\to\cup_{\mathrm{p}\in\mathbf{x}(D)}T_\mathrm{p}\mathbb{R}^3,\ U(\mathrm{p}):=\frac{\mathbf{x}_u\times\mathbf{x}_v}{\|\mathbf{x}_u\times\mathbf{x}_v\|}(\in T_\mathrm{p}\mathbb{R}^3)$$
이라 할 때 U는 M의 단위법벡터장이다.
(2) 미분가능함수 $g:\mathbb{R}^3\to\mathbb{R}$, 곡면
$$M=\{(x,y,z)\in\mathbb{R}^3\mid g(x,y,z)=c\}(단,\ c는\ 실수상수이다.)$$
와 $\mathrm{p}\in M$에 대하여
① $\nabla g(\mathrm{p})\perp M\ (\forall\mathrm{p}\in M)$,
② $\nabla g(\mathrm{p})\neq(0,0,0)(\forall p\in M)$.
(여기서 $\nabla g:M\to\cup_{\mathrm{p}\in M}T_\mathrm{p}\mathbb{R}^3$를 g의 **구배벡터장**(gradient vector field)이라 한다.)

NOTE (단위법벡터장의 계산)
$$U(\mathrm{p})=\frac{\mathbf{x}_u\times\mathbf{x}_v}{\|\mathbf{x}_u\times\mathbf{x}_v\|}$$
$$=\pm\frac{\nabla g(\mathrm{p})}{\|\nabla g(\mathrm{p})\|}.$$

증 명

(2) ① $p \in M$이고 $v \in T_p M$일 때,
$$\exists \alpha : (-\epsilon, \epsilon) \to M \text{ 정칙곡선 } s.t. \ \alpha(0) = p, \ \alpha'(0) = v.$$
$\Rightarrow$ 임의의 $t \in (-\epsilon, \epsilon)$에 대하여
$$\alpha(t) = (x(t), y(t), z(t)) \in M$$
이므로 $g(\alpha(t)) = 0 (\forall t \in (-\epsilon, \epsilon))$.
$\Rightarrow 0 = g(\alpha(t)) = dg(\alpha(0))\alpha'(0) = dg(p)\alpha'(0)$
$$= \left(\frac{\partial g}{\partial x}(p), \ \frac{\partial g}{\partial y}(p), \ \frac{\partial g}{\partial z}(p) \right) \begin{pmatrix} x'(0) \\ y'(0) \\ z'(0) \end{pmatrix}$$
$= \langle (\nabla g)(p), v \rangle$ ($\because$ 다변수함수의 연쇄법칙).
② 정리20 (2)에 의해 자명하다.

NOTE

곡면 M의 고유조각사상 $\mathbf{x} = \mathbf{x}(u, v) ((u, v) \in D)$와 $p \in M$에 대하여

(1) $l = \{\mathbf{x} + t\boldsymbol{U} \mid t \in \mathbb{R}\} = \{\mathbf{x} + t(\mathbf{x}_u \times \mathbf{x}_v) \mid t \in \mathbb{R}\}$
    : $\mathbf{x} = \mathbf{x}(u, v)$에서의 M의 법선(normal line)

(2) p에서 M의 접평면의 방정식은
$$P = \{p + \lambda \mathbf{x}_u + \mu \mathbf{x}_v \in \mathbb{R}^3 \mid \lambda, \mu \in \mathbb{R}\}$$
$$= \{\mathbf{x} \in \mathbb{R}^3 \mid \langle \mathbf{x} - p, \mathbf{x}_u \times \mathbf{x}_v \rangle = 0\}$$
$$= \{\mathbf{x} \in \mathbb{R}^3 \mid \langle \mathbf{x} - p, \boldsymbol{U} \rangle = 0\}.$$

05년시행기출
3차원 유클리드공간 $\mathbb{R}^3$에 있는 곡면 $\mathbf{x}(\theta, \phi)$를 다음과 같이 정의하자.
$\mathbf{x}(\theta, \phi) = ((2+\sin\phi)\cos\theta,$
    $(2+\sin\phi)\sin\theta, \cos\phi)$
이때, 곡면 위의 점 $\mathbf{x}(0, 0)$에서의 접평면(tangent plane)의 방정식을 구하고, 그 접평면과 곡면 $\mathbf{x}(\theta, \phi)$의 교선의 방정식을 구하시오. [5점]
(단, $-\infty < \theta < \infty, \ -\infty < \phi < \infty$)

예 제 15 (구판 예제12)
$\mathbf{x}(u, v) = (u, v, u^2 - v^2)$으로 주어지는 곡면에서
(1) $u = 1, v = 1$에 대응되는 점에서의 접평면의 방정식을 구하시오.
(2) $u = 1, v = 1$에 대응되는 점에서의 법선의 방정식을 구하시오.

풀 이

(1) $\mathbf{x}(1, 1) = (1, 1, 0), \ \mathbf{x}_u(1, 1) = (1, 0, 2), \ \mathbf{x}_v(1, 1) = (0, 1, -2)$
이므로 $\mathbf{x}(1, 1)$에서의 접평면은
$$P = \{\mathbf{x}(1, 1) + \lambda \mathbf{x}_u(1, 1) + \mu \mathbf{x}_v(1, 1) \in \mathbb{R}^3 \mid \lambda, \mu \in \mathbb{R}\}$$
$$= \{(1+\lambda, 1+\mu, 2(\lambda-\mu)) \mid \lambda, \mu \in \mathbb{R}\}.$$

(2) $U = \dfrac{\mathbf{x}_u(1,1) \times \mathbf{x}_v(1,1)}{\|\mathbf{x}_u(1,1) \times \mathbf{x}_v(1,1)\|} = \left(-\dfrac{2}{3}, \dfrac{2}{3}, \dfrac{1}{3}\right)$ 이므로

법선은 $\{\mathbf{y} \in \mathbb{R}^3 \mid \mathbf{y} = \mathbf{x}(1,1) + t\mathbf{U}, t \in \mathbb{R}\}$
$= \{(1 - 2t/3, 1 + 2t/3, t/3) \in \mathbb{R}^3 \mid t \in \mathbb{R}\}.$

예 제 16 (구판 예제13)
단위구면의 일부인
$$M = \{(x, y, z) \in \mathbb{R}^3 \mid x^2 + y^2 + z^2 = 1, 0 < z\}$$
의 단위법벡터장을 구하시오.

09년시행기출 (p.88 예제 19)
3차원 유클리드 공간 $\mathbb{R}^3$에서 곡선 γ를 두 곡면
$S_1 = \{(x, y, z) \in \mathbb{R}^3 \mid x^2 - y^2 = 1, x > 0\},$
$S_2 = \{(x, y, z) \in \mathbb{R}^3 \mid z = xy\}$
의 교선이라 하자. 이때 γ 위의 점 $q = (1, 0, 0)$에서의 γ의 접선벡터와 수직이고 점 q를 포함하는 평면에 속하는 점은? [2점]
① $(0, 1, 1)$ ② $(1, 0, 1)$ ③ $(1, 1, 1)$
④ $(1, -1, -1)$ ⑤ $(-1, 1, -1)$

풀 이 1 (매개변수표현을 이용)
$p = (x_0, y_0, z_0)(\in M)$의 근방에서 M은 고유조각사상(매개변수표현)

$\mathbf{x} : D = \{(u, v) \mid u^2 + v^2 < 1\}(\subset \mathbb{R}^2) \to \mathbb{R}^3,$
$\mathbf{x}(u, v) = (u, v, \sqrt{1 - u^2 - v^2})$

으로 나타난다. 이때

$\mathbf{x}_u(x_0, y_0) = \left(1, 0, \dfrac{-x_0}{\sqrt{1 - x_0^2 - y_0^2}}\right),$

$\mathbf{x}_v(x_0, y_0) = \left(0, 1, \dfrac{-y_0}{\sqrt{1 - x_0^2 - y_0^2}}\right),$

$U = \dfrac{\mathbf{x}_u \times \mathbf{x}_v}{\|\mathbf{x}_u \times \mathbf{x}_v\|}\bigg|_{(x_0, y_0)} = (x_0, y_0, \sqrt{1 - x_0^2 - y_0^2}).$

풀 이 2 (구배를 이용)
$p = (x_0, y_0, z_0)(\in M)$에 대하여
$$g(x, y, z) := x^2 + y^2 + z^2$$
이라 할 때

$\nabla g = \left(\dfrac{\partial g}{\partial x}, \dfrac{\partial g}{\partial y}, \dfrac{\partial g}{\partial z}\right)\bigg|_{(x_0, y_0, z_0)} = (2x_0, 2y_0, 2z_0),$

$U = \pm \dfrac{\nabla g}{\|\nabla g\|}\bigg|_{(x_0, y_0, z_0)} = \pm \dfrac{2(x_0, y_0, z_0)}{2\sqrt{x_0^2 + y_0^2 + z_0^2}}$
$= \pm (x_0, y_0, z_0) = \pm (x_0, y_0, \sqrt{1 - x_0^2 - y_0^2}).$

07년시행기출

$\mathbb{R}$을 실수 집합이라 할 때, 곡면
$\mathbf{x}: \mathbb{R}^2 \to \mathbb{R}^3$,
$$\mathbf{x}(u, v) = \left(u - \frac{u^3}{3} + uv^2, \ v - \frac{v^3}{3} + u^2v, \ u^2 - v^2\right)$$
에 대하여 다음 물음에 답하시오. [4점]
(1) 곡면 위의 점 $\mathbf{x}(1, 1)$에서의 법벡터 (normal vector) $\vec{n}$을 구하시오.
(2) 위 (1)에서 구한 법벡터 $\vec{n}$과 $\vec{n}$을 xy-평면에 정사영(projection)한 벡터가 이루는 각을 α라 할 때, $\cos\alpha$를 구하시오.

03년시행기출

곡선 $\mathbf{x}(t) = (3t, 3t^2, 2t^3)$위의 모든 점에서 단위접선벡터(unit tangent vector)와 평면 $x + z = 0$이 이루는 각을 구하시오. [5점]

유 제 3 (구판 유제9)

곡선 $\alpha(t) = (t, t^3, t^2)(t \in \mathbb{R})$과 곡면
$$x^2 + 2xy + z = 0$$
의 교점 $(0, 0, 0)$에서의 사잇각은?

풀 이

$\alpha(0) = (0, 0, 0)$이고 $\alpha'(t) = (1, 3t^2, 2t)$이므로 $\alpha'(0) = (1, 0, 0)$이다. $g := x^2 + 2xy + z$라 할 때,
$$\nabla g = \left(\frac{\partial g}{\partial x}, \frac{\partial g}{\partial y}, \frac{\partial g}{\partial z}\right) = (2x + 2y, 2x, 1)$$
이므로 $(0, 0, 0)$에서의 법벡터는 $(0, 0, 1)$이다. 따라서 곡선 α와 곡면의 사잇각을 θ라 할 때,
$$\cos(\pi/2 - \theta) = \langle (1, 0, 0), (0, 0, 1) \rangle = 0$$
이 되어 $\theta = 0$이다.

3.3. 제1 기본형식과 제2 기본형식

정 리 21 (구판 정리20)

곡면 M의 점 p 근방의 좌표함수
$$\mathrm{x} = \mathrm{x}(u, v)$$
에 대하여

(1) $U(\mathrm{x}(u, v)) = U(u, v)$라 할 때

① $\mathrm{x}_u \perp U$, $\mathrm{x}_v \perp U$.

② ㉠ $dU(\mathrm{x}_u) = U_u$, $dU(\mathrm{x}_v) = U_v$.
　㉡ $T_p M = \{ a\mathrm{x}_u + b\mathrm{x}_v \mid a, b \in \mathbb{R} \}$.

③ ㉠ $\langle U, \mathrm{x}_{uv} \rangle = -\langle U_v, \mathrm{x}_u \rangle$,
　㉡ $\langle U, \mathrm{x}_{vu} \rangle = -\langle U_u, \mathrm{x}_v \rangle$,
　㉢ $\langle U, \mathrm{x}_{uu} \rangle = -\langle U_u, \mathrm{x}_u \rangle$,
　㉣ $\langle U, \mathrm{x}_{vv} \rangle = -\langle U_v, \mathrm{x}_v \rangle$.

(2) $dU_p : T_p M \to T_p M$,
$$\langle dU_p(\mathrm{v}), \mathrm{w} \rangle = \langle \mathrm{v}, dU_p(\mathrm{w}) \rangle \; (\forall \mathrm{v}, \mathrm{w} \in T_p M).$$
(즉, dU_p는 자기수반선형사상이다.)

이때, $S_p := -dU_p$를 M의 p에서의 모양연산자(shape operator) (혹은 형작용소)라 부른다.

증 명

(1) ① $U = \dfrac{\mathrm{x}_u \times \mathrm{x}_v}{\|\mathrm{x}_u \times \mathrm{x}_v\|} \perp \mathrm{x}_u$, $U = \dfrac{\mathrm{x}_u \times \mathrm{x}_v}{\|\mathrm{x}_u \times \mathrm{x}_v\|} \perp \mathrm{x}_v$.

② ㉠ $v_p \in T_p M$에 대하여 $\exists \alpha : (-\epsilon, \epsilon) \to M$ 정칙곡선
$$s.t. \;\; \alpha(0) = p, \; \alpha'(0) = v_p.$$

(i) 고유조각사상 $\mathbf{x}=\mathbf{x}(u,v)$에 대하여
$$\alpha(t):=\mathbf{x}(u(t),\ v(t))(t\in(-\epsilon,\ \epsilon))$$
이라 두자. 그러면
$$v_p=\alpha'(0)=(\mathbf{x}_u\ \mathbf{x}_v)\begin{pmatrix}u'\\v'\end{pmatrix}\bigg|_{t=0}$$
$$=u'(0)\mathbf{x}_u+v'(0)\mathbf{x}_v\in<\mathbf{x}_u,\mathbf{x}_v>_\mathbb{R}$$
이 되어 양변에 dU_p를 취하면 dU_p의 선형성에 의해
$$dU_p(v_p)=u'(0)dU_p(\mathbf{x}_u)+v'(0)dU_p(\mathbf{x}_v)\ \cdots\ \text{ⓐ}.$$

(ii) 정의에 의해 $dU_p(v_p)=\dfrac{d}{dt}(U(\alpha(t)))|_{t=0}$,
$$\frac{d}{dt}(U(u(t),\ v(t)))|_{t=0}=(U_u,\ U_v)\begin{pmatrix}u'\\v'\end{pmatrix}\bigg|_{t=0}$$

$$=u'(0)U_u(p)+v'(0)U_v(p)\ \cdots\ \text{ⓑ}.$$

ⓐ, ⓑ에서 $u'(0)=1,\ v'(0)=0$이라 두면 $U(\mathbf{x}_u)=U_u$,
$u'(0)=0,\ v'(0)=1$이라 두면 $U(\mathbf{x}_v)=U_v$.

Ⓛ $\mathbf{x}(u_0,v_0)=\mathrm{p}$이라 할 때

($\subset$) $v_p\in T_pM$
$\Rightarrow\ \exists\alpha:(-\epsilon,\epsilon)\to M$ 정칙곡선 $s.t.\ \alpha(0)=\mathrm{p},\ \alpha'(0)=v_p$.
$\Rightarrow\ \exists(u(t),v(t)):(-\epsilon,\epsilon)\to\mathbb{R}^2$ 미분가능
$\quad s.t.\ \alpha(t)=\mathbf{x}(u(t),v(t))(=(\mathbf{x}\circ(u,v))(t))(t\in(-\epsilon,\epsilon))$
$\Rightarrow$ 연쇄율에 의해 $v_p=\alpha'(0)=(\mathbf{x}_u,\mathbf{x}_v)|_{\alpha(0)}\begin{pmatrix}u'\\v'\end{pmatrix}\bigg|_{t=0}$
$\quad=u'(0)\mathbf{x}_u(u_0,v_0)+v'(0)\mathbf{x}_v(u_0,v_0)$
$\quad\in\{c_1\mathbf{x}_u+c_2\mathbf{x}_v\,|\,c_1,c_2\in\mathbb{R}\}.$

($\supset$) $v_p=a\mathbf{x}_u(u_0,v_0)+b\mathbf{x}_v(u_0,v_0)(a,\ b\in\mathbb{R})$
$\Rightarrow\ \alpha(t)=\mathbf{x}(u_0+at,\ v_0+bt)(t\in(-\epsilon,\epsilon))$이라 할 때
$\quad\alpha=\alpha(t)(t\in(-\epsilon,\epsilon)):M$상의 곡선 $s.t.$
$\quad\alpha(0)=\mathbf{x}(u_0,v_0)=\mathrm{p},\ \alpha'(0)=(\mathbf{x}_u,\mathbf{x}_v)|_{\alpha(0)}\begin{pmatrix}u'\\v'\end{pmatrix}\bigg|_{t=0}$
$\quad=a\mathbf{x}_u(u_0,v_0)+b\mathbf{x}_v(u_0,v_0)=v_p$.
$\Rightarrow\ v_p\in T_pM$.

③ ㉠ $\langle U,\mathbf{x}_u\rangle=0$이므로 v에 관해 편미분하면

$$0 = \frac{\partial}{\partial v} \langle U, x_u \rangle = \langle U_v, x_u \rangle + \langle U, x_{uv} \rangle, \langle U, x_{uv} \rangle = -\langle U_v, x_u \rangle.$$

㉡ $\langle U, x_v \rangle = 0$이므로 u에 관해 편미분하면

$$0 = \frac{\partial}{\partial u} \langle U, x_v \rangle = \langle U_u, x_v \rangle + \langle U, x_{vu} \rangle,$$

$$\langle U, x_{vu} \rangle = -\langle U_u, x_v \rangle.$$

㉢ $\langle U, x_u \rangle = 0$이므로 u에 관해 편미분하면

$$0 = \frac{\partial}{\partial u} \langle U, x_u \rangle = \langle U_u, x_u \rangle + \langle U, x_{uu} \rangle,$$

$$\langle U, x_{uu} \rangle = -\langle U_u, x_u \rangle.$$

㉣ $\langle U, x_v \rangle = 0$이므로 v에 관해 편미분하면

$$0 = \frac{\partial}{\partial u} \langle U, x_v \rangle = \langle U_v, x_v \rangle + \langle U, x_{vv} \rangle,$$

$$\langle U, x_{vv} \rangle = -\langle U_v, x_v \rangle.$$

(2) (i) $\langle dU_p(x_u), x_v \rangle = \langle U_u, x_v \rangle = -\langle U, x_{vu} \rangle$

$$= -\langle U, x_{uv} \rangle = \langle U_v, x_u \rangle$$

$$= \langle dU_p(x_v), x_u \rangle.$$

따라서 $\langle dU_p(x_u), x_v \rangle = \langle x_u, dU_p(x_v) \rangle$ 이다.

(ii) $v = ax_u + bx_v \in T_pM$, $w = cx_u + dx_v \in T_pM$에 대하여

$\langle dU_p(v), w \rangle = <dU_p(ax_u + bx_v), cx_u + dx_v>$

$$= ac<dU_p(x_u), x_u> + ad<dU_p(x_u), x_v>$$

$$+ bc<dU_p(x_v), x_u> + bd<dU_p(x_v), x_v>$$

$$= ac<x_u, dU_p(x_u)> + ad<x_u, dU_p(x_v)>$$

$$+ bc<x_v, dU_p(x_u)> + bd<x_v, dU_p(x_v)> ((\because)(\text{i}))$$

$$= <ax_u + bx_v, dU_p(cx_u + dx_v)> = \langle v, dU_p(w) \rangle.$$

정 의 22 (구판 정의21)

곡면 M, $p \in M$에 대하여
$$x : D \to x(D) (\subset M)$$
는 p 근방의 고유조각사상일 때

(1) ① $E := <x_u, x_u>$, $F := <x_u, x_v>$, $G := <x_v, x_v>$
(p에서 M의 제1 기본계수(first fundamental coefficients)).

② $I_p : T_pM \to \mathbb{R}$,
$I_p(w)$(혹은 I) $:= <w, w>$
$$= \|w\|^2$$
$$= <\alpha'(0), \alpha'(0)>$$
$$= E\left(\frac{du}{dt}\right)^2 + 2F\left(\frac{du}{dt}\right)\left(\frac{dv}{dt}\right) + G\left(\frac{dv}{dt}\right)^2 \bigg|_{t=0}$$
$$(w \in T_pM).$$
(p에서 M의 제1 기본형식(first fundamental form)).

(단, $\alpha : (-\epsilon, \epsilon) \to M$는 정칙곡선 s.t.
$$\alpha(0) = p, \quad \alpha'(0) = \frac{du}{dt}x_u + \frac{dv}{dt}x_v\bigg|_{t=0} = w$$
이다.)

③ ㉠ 정칙곡선 $\mathbf{x} = \mathbf{x}(u(t), v(t)) (a \leq t \leq b)$의 호의 길이는
$$s = \int_a^b \sqrt{E\left(\frac{du}{dt}\right)^2 + 2F\left(\frac{du}{dt}\right)\left(\frac{dv}{dt}\right) + G\left(\frac{dv}{dt}\right)^2} \, dt.$$

㉡ $R = x(Q) (Q \subset D)$가 유계폐집합일 때
$$A(R) := \iint_Q \|x_u \times x_v\| \, du \, dv$$
$$= \iint_Q \sqrt{EG - F^2} \, du \, dv : R\text{의 넓이}.$$
$((\because) \|x_u \times x_v\|^2 = \|x_u\|^2 \|x_v\|^2 - <x_u, x_v>^2 = EG - F^2)$

(2) ① $l := <x_{uu}, U> = -<x_u, U_u>$,
$m := <x_{uv}, U> = -<x_u, U_v> = -<x_v, U_u>$,
$n := <x_{vv}, U> = -<x_v, U_v>$
(p에서 M의 제2 기본계수(second fundamental coefficients)).

② $\text{II}_p : T_pM \to \mathbb{R}$,
$\text{II}_p(w)$(혹은 II) $:= -<dU_p(w), w>$
$$= l\left(\frac{du}{dt}\right)^2 + 2m\left(\frac{du}{dt}\right)\left(\frac{dv}{dt}\right) + n\left(\frac{dv}{dt}\right)^2\bigg|_{t=0}$$
$$(w \in T_pM).$$

(p에서 M의 제2 기본형식(second fundamental form)).
(단, $\alpha : (-\epsilon, \epsilon) \to M$는 정칙곡선 $s.t.$
$$\alpha(0) = p, \ \alpha'(0) = \frac{du}{dt}\mathbf{x}_u + \frac{dv}{dt}\mathbf{x}_v\bigg|_{t=0} = w).$$

정 의 23

정칙곡면 M의 고유조각사상
$$\mathbf{x} : D(\subset \mathbb{R}^2) \to M$$
에 대하여 $\mathcal{B} = \{\mathbf{x}_u, \mathbf{x}_v, U\}$는 $T_p\mathbb{R}^3$ ($\because$) $\mathbf{x}_u$, $\mathbf{x}_v$, U : 일차독립)
의 기저이다. 따라서 그의 도함수들은 $\mathbf{x}_u$, $\mathbf{x}_v$, U의 일차결합으로 유일하게 표현된다.

(1) 가우스의 방정식(Gauss's equation)
$$: \begin{cases} \mathbf{x}_{uu} =: \Gamma_{11}^1 \mathbf{x}_u + \Gamma_{11}^2 \mathbf{x}_v + l_1 U \\ \mathbf{x}_{uv} =: \Gamma_{12}^1 \mathbf{x}_u + \Gamma_{12}^2 \mathbf{x}_v + l_2 U \\ \mathbf{x}_{vu} =: \Gamma_{21}^1 \mathbf{x}_u + \Gamma_{21}^2 \mathbf{x}_v + \overline{l}_2 U \\ \mathbf{x}_{vv} =: \Gamma_{22}^1 \mathbf{x}_u + \Gamma_{22}^2 \mathbf{x}_v + l_3 U \end{cases}$$

(2) 와인가르텐의 방정식(Weingarten's equation)
$$: \begin{cases} U_u =: a_{11}\mathbf{x}_u + a_{21}\mathbf{x}_v \\ U_v =: a_{12}\mathbf{x}_u + a_{22}\mathbf{x}_v \end{cases}.$$

여기서 Γ_{ij}^k, a_{ij}, l_i, $\overline{l}_i$는 모두 실수이고 Γ_{ij}^k를 크리스토펠의 기호(Christoffel's symble)라고 부른다.

> **보 기 24** (구판 보기19)
> 다음의 고유조각사상의 제1 기본형식과 제2 기본형식을 구하시오.
> (1) $\mathbf{x} : D \to \mathbb{R}^3$, $\mathbf{x}(u, v) = (u, v, u^2 - v^2)$
> (단, $D = \{(u, v) \mid u > 0, v > 0\}$)
> (2) $\mathbf{x} : D \to \mathbb{R}^3$, $\mathbf{x}(u, v) = (u, uv, v)$ (단, $D = \mathbb{R}^2$)

풀 이

(1) $\mathbf{x}_u = (1, 0, 2u)$, $\mathbf{x}_v = (0, 1, -2v)$,
$\mathbf{x}_{uu} = (0, 0, 2)$, $\mathbf{x}_{uv} = (0, 0, 0)$, $\mathbf{x}_{vv} = (0, 0, -2)$ 이다.
따라서 $\mathbf{x}$의 단위법벡터장은

$$U = \frac{\mathbf{x}_u \times \mathbf{x}_v}{\|\mathbf{x}_u \times \mathbf{x}_v\|} = \frac{(-2u, 2v, 1)}{\sqrt{4u^2 + 4v^2 + 1}}.$$

(i) 제1 기본계수는 각각
$E = \langle \mathbf{x}_u, \mathbf{x}_u \rangle = 1 + 4u^2$, $F = \langle \mathbf{x}_u, \mathbf{x}_v \rangle = -4uv$,
$G = \langle \mathbf{x}_v, \mathbf{x}_v \rangle = 1 + 4v^2$ 이다.
따라서 제1 기본형식은

$$\mathrm{I} = E\left(\frac{du}{dt}\right)^2 + 2F\left(\frac{du}{dt}\right)\left(\frac{dv}{dt}\right) + G\left(\frac{dv}{dt}\right)^2$$

$$= (1 + 4u^2)\left(\frac{du}{dt}\right)^2 - 8uv\left(\frac{du}{dt}\right)\left(\frac{dv}{dt}\right) + (1 + 4v^2)\left(\frac{dv}{dt}\right)^2$$

(ii) 제2 기본계수는 각각

$$l = \langle \mathbf{x}_{uu}, U \rangle = \frac{2}{\sqrt{4u^2 + 4v^2 + 1}},$$

$m = \langle \mathbf{x}, U \rangle = 0$,

$$n = \langle \mathbf{x}_{vv}, U \rangle = \frac{-2}{\sqrt{4u^2 + 4v^2 + 1}}$$ 이다.

따라서 제2 기본형식은

$$\mathrm{II} = l\left(\frac{du}{dt}\right)^2 + 2m\left(\frac{du}{dt}\right)\left(\frac{dv}{dt}\right) + n\left(\frac{dv}{dt}\right)^2$$

$$= \frac{2\left(\frac{du}{dt}\right)^2 - 2\left(\frac{dv}{dt}\right)^2}{\sqrt{4u^2 + 4v^2 + 1}}.$$

(2) $\mathbf{x}_u = (1, v, 0)$, $\mathbf{x}_v = (0, u, 1)$,
$\mathbf{x}_{uu} = (0, 0, 0)$, $\mathbf{x}_{uv} = (0, 1, 0)$, $\mathbf{x}_{vv} = (0, 0, 0)$ 이다.

3.3 제1 기본형식과 제2 기본형식

따라서 $\mathbf{x}$의 단위법벡터장은
$$U = \frac{\mathbf{x}_u \times \mathbf{x}_v}{\|\mathbf{x}_u \times \mathbf{x}_v\|} = \frac{(v, -1, u)}{\sqrt{u^2+v^2+1}}$$
이다.

(i) 제1 기본계수는 각각
$E = \langle \mathbf{x}_u, \mathbf{x}_u \rangle = 1+v^2,\ F = \langle \mathbf{x}_u, \mathbf{x}_v \rangle = uv,$
$G = \langle \mathbf{x}_v, \mathbf{x}_v \rangle = 1+u^2$ 이다.

따라서 제1 기본형식은
$$\mathrm{I} = E\left(\frac{du}{dt}\right)^2 + 2F\left(\frac{du}{dt}\right)\left(\frac{dv}{dt}\right) + G\left(\frac{dv}{dt}\right)^2$$
$$= (1+v^2)\left(\frac{du}{dt}\right)^2 + 2uv\left(\frac{du}{dt}\right)\left(\frac{dv}{dt}\right) + (1+u^2)\left(\frac{dv}{dt}\right)^2.$$

(ii) 제2 기본계수는 각각
$l = \langle \mathbf{x}_{uu}, U \rangle = 0,\ m = \langle \mathbf{x}, U \rangle = \dfrac{-1}{\sqrt{u^2+v^2+1}},$
$n = \langle \mathbf{x}_{vv}, U \rangle = 0$ 이다.

따라서 제2 기본형식은
$$\mathrm{II} = l\left(\frac{du}{dt}\right)^2 + 2m\left(\frac{du}{dt}\right)\left(\frac{dv}{dt}\right) + n\left(\frac{dv}{dt}\right)^2 = \frac{-2\left(\frac{du}{dt}\right)\left(\frac{dv}{dt}\right)}{\sqrt{u^2+v^2+1}}.$$

예 제 17 (구판 예제21)

(1) 주면
$\mathbf{x} : \mathbb{R} \times (0, 2\pi) \to \mathbb{R}^3,\ \mathbf{x}(u, v) = (u\cos v, u\sin v, u)$
위의 정칙곡선
$\mathbf{x}(e^{t/\sqrt{2}}, t) = (e^{t/\sqrt{2}}\cos t, e^{t/\sqrt{2}}\sin t, e^{t/\sqrt{2}})\ (0 \leq t \leq \pi)$
의 호의 길이를 구하시오.

(2) 원환면
$\mathbf{x} : (0, 2\pi) \times (0, 2\pi) \to \mathbb{R}^3,$
$\mathbf{x}(u, v) = ((R+r\cos u)\cos v, (R+r\cos u)\sin v, r\sin u)$
의 면적을 구하시오. (단, $0 < r < R$.)

04년시행기출

개집합(open set) $D \subseteq \mathbb{R}^2$에 대하여 미분가능한 함수
$$z = f(x, y) : D \to \mathbb{R}$$
의 그래프로 이루어지는 곡면 G의 법선과 z축과의 사잇각을 θ라 할 때 다음을 보이시오.
$$\iint_G \cos^2\frac{\theta}{2} dS = \frac{1}{2}S(G) + \frac{1}{2}A(D)$$
(단, $S(G)$는 곡면의 겉넓이, $A(D)$는 영역 D의 넓이로 둘 다 유한이고, $dS = \sec\theta\, dA$이다.) [3점]

풀 이

(1) $(u(t), v(t)) = (e^{t/\sqrt{2}}, t)$라 할 때
$$\frac{du}{dt} = \frac{1}{\sqrt{2}} e^{t/\sqrt{2}}, \quad \frac{dv}{dt} = 1$$
$\mathbf{x}_u = (\cos v, \sin v, 1)$, $\mathbf{x}_v = (-u\sin v, u\cos v, 0)$
이다. 따라서
$E = \langle \mathbf{x}_u, \mathbf{x}_u \rangle = 2$, $F = \langle \mathbf{x}_u, \mathbf{x}_v \rangle = 0$, $G = \langle \mathbf{x}_v, \mathbf{x}_v \rangle = u^2$
가 되어 호의 길이는
$$s = \int_0^\pi \sqrt{E\left(\frac{du}{dt}\right)^2 + 2F\left(\frac{du}{dt}\right)\left(\frac{dv}{dt}\right) + G\left(\frac{dv}{dt}\right)^2}\, dt$$
$$= \int_0^\pi \sqrt{2}\, e^{\frac{t}{\sqrt{2}}}\, dt = 2(e^{\pi/\sqrt{2}} - 1).$$

(2) 원환면의 제1 기본계수는
$$E = r^2, \quad F = 0, \quad G = (R + r\cos u)^2$$
이고 원환면 $\mathbf{x}(W)$의 면적은
$$A = \iint_W \sqrt{EG - F^2}\, dudv$$
$$= \int_0^{2\pi} \int_0^{2\pi} r(R + r\cos u)\, dudv = 4\pi^2 rR.$$

3.4. 미분량의 정의

정 리 22

곡면 M상의 단위속력곡선
$$\beta : (-\epsilon, \epsilon) \to \mathbb{R}^3$$
와 $p = \beta(0) \in M$에 대하여
(1) $T_p\mathbb{R}^3 = \langle U(p) \rangle_\mathbb{R} \oplus T_pM$ ($\langle U(p) \rangle_\mathbb{R}$ 와 T_pM의 직합)
(2) $\beta''(0) \in T_p\mathbb{R}^3 = \langle U(p) \rangle_\mathbb{R} \oplus T_pM$이므로
$$\beta''(0) = \kappa_n + \kappa_g \text{ (단, } \kappa_n \in \langle U(p) \rangle_\mathbb{R}, \ \kappa_g \in T_pM)$$
의 꼴로 유일하게 나타낸다.

NOTE (벡터공간에서의 직합)

벡터공간 V의 부분공간 U, W ($\leq V$)에 대하여
$V : U$와 W의 직합(direct sum)
　(혹은 $V = U \oplus W$)
$\Leftrightarrow$ (i) $U + W = V$,
　(ii) $U \cap W = \{0\}$.
$\Leftrightarrow$ 임의의 $v \in V$에 대하여
$$v = u + w (u \in U, \ w \in W)$$
의 꼴로 유일하게 나타난다.
예를 들어
$U = \{(x, y, z) \in \mathbb{R}^3 \mid z = 0\} (\leq \mathbb{R}^3)$,
$V = \{(x, y, z) \in \mathbb{R}^3 \mid x = y = 0\}$
($\leq \mathbb{R}^3$)에 대하여
$$\mathbb{R}^3 = U \oplus V.$$

증 명

(1) (i) $\langle U(p) \rangle_\mathbb{R} \cap T_pM = \{0\}$

($\because$) $\langle U(p) \rangle_\mathbb{R} \cap T_pM \supset \{0\}$임은 자명하므로
$$\langle U(p) \rangle_\mathbb{R} \cap T_pM \subset \{0\}$$
임을 보이자. 이제 $v_p \in \langle U(p) \rangle_\mathbb{R} \cap T_pM$
$$\Rightarrow v_p = kU(p) = \frac{k}{\|\mathbf{x}_u \times \mathbf{x}_v\|} \mathbf{x}_u \times \mathbf{x}_v (\exists k \in \mathbb{R}),$$
$$v_p = c_1 \mathbf{x}_u + c_2 \mathbf{x}_v (\exists c_1, c_2 \in \mathbb{R}).$$
$$\Rightarrow \langle v_p, v_p \rangle = \frac{c_1 k}{\|\mathbf{x}_u \times \mathbf{x}_v\|} \langle \mathbf{x}_u, \mathbf{x}_u \times \mathbf{x}_v \rangle$$
$$+ \frac{c_2 k}{\|\mathbf{x}_u \times \mathbf{x}_v\|} \langle \mathbf{x}_v, \mathbf{x}_u \times \mathbf{x}_v \rangle = 0$$
$\Rightarrow v_p = 0$.

(ii) $\langle U(p) \rangle_\mathbb{R} + T_pM = T_p\mathbb{R}^3$

($\because$) ㉠ $\langle U(p) \rangle_\mathbb{R} = \{kU(p) \mid k \in \mathbb{R}\} \leq T_p\mathbb{R}^3$, $T_pM \leq T_p\mathbb{R}^3$이므로 $\langle U(p) \rangle_\mathbb{R} + T_pM \leq T_p\mathbb{R}^3$,
㉡ $\dim(\langle U(p) \rangle_\mathbb{R} + T_pM)$
$= \dim \langle U(p) \rangle_\mathbb{R} + \dim(T_pM) - \dim(\langle U(p) \rangle_\mathbb{R} \cap T_pM)$
$= 1 + 2 - 0 = 3 = \dim T_p\mathbb{R}^3$이므로 $\langle U(p) \rangle_\mathbb{R} + T_pM = T_p\mathbb{R}^3$.
따라서 (i), (ii)에 의해
$$T_p\mathbb{R}^3 = \langle U(p) \rangle_\mathbb{R} \oplus T_pM.$$
(2) (1)과 직합의 성질에 의해 자명하다.

NOTE (사영벡터)

n차원 내적공간 V와 임의의 $v \in V$에 대하여
(1) V의 정규직교기저 $\{e_1, e_2, \cdots, e_n\}$에 대하여
$$v = \langle v, e_1 \rangle e_1 + \cdots + \langle v, e_n \rangle e_n$$
　($\forall v \in V$).
(2) V의 $m (\leq n)$차원 부분공간 S가
$$\{e_1, e_2, \cdots, e_m\}$$
을 정규직교기저로 가질 때
$\text{Proj}_S v := \langle v, e_1 \rangle e_1 + \langle v, e_2 \rangle e_2 +$
　$\cdots + \langle v, e_m \rangle e_m$
(v의 S로의 사영벡터(projection))
특히 단위벡터 $e \in V$에 대하여 v의 $\langle e \rangle$로의 사영벡터는
$\text{Proj}_{\langle e \rangle} v = \langle v, e \rangle e$
이고 이 벡터를 Proj_e로 표기하기도 한다.

NOTE

(1) ① $\kappa_n + \kappa_g = \beta''(s)$
② $\kappa_n^2 + \kappa_g^2 = \kappa^2$

(2) ① $\{U, T, V\}$: 정규직교기저
$U \times T = V$,
$T \times V = U$,
$V \times U = T$.
$\Leftrightarrow U \uparrow$
$V \quad T$
$\in$

② $\{T, N, B\}$: 정규직교기저
$T \times N = B$,
$N \times B = T$,
$B \times T = N$.
$\Leftrightarrow T \uparrow$
$B \quad N$
$\in$

정 의 24 (구판 정의22)

곡면 M 상의 한 점 p에서

(1) ① ㉠ $\kappa_n : T_pM \setminus \{0\} \to \mathbb{R}$, 각 $v_p \in T_pM \setminus \{0\}$에 대하여
$\kappa_n(v_p)$ (혹은 κ_n) $:= <\beta''(0), U(p)>$
(v_p-방향의 법곡률(normal curvature))

㉡ $\kappa_n : T_pM \setminus \{0\} \to T_p\mathbb{R}^3$, 각 $v_p \in T_pM \setminus \{0\}$에 대하여
$\kappa_n(v_p)$ (혹은 κ_n) $:= <\beta''(0), U(p)> U(p) = \kappa_n U(p)$
(v_p-방향의 법곡률벡터(normal curvature vector)).

② ㉠ $\kappa_g(v_p)$ (혹은 κ_g) $:= <\beta''(0), V>$
(v_p-방향의 측지곡률(geodesic curvature))

㉡ $\kappa_g(v_p)$ (혹은 κ_g) $:= <\beta''(0), V> V = \kappa_g V$
(v_p-방향의 측지곡률벡터(geodesic curvature vector))

(단, $\beta : (-\epsilon, \epsilon) \to M$는 단위속력곡선 $s.t.$
$\beta(0) = p, \beta'(0) = v_p / \|v_p\|, V = U \times \beta'(0)$)

(2) ① $\kappa_1(p)$ (혹은 κ_1) $:= \max\{\kappa_n(v_p) \mid v_p \in T_pM \setminus \{0\}\}$,
$\kappa_2(p)$ (혹은 κ_2) $:= \min\{\kappa_n(v_p) \mid v_p \in T_pM \setminus \{0\}\}$.

② 두 단위벡터 $e_1, e_2 \in T_pM$에 대하여
e_1, e_2 : p에서의 주방향(principal direction)
(혹은 p에서의 주곡률방향)
$\overset{정의}{\Leftrightarrow} \kappa_n(e_1) = \kappa_1, \kappa_n(e_2) = \kappa_2$

(3) $H(p)$ (혹은 H) $:= \dfrac{1}{2}(\kappa_1 + \kappa_2)$
: p에서의 평균곡률(mean curvature),

(4) $K(p)$ (혹은 K) $:= \kappa_1 \kappa_2$
: p에서의 가우스곡률(Gaussian curvature).

정 의 25 (구판 정의23)

곡면 M에 대하여

(1) M : 평탄곡면(flat surface) $\overset{정의}{\Leftrightarrow} \forall p \in M, K = 0$

(2) M : 극소곡면(minimal surface) $\overset{정의}{\Leftrightarrow} \forall p \in M, H = 0$

3.4 미분량의 정의 3. 곡면의 국소적 이론

예 제 18 (구판 예제14)

(1) 원점이 중심인 반지름이 $r(>0)$인 상반구면
$$\mathbf{x}(u, v) = (u, v, \sqrt{r^2 - u^2 - v^2})$$
위의 단위속력곡선
$$\beta(s) = \left(r\sin\left(\frac{s}{r}\right), 0, r\cos\left(\frac{s}{r}\right)\right) \left(-\frac{\pi}{2}r < s < \frac{\pi}{2}r\right)$$
위의 임의의 점 $\beta(s)$에서의 법곡률 κ_n, 법곡률벡터 $\boldsymbol{\kappa}_n$, 측지곡률 κ_g, 측지곡률벡터 $\boldsymbol{\kappa}_g$를 구하시오.

(2) 원점이 중심인 반지름이 $r(>0)$인 상반구면
$$\mathbf{x}(u, v) = (v, u, \sqrt{r^2 - u^2 - v^2})$$
위의 단위속력곡선
$$\beta(s) = \left(r\sin\left(\frac{s}{r}\right), 0, r\cos\left(\frac{s}{r}\right)\right) \left(-\frac{\pi}{2}r < s < \frac{\pi}{2}r\right)$$
위의 임의의 점 $\beta(s)$에서의 법곡률 κ_n, 법곡률벡터 $\boldsymbol{\kappa}_n$, 측지곡률 κ_g, 측지곡률벡터 $\boldsymbol{\kappa}_g$를 구하시오.

NOTE ($S^2(r)$의 법곡률)
반지름이 r인 구면상 $S^2(r)$의 법곡률은 모든 점과 모든 방향에 대하여
$$\kappa_n \equiv \frac{1}{r}$$
이거나 모든 점과 모든 방향에 대하여
$$\kappa_n \equiv -\frac{1}{r}$$
이다. 여기서 법곡률의 부호는 고유조각사상 $\mathbf{x} = \mathbf{x}(u, v)$에 대한 단위법벡터
$$U = \frac{\mathbf{x}_u \times \mathbf{x}_v}{\|\mathbf{x}_u \times \mathbf{x}_v\|}$$
에 의해 결정된다.

풀 이

(1) $\beta'(s) = (\cos(s/r), 0, -\sin(s/r))$,
$\beta''(s) = \left(-\frac{1}{r}\sin(s/r), 0, -\frac{1}{r}\cos(s/r)\right)$,
$U = \dfrac{\mathbf{x}_u \times \mathbf{x}_v}{\|\mathbf{x}_u \times \mathbf{x}_v\|} = \dfrac{1}{r}(u, v, \sqrt{r^2 - u^2 - v^2})$

이므로 점 $\beta(s) = (r\sin(s/r), 0, r\cos(s/r))$에서의 단위접벡터는
$U = (\sin(s/r), 0, \cos(s/r))$.

(i) 점 $\beta(s) = (r\sin(s/r), 0, r\cos(s/r))$에서의 법곡률은
$$\kappa_n = \langle \beta''(s), U \rangle = -\frac{1}{r}.$$

(ii) 점 $\beta(s) = (r\sin(s/r), 0, r\cos(s/r))$에서의 법곡률벡터는
$$\boldsymbol{\kappa}_n = \kappa_n U = -\frac{1}{r}(\sin(s/r), 0, \cos(s/r))$$

(iii) $V = U \times \beta'(s) = (0, 1, 0)$이므로, 측지곡률은
$$\kappa_g = \langle \beta''(s), V \rangle = 0.$$

(iv) 측지곡률벡터는 $\boldsymbol{\kappa}_g = \kappa_g V = \mathbf{0}$.

(2) $\beta'(s) = (\cos(s/r), 0, -\sin(s/r))$,

$\beta''(s) = \left(-\dfrac{1}{r}\sin(s/r), 0, -\dfrac{1}{r}\cos(s/r)\right)$,

$U = \dfrac{\mathbf{x}_u \times \mathbf{x}_v}{\|\mathbf{x}_u \times \mathbf{x}_v\|} = -\dfrac{1}{r}(v, u, \sqrt{r^2 - u^2 - v^2})$

이므로 점 $\beta(s) = (r\sin(s/r), 0, r\cos(s/r))$에서의 단위접벡터는

$U = -(\sin(s/r), 0, \cos(s/r))$.

(i) 점 $\beta(s) = (r\sin(s/r), 0, r\cos(s/r))$에서의 법곡률은

$\kappa_n = \langle \beta''(s), U \rangle = \dfrac{1}{r}$.

(ii) 점 $\beta(s) = (r\sin(s/r), 0, r\cos(s/r))$에서의 법곡률벡터는

$\boldsymbol{\kappa}_n = \kappa_n U = -\dfrac{1}{r}(\sin(s/r), 0, \cos(s/r))$.

(iii) $V = U \times \beta'(s) = (0, 1, 0)$이므로, 측지곡률은

$\kappa_g = \langle \beta''(s), V \rangle = 0$.

(iv) 측지곡률벡터는 $\boldsymbol{\kappa}_g = \kappa_g V = 0$.

3.5. 미분량의 계산

정 리 23 (곡면곡률의 계산공식 (Ⅰ)) (구판 정리21)
곡면 M과 $p \in M$, v_p(혹은 v)$\in T_p M \setminus \{0\}$에 대하여

(1) ① $\alpha : I = (a, b) \to M$는 정칙곡선, $U(t) = U(\alpha(t))(t \in I)$일 때
$$<\alpha''(t), U(t)> = -<dU(\alpha'(t)), \alpha'(t)>.$$

② ㉠ $\kappa_n(v_p) = \dfrac{\mathrm{II}_p(v_p)}{\mathrm{I}_p(v_p)}$

$\qquad = -\dfrac{1}{\|v_p\|^2}<dU(v_p), v_p>$

$\qquad = \dfrac{l(du/dt)^2 + 2m(du/dt)(dv/dt) + n(dv/dt)^2|_{t=0}}{E(du/dt)^2 + 2F(du/dt)(dv/dt) + G(dv/dt)^2|_{t=0}}$

NOTE (모양연산자의 정의)
$$S_p(v_p) := -dU_p(v_p) = -\nabla_{v_p} U$$
(단, S_p : p에서의 M의 모양연산자 (shape operator))

㉡ 특히 $\|v_p\| = 1$일 때
$\kappa_n(v_p) = \mathrm{II}_p(v_p)$
$\quad = -<dU(v_p), v_p>$
$\quad = \dfrac{<\alpha''(0), U(\alpha(0))>}{<\alpha'(0), \alpha'(0)>} \quad ((\because) (1)①)$

(단, $\alpha : (-\epsilon, \epsilon) \to M$는 정칙곡선, $\alpha(0) = p$, $\alpha'(0) = v_p$.)

③ 점 p를 지나고 $U(p)$와 v_p에 평행한 평면을 L이라 하고 정칙곡선
$$\gamma : I = (a, b) \to \mathbb{R}^3$$
가 $\gamma(I) = L \cap M$, $\gamma(0) = p$, $\gamma'(0) = v_p$를 만족할 때 γ를 M의 v_p 방향으로의 법단면(normal section)이라고 한다. 이때
$$\kappa_\gamma(0) = |\kappa_n(v_p)|.$$

NOTE
(1) $v \in T_p M \setminus \{0\}$과 $c \in \mathbb{R} \setminus \{0\}$에 대하여
① $\kappa_n(-v_p) = \kappa_n(v)$
② $\kappa_n(cv_p) = \kappa_n(v)$
(2) $\{\kappa_n(v) | v \in T_p M \setminus \{0\}\}$
$\quad = \{\kappa_n(v) | v \in T_p M, \|v\| = 1\}$
: 컴팩트(유계폐)
(3) ① e_1, e_2 : p에서의 주방향
$\Leftrightarrow -e_1, e_2$: p에서의 주방향
$\Leftrightarrow e_1, -e_2$: p에서의 주방향
$\Leftrightarrow -e_1, -e_2$: p에서의 주방향
② 주방향(주곡률방향)이 e_1, e_2라고 하는 것은 $\pm e_1, \pm e_2$임을 뜻한다.

(2) $\kappa_1 = \max\left\{ \dfrac{l\cos^2\theta + 2m\cos\theta\sin\theta + n\sin^2\theta}{E\cos^2\theta + 2F\cos\theta\sin\theta + G\sin^2\theta} \middle| \theta \in [0, \pi) \right\}$,

$\kappa_2 = \min\left\{ \dfrac{l\cos^2\theta + 2m\cos\theta\sin\theta + n\sin^2\theta}{E\cos^2\theta + 2F\cos\theta\sin\theta + G\sin^2\theta} \middle| \theta \in [0, \pi) \right\}$.

(3) $v_p \in T_p M$에 대하여
 ① $\kappa_n(v_p) = \kappa <N, U(p)>$ ② $\kappa_g(v_p) = \kappa <B, U(p)>$

(4) ① $\beta''(0) = \kappa_n + \kappa_g$ ② $\kappa^2 = \kappa_n^2 + \kappa_g^2$

(단, $\beta : (-\epsilon, \epsilon) \to M$는 단위속력곡선 s.t.
$$\beta(0) = p, \beta'(0) = v_p/\|v_p\|$$
에 대하여 κ, N, B는 각각 β의 $s = 0$에서의 곡률, 단위주법선벡터장, 단위종법선벡터장이다.)

증 명

(1) ① $<\alpha'(t), U(t)> = 0$ ($\forall t \in I$)이므로 양변을 미분하면
$$0 = (<\alpha'(t), U(t)>)'$$
$$= <\alpha''(t), U(t)> + <\alpha'(t), U'(t)>$$
$$\therefore <\alpha''(t), U(t)> = -<dU_p(\alpha'(t)), \alpha'(t)>.$$

② $v_p \in T_pM$ 에 대하여 $\exists \beta : (-\epsilon, \epsilon) \to M$ 단위속력곡선

$$s.t.\ \beta(0) = p,\ \beta'(0) = \frac{v_p}{\|v_p\|}.$$

㉠ $\kappa_n(v_p) = <\beta''(0), U(p)> = -<dU_p(\beta'(0)), \beta'(0)>$

$$= \frac{1}{\|v_p\|^2}(-<dU_p(v_p), v_p>) = \frac{II_p(v_p)}{I_p(v_p)}.$$

㉡ 특히 $\|v_p\| = 1$ 일 때
$$\kappa_n(v_p) = -<dU_p(v_p), v_p>$$
$$= \begin{cases} II_p(v_p) \\ -<\nabla_{v_p}U, v_p> \end{cases} ((\because) dU_p(v_p) = \nabla_{v_p}U).$$

(2) $\kappa_1 = \max\{\kappa_n(v_p) | v_p \in T_pM \setminus \{0\}\}$

$$= \max\left\{\frac{II_p(v_p)}{I_p(v_p)} \middle| v_p \in T_pM \setminus \{0\}\right\}$$

$$= \max\left\{\frac{l\left(\frac{du}{dt}\right)^2 + 2m\left(\frac{du}{dt}\right)\left(\frac{dv}{dt}\right) + n\left(\frac{dv}{dt}\right)^2}{E\left(\frac{du}{dt}\right)^2 + 2F\left(\frac{du}{dt}\right)\left(\frac{dv}{dt}\right) + G\left(\frac{dv}{dt}\right)^2} \middle| \left(\frac{du}{dt}, \frac{dv}{dt}\right) \neq (0,0)\right\}$$

$$= \max\left\{\frac{la^2 + 2mab + nb^2}{Ea^2 + 2Fab + Gb^2} \middle| (a,b) \neq (0,0)\right\}$$

$$= \max\left\{\frac{l\cos^2\theta + 2m\cos\theta\sin\theta + n\sin^2\theta}{E\cos^2\theta + 2F\cos\theta\sin\theta + G\sin^2\theta} \middle| \theta \in [0, 2\pi)\right\}$$

$$= \max\left\{\frac{l\cos^2\theta + 2m\cos\theta\sin\theta + n\sin^2\theta}{E\cos^2\theta + 2F\cos\theta\sin\theta + G\sin^2\theta} \middle| \theta \in [0, \pi)\right\}.$$

같은 이유에 의해
$$\kappa_2 = \min\left\{\frac{l\cos^2\theta + 2m\cos\theta\sin\theta + n\sin^2\theta}{E\cos^2\theta + 2F\cos\theta\sin\theta + G\sin^2\theta} \middle| \theta \in [0, \pi)\right\}.$$

(3) ① $\kappa_n = \langle \beta''(0), U \rangle = \langle \kappa N, U \rangle = \kappa \langle N, U \rangle$

② $\kappa_g = \langle \beta''(0), V \rangle = \langle \kappa N, V \rangle = \kappa \langle N, U \times T \rangle$
$$= \kappa \langle U, T \times N \rangle = \kappa \langle U, B \rangle = \kappa \langle B, U \rangle.$$

3.5 미분량의 계산

예 제 19 (구판 예제15)

곡면 $\mathbf{x}(u, v) = (u, v, u^2 - v^2)$ 위의 곡선 $\mathbf{x}(t^2, t)$의 점 $\mathbf{x}(0, 0)$에서의 법곡률 κ_n, 법곡률벡터 $\boldsymbol{\kappa}_n$, 측지곡률 κ_g, 측지곡률벡터 $\boldsymbol{\kappa}_g$를 구하시오.

풀 이 1

곡선 $\alpha(t) = \mathbf{x}(t^2, t) = (t^2, t, t^4 - t^2)$에 대하여 $t = 0$에서
$\alpha'(0) = (0, 1, 0)$, $\alpha''(0) = (2, 0, -2)$,
$\alpha'(0) \times \alpha''(0) = (-2, 0, -2)$이므로
$$\kappa = \frac{\|\alpha'(0) \times \alpha''(0)\|}{\|\alpha'(0)\|^3} = 2\sqrt{2}.$$
$\boldsymbol{T} = \alpha'(0)/\|\alpha'(0)\| = (0, 1, 0)$,
$\boldsymbol{B} = (\alpha'(0) \times \alpha''(0))/\|\alpha'(0) \times \alpha''(0)\| = (-1/\sqrt{2}, 0, -1/\sqrt{2})$,
$$\boldsymbol{N} = \boldsymbol{B} \times \boldsymbol{T} = (1/\sqrt{2}, 0, -1/\sqrt{2}),$$
$\alpha(0) = \mathbf{x}(0, 0)$에서 $\mathbf{x}_u(0, 0) = (1, 0, 0)$, $\mathbf{x}_v(0, 0) = (0, 1, 0)$이므로
$$\boldsymbol{U} = \frac{\mathbf{x}_u \times \mathbf{x}_v}{\|\mathbf{x}_u \times \mathbf{x}_v\|} = (0, 0, 1), \quad \boldsymbol{V} = \boldsymbol{U} \times \boldsymbol{T} = (-1, 0, 0).$$
따라서 $\kappa_n = \kappa \langle \boldsymbol{N}, \boldsymbol{U} \rangle = -2$, $\boldsymbol{\kappa}_n = \kappa_n \boldsymbol{U} = (0, 0, -2)$,
$\kappa_g = \kappa \langle \boldsymbol{B}, \boldsymbol{U} \rangle = -2$, $\boldsymbol{\kappa}_g = \kappa_g \boldsymbol{V} = (2, 0, 0)$.

풀 이 2

$\mathbf{x}(0, 0)$에서
$\mathbf{x}_{uu}(0, 0) = (0, 0, 2)$, $\mathbf{x}_{uv}(0, 0) = (0, 0, 0)$, $\mathbf{x}_{vv}(0, 0) = (0, 0, -2)$
이므로 풀이1의 결과에 의해
$$E = \langle \mathbf{x}_u, \mathbf{x}_u \rangle = 1, \quad F = \langle \mathbf{x}_u, \mathbf{x}_v \rangle = 0, \quad G = \langle \mathbf{x}_v, \mathbf{x}_v \rangle = 1,$$
$$l = \langle \mathbf{x}_{uu}, \boldsymbol{U} \rangle = 2, \quad m = \langle \mathbf{x}_{uv}, \boldsymbol{U} \rangle = 0, \quad n = \langle \mathbf{x}_{vv}, \boldsymbol{U} \rangle = -2.$$
$(u(t), v(t)) = (t^2, t)$에 대하여
$$\left.\frac{du}{dt}\right|_{t=0} = 0, \quad \left.\frac{dv}{dt}\right|_{t=0} = 1.$$
$$\kappa_n = \frac{\mathrm{II}}{\mathrm{I}}$$
$$= \frac{l(du/dt)^2 + 2m(du/dt)(dv/dt) + n(dv/dt)^2}{E(du/dt)^2 + 2F(du/dt)(dv/dt) + G(dv/dt)^2}$$
$$= -2,$$
$\boldsymbol{\kappa}_n = \kappa_n \boldsymbol{U} = (0, 0, -2)$.

16년시행기출

3차원 유클리드 공간 $\mathbb{R}^3$에서 곡선 γ를 두 곡면
$S_1 = \{(x, y, z) \in \mathbb{R}^3 \mid x^2 + y^2 + z^2 = 4, z > 0\}$,
$S_2 = \{(x, y, z) \in \mathbb{R}^3 \mid (x-1)^2 + y^2 = 1, z > 0\}$
의 교선이라 하자. 아래 그림에서의 각 $\theta (0 < \theta < 2\pi)$를 매개변수로 하는 곡선
$$\gamma : (0, 2\pi) \to \mathbb{R}^3$$
의 매개변수표현(parametrized representation) $\gamma(\theta)$를 하나 구하시오. 또한 곡면 S_1 위에 놓인 곡선으로서 γ의 점 $(0, 0, 2)$에서의 측지곡률(geodesic curvature)의 절댓값을 풀이 과정과 함께 쓰시오. [4점]

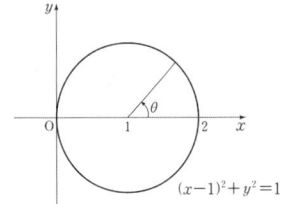

$(x-1)^2 + y^2 = 1$

09년시행기출

3차원 유클리드 공간 $\mathbb{R}^3$에서 두 곡면
$S = \{(x, y, z) \in \mathbb{R}^3 \mid z^2 - x^2 - y^2 = 2\}$,
$P = \{(x, y, z) \in \mathbb{R}^3 \mid z = 2\}$
의 교선을 α라 하자. 이때 곡면 S 위에 놓인 곡선으로서 α의 측지곡률(geodesic curvature)의 절댓값은? [2점]

① 0 ② $\frac{1}{\sqrt{5}}$ ③ $\frac{1}{2}$
④ $\frac{1}{\sqrt{3}}$ ⑤ $\frac{1}{\sqrt{2}}$

풀 이 3

$\alpha(t) = \mathbf{x}(t^2, t) = (t^2, t, t^4 - t^2)$에 대하여 $t = 0$에서
$\alpha'(0) = (0, 1, 0)$, $\alpha''(0) = (2, 0, -2)$,
$\alpha'(0) \times \alpha''(0) = (-2, 0, -2)$, $U(\alpha(0)) = (0, 0, 1)$이므로
$\kappa_n = \dfrac{\langle \alpha''(0), U(\alpha(0)) \rangle}{\langle \alpha'(0), \alpha'(0) \rangle} = -2$,
$\boldsymbol{\kappa}_n = \kappa_n U = (0, 0, -2)$.
$\kappa = \dfrac{\|\alpha'(0) \times \alpha''(0)\|}{\|\alpha'(0)\|^3} = 2\sqrt{2}$ 이므로
$$\kappa_g^2 = \kappa^2 - \kappa_n^2 = 8 - 4 = 4.$$
$\kappa_g = \pm 2$, $\boldsymbol{\kappa}_g = \kappa_g V = \mp (2, 0, 0)$.

예 제 20 (구판 예제19)

주면 $M : x^2 + y^2 = 1$위에 놓인 곡선 $\alpha(t)$는 이 주면과 평면
$$x + y + z = 1$$
의 교집합이라 하자. 이때 점 $P(1, 0, 0)$에서 곡선 $\alpha(t)$에 관한 M의 법곡률을 구하시오.

풀 이 1

$f(x, y, z) = x^2 + y^2$, $g(x, y, z) = x + y + z$에 대하여

(i) $\mathbf{v}_p = \nabla g \times \nabla f|_p = \begin{vmatrix} i & j & k \\ 1 & 1 & 1 \\ 2x & 2y & 0 \end{vmatrix}_p = (0, 2, -2)$.

(ii) ㉠ M상의 단위법벡터장은
$$U(x, y, z) = \pm \dfrac{\nabla f}{\|\nabla f\|} = \dfrac{1}{\sqrt{x^2 + y^2}}(x, y, 0),$$

㉡ $dU_p(\mathbf{v}_p) = \pm \dfrac{d}{dt} U(p + t\mathbf{v}_p)\Big|_{t=0}$

$\qquad = \pm \dfrac{d}{dt} \dfrac{1}{\sqrt{1 + 4t^2}}(1, 2t, 0)\Big|_{t=0}$

$\qquad = \pm (0, 2, 0)$.

$\therefore \kappa_n(\mathbf{v}_p) = -\dfrac{\langle dU_p(\mathbf{v}_p), \mathbf{v}_p \rangle}{\langle \mathbf{v}_p, \mathbf{v}_p \rangle} = \pm \dfrac{1}{2}$.

풀 이 2

(i) 곡선의 매개화함수는
$$\alpha(t) = (\cos t, \sin t, 1 - \cos t - \sin t)$$
이므로 $(1, 0, 0) = p = \alpha(0)$.

(ii) ㉠ $U(\alpha(0)) = \pm \left.\dfrac{\nabla f}{\|\nabla f\|}\right|_p = (\pm 1, 0, 0)$.

㉡ $\alpha'(0) = (-\sin t, \cos t, \sin t - \cos t)|_{t=0} = (0, 1, -1)$,
$\alpha''(0) = (-\cos t, -\sin t, \cos t + \sin t)|_{t=0} = (-1, 0, 1)$.

$\therefore \kappa_n = \dfrac{\langle \alpha''(0), U(\alpha(0)) \rangle}{\langle \alpha'(0), \alpha'(0) \rangle} = \pm \dfrac{1}{2}$.

유 제 4 (구판 유제11)

(1) 곡면
$$M = \{(x, y, z) \mid 2x^2 + 3y^2 + (z-1)^2 = 1\}$$
과 평면 $N = \{(x, y, z) \mid y = z\}$의 교선 위의 한 점 $(0, 0, 0)$에서의 곡면 M위의 법곡률의 제곱 κ_n^2을 구하시오.

(2) 원점을 중심으로 하고 반지름이 r인 구면을 $M = S^2(r)$이라 하자. 그러면 M상의 곡선 α의 임의의 점에서의 법곡률은 항상 $\kappa_n = \pm \dfrac{1}{r}$임을 보이시오.

풀 이

(1) $f(x, y, z) = 2x^2 + 3y^2 + (z-1)^2$, $g(x, y, z) = y - z$에 대하여

(i) $v_p = \nabla f \times \nabla g|_p = \begin{vmatrix} i & j & k \\ 4x & 6y & 2(z-1) \\ 0 & 1 & -1 \end{vmatrix}_p = (2, 0, 0)$.

(ii) ㉠ M상의 단위법벡터장은
$$U(x, y, z) = \pm \dfrac{\nabla f}{\|\nabla f\|}$$
$$= \pm \dfrac{1}{\sqrt{16x^2 + 36y^2 + 4(z-1)^2}} (4x, 6y, 2(z-1)),$$

㉡ $dU_p(\mathrm{v}_p) = \pm \dfrac{d}{dt} U(p+t\mathrm{v}_p)\Big|_{t=0} = \pm \dfrac{d}{dt} U(2t,\,0,\,0)\Big|_{t=0}$

$\qquad = \pm \dfrac{d}{dt} \dfrac{1}{\sqrt{16t^2+1}}(4t,\,0,\,-1)\Big|_{t=0}$

$\qquad = \pm (0,\,0,\,-1)\,.$

$\therefore\ \kappa_n(\mathrm{v}_p) = \dfrac{-\langle dU_p(\mathrm{v}_p),\,\mathrm{v}_p\rangle}{\langle \mathrm{v}_p,\,\mathrm{v}_p\rangle} = 0,\ \kappa_n^2 = 0.$

(2) 곡선 $\alpha(t)$의 $P(x,\,y,\,z)$에서의 단위접벡터를
$$\boldsymbol{T} = (a_1,\,a_2,\,a_3)\ (단,\ a_1^2 + a_2^2 + a_3^2 = 1)$$
라 하고 M상의 임의의 점 $(x,\,y,\,z)$에서의 단위법벡터장은
$$\boldsymbol{U}(x,\,y,\,z) = \dfrac{1}{r}(x,\,y,\,z)\ (혹은\ -\dfrac{1}{r}(x,\,y,\,z)).$$
이제 $\mathrm{v} = \boldsymbol{T}$라 할 때, 점 P에서의 M의 공변미분을 구하면
$dU(\boldsymbol{T}) = dU(\mathrm{v})$

$\qquad = \left(v_p\left[\dfrac{x}{r}\right],\,v_p\left[\dfrac{y}{r}\right],\,v_p\left[\dfrac{z}{r}\right]\right)$

$\qquad = \left(\dfrac{a_1}{r},\,\dfrac{a_2}{r},\,\dfrac{a_3}{r}\right)$

$\qquad = \dfrac{1}{r}(a_1,\,a_2,\,a_3)\ (혹은\ -\dfrac{1}{r}(a_1,\,a_2,\,a_3)).$

따라서 구하는 법곡률은
$\kappa_n = -\langle d\boldsymbol{U}(\boldsymbol{T}),\,\boldsymbol{T}\rangle$

$\qquad = -\left\langle \dfrac{1}{r}(a_1,\,a_2,\,a_3),\,(a_1,\,a_2,\,a_3)\right\rangle$

$\qquad = -\dfrac{1}{r}(a_1^2 + a_2^2 + a_3^2) = -\dfrac{1}{r}\ (혹은\ \dfrac{1}{r}).$

예 제 21 (구판 예제18)

(1) 다음의 함수
$$f : \mathbb{R}^3 \to \mathbb{R},\ f(x,\,y,\,z) = x^2 y + z\ ((x,\,y,\,z) \in \mathbb{R}^3)$$
와 $\mathbb{R}^3$위의 벡터장
$$W : \mathbb{R}^3 \to \cup_{p \in \mathbb{R}^3} T_p \mathbb{R}^3,$$
$$W(x,\,y,\,z) = (y,\,x,\,xz)((x,\,y,\,z) \in \mathbb{R}^3)$$
와 벡터 $\mathrm{v} = (1,\,1,\,2)(\in \mathbb{R}^3)$에 대하여 점 $\mathrm{p} = (0,\,0,\,0)$에서의 방향도함수 $\mathrm{v}_p[f]$와 공변미분 $dW(\mathrm{v})(=\nabla_\mathrm{v} W)$를 구하시오.

(2) 곡면 M의 단위법벡터장이
$$U = \frac{1}{\sqrt{x^2+y^2+z^2}}(x, y, -z)$$
이고 M상의 단위속력곡선 β가
$$\beta(0) = (1, 0, -1), \quad \beta'(0) = \frac{1}{\sqrt{2}}(1, 0, -1)$$
일 때 $\beta(0)$에서의 β의 법곡률 κ_n을 구하시오.

풀 이

(1) ① $v_p[f] = \dfrac{d}{dt} f(p+tv)\Big|_{t=0}$
$$= \frac{d}{dt}(t^3 + 2t)\Big|_{t=0} = 3t^2 + 2\big|_{t=0} = 2,$$

② $dW(v) = \dfrac{d}{dt} W(p+tv)\Big|_{t=0} = \dfrac{d}{dt}(t, t, 2t^2)\Big|_{t=0}$
$$= (1, 1, 4t)\big|_{t=0} = (1, 1, 0).$$

[다른 방법]

① $v_p[f] = \sum\limits_{i=1}^{3} v_i \dfrac{\partial f}{\partial x_i}(p) = 2.$

② $W = (w_1, w_2, w_3)$라 두면
$$v_p[w_1] = \sum_{i=1}^{3} v_i \frac{\partial w_1}{\partial x_i}(p)$$
$$= \frac{\partial w_1(p)}{\partial x} \cdot 1 + \frac{\partial w_1(p)}{\partial y} \cdot 1 + \frac{\partial w_1(p)}{\partial z} \cdot 2 = 1,$$
$$v_p[w_2] = \sum_{i=1}^{3} v_i \frac{\partial w_2}{\partial x_i}(p)$$
$$= \frac{\partial w_2(p)}{\partial x} \cdot 1 + \frac{\partial w_2(p)}{\partial y} \cdot 1 + \frac{\partial w_2(p)}{\partial z} \cdot 2 = 1,$$
$$v_p[w_3] = \sum_{i=1}^{3} v_i \frac{\partial w_3}{\partial x_i}(p)$$
$$= \frac{\partial w_3(p)}{\partial x} \cdot 1 + \frac{\partial w_3(p)}{\partial y} \cdot 1 + \frac{\partial w_3(p)}{\partial z} \cdot 2 = 0$$

이므로 $dW(v) = (v_p[w_1], v_p[w_2], v_p[w_3]) = (1, 1, 0).$

(2) $\beta(0)$에서의 단위접벡터는 $\boldsymbol{T}=\beta'(0)=\dfrac{1}{\sqrt{2}}(1,0,-1)$이므로 $\beta(0)$에서의 M의 공변미분을 구하면

$$\begin{aligned}d\boldsymbol{U}(\boldsymbol{T})&=\dfrac{d}{dt}\boldsymbol{U}(\beta(0)+t\boldsymbol{T})\Big|_{t=0}\quad(|t|<\sqrt{2})\\&=\dfrac{d}{dt}\dfrac{(1+t/\sqrt{2},0,1+t/\sqrt{2})}{\sqrt{(1+t/\sqrt{2})^2+(-1-t/\sqrt{2})^2}}\Big|_{t=0}\\&=\dfrac{d}{dt}\dfrac{1}{\sqrt{2}}(1,0,1)\Big|_{t=0}\\&=(0,0,0).\end{aligned}$$

따라서 $\kappa_n=-\langle d\boldsymbol{U}(\boldsymbol{T}),\boldsymbol{T}\rangle=0$이다.

정 의 26 (구판 정의24)

곡면 M 상의 한 점 p에서

(1) p : M의 배꼽점(umbilical point) (혹은 제점)

$\overset{\text{정의}}{\Leftrightarrow} \kappa_n(\mathrm{v_p})$: 일정 ($\forall \mathrm{v_p} \in T_\mathrm{p}M \setminus \{0\}$)

$\Leftrightarrow \kappa_1(\mathrm{p})=\kappa_2(\mathrm{p})$

(2) $S_\mathrm{p}=-dU_\mathrm{p}:T_\mathrm{p}M\to T_\mathrm{p}M$ 를 M 의 p에서의 모양연산자((shape operator)혹은 형작용소)라 부른다.

정 리 24 (구판 정리22)

곡면 M 상의 한 점 p에서

(1) p : 배꼽점일 때

① κ(일정)$=\kappa_1(\mathrm{p})=\kappa_2(\mathrm{p})$ (따라서 <u>모든 방향이 주방향</u>이다.)

② $\mathrm{v_p}\in T_\mathrm{p}M$에 대하여

$$dU_\mathrm{p}(\mathrm{v_p})=-\kappa\mathrm{v_p}\ (즉,\ S_\mathrm{p}(\mathrm{v_p})=\kappa\mathrm{v_p}).$$

(2) p : 배꼽점이 아닐 때

① p에서 서로 수직인 <u>오직 2개의 주방향</u>이 존재한다.

② $e_1,\ e_2$: p에서의 정규직교하는 두 주방향일 때

㉠ $dU_\mathrm{p}(e_1)=-\kappa_1 e_1$ (즉, $S_\mathrm{p}(e_1)=\kappa_1 e_1$),

   $dU_\mathrm{p}(e_2)=-\kappa_2 e_2$ (즉, $S_\mathrm{p}(e_2)=\kappa_1 e_2$).

㉡ $\kappa_n(e_1)=-\langle dU_\mathrm{p}(e_1),e_1\rangle=\kappa_1$,

   $\kappa_n(e_2)=-\langle dU_\mathrm{p}(e_2),e_2\rangle=\kappa_2$.

3.5 미분량의 계산   **3. 곡면의 국소적 이론**   99

③ e_1, e_2 : p에서의 정규직교하는 두 주방향,
$B = (e_1, e_2)$ (T_pM의 정규직교인 순서기저)일 때

㉠ $[S_p]_B = \begin{pmatrix} \kappa_1 & 0 \\ 0 & \kappa_2 \end{pmatrix}$

㉡ S_p(선형변환)의 고윳값 = $[S_p]_B$(행렬)의 고윳값 : κ_1, κ_2,
S_p(선형변환)의 고유벡터 : e_1, e_2.
$[S_p]_B$(행렬)의 고유벡터 : $[e_1]_B = \begin{pmatrix} 1 \\ 0 \end{pmatrix}, [e_2]_B = \begin{pmatrix} 0 \\ 1 \end{pmatrix}$.
(즉, $1e_1 + 0e_2 = e_1, 0e_1 + 1e_2 = e_2$.)

㉢ $\det([S_p]_B) = \kappa_1\kappa_2 = K(p), \frac{1}{2}\mathrm{tr}([S_p]_B) = \frac{1}{2}(\kappa_1 + \kappa_2) = H(p)$.

예 제 22 (구판 예제16)

곡면 M의 고유조각사상이 $\mathbf{x} = \mathbf{x}(u, v)$일 때 점 $p = \mathbf{x}(0, 0)$에의 주곡률 $\kappa_1, \kappa_2 (\kappa_1 \geq \kappa_2)$, 평균곡률 H, 가우스곡률 K, 주방향 e_1, e_2를 구하시오.

(1) $\mathbf{x} : D = \mathbb{R}^2 \to M, \mathbf{x}(u, v) = (u, v, u^2 - v^2)$

(2) M의 고유조각사상이 $p = \mathbf{x}(0, 0)$에서 다음을 만족한다.

(i) $\mathbf{x}_u = (1, 0, 0), \mathbf{x}_v = (0, -1, 0)$
(ii) $\langle \mathbf{x}_u, U_u \rangle = 2, \langle \mathbf{x}_{uv}, U \rangle = 0, \langle \mathbf{x}_v, U_v \rangle = -2$
(단, U는 곡면 M상의 단위법벡터장이다.)

풀 이

(1) 점 $\mathbf{x}(0, 0)$에서의 제1, 제2 기본계수를 구하면
$$E = 1, F = 0, G = 1, l = 2, m = 0, n = -2.$$
점 $\mathbf{x}(0, 0)$에서의 법곡률은
$$\kappa_n = \frac{\mathrm{II}}{\mathrm{I}} = \frac{2((du/dt)^2 - (dv/dt)^2)}{(du/dt)^2 + (dv/dt)^2}.$$
κ_n은 비 du/dv에만 의존하므로 $(du/dt)^2 + (dv/dt)^2 = 1$이라 가정하여
$$du/dt = \cos\theta, \ dv/dt = \sin\theta (\theta \in [0, \pi))$$
이라 두고 정리하면 $\kappa_n = 2\cos 2\theta \, (\theta \in [0, \pi))$이다.

(i) 주곡률은 최대값 $\kappa_1 = 2(\theta = 0)$, 최소값 $\kappa_2 = -2(\theta = \frac{\pi}{2})$이다.

(ii) $H = \frac{1}{2}(\kappa_1 + \kappa_2) = 0$, $K = \kappa_1 \kappa_2 = -4$.

(iii) 주방향은
$$e_1 = \frac{\cos 0 \, \mathbf{x}_u + \sin 0 \, \mathbf{x}_v}{\|\cos 0 \, \mathbf{x}_u + \sin 0 \, \mathbf{x}_v\|} = \frac{\mathbf{x}_u}{\|\mathbf{x}_u\|} = (1, 0, 0),$$
$$e_2 = \frac{\cos(\pi/2) \mathbf{x}_u + \sin(\pi/2) \mathbf{x}_v}{\|\cos(\pi/2) \mathbf{x}_u + \sin(\pi/2) \mathbf{x}_v\|} = \frac{\mathbf{x}_v}{\|\mathbf{x}_v\|} = (0, 1, 0).$$

(2) 점 $\mathbf{x}(0, 0)$에서의 제1, 제2 기본계수를 구하면
$$E = \langle \mathbf{x}_u, \mathbf{x}_u \rangle = 1, \ F = \langle \mathbf{x}_u, \mathbf{x}_v \rangle = 0, \ G = \langle \mathbf{x}_v, \mathbf{x}_v \rangle = 1,$$
$$l = -\langle \mathbf{x}_u, U_u \rangle = -2, \ m = \langle \mathbf{x}_{uv}, U \rangle = 0, \ n = -\langle \mathbf{x}_v, U_v \rangle = 2.$$
점 $\mathbf{x}(0, 0)$에서의 법곡률은
$$\kappa_n = \frac{\mathrm{II}}{\mathrm{I}} = \frac{-2(du/dt)^2 + 2(dv/dt)^2}{(du/dt)^2 + (dv/dt)^2}.$$
κ_n은 비 du/dv에만 의존하므로 $(du/dt)^2 + (dv/dt)^2 = 1$이라 가정하여
$$du/dt = \cos\theta, \ dv/dt = \sin\theta (\theta \in [0, \pi))$$
이라 두고 정리하면 $\kappa_n = -2\cos 2\theta \ (\theta \in [0, \pi))$이다.

(i) 주곡률은 최대값 $\kappa_1 = 2(\theta = 0)$, 최소값 $\kappa_2 = -2(\theta = \frac{\pi}{2})$이다.

(ii) $H = \frac{1}{2}(\kappa_1 + \kappa_2) = 0$, $K = \kappa_1 \kappa_2 = -4$.

(iii) 주방향은
$$e_1 = \frac{\cos 0 \, \mathbf{x}_u + \sin 0 \, \mathbf{x}_v}{\|\cos 0 \, \mathbf{x}_u + \sin 0 \, \mathbf{x}_v\|} = \frac{\mathbf{x}_u}{\|\mathbf{x}_u\|} = (1, 0, 0),$$
$$e_2 = \frac{\cos(\pi/2) \mathbf{x}_u + \sin(\pi/2) \mathbf{x}_v}{\|\cos(\pi/2) \mathbf{x}_u + \sin(\pi/2) \mathbf{x}_v\|} = \frac{\mathbf{x}_v}{\|\mathbf{x}_v\|} = (0, -1, 0).$$

3.5 미분량의 계산

> **유 제 5** (구판 유제10)
> 고유조각사상
> $$\mathbf{x}: \mathbb{R}^2 \to \mathbb{R}^3, \quad \mathbf{x} = \mathbf{x}(u, v)$$
> 가 $(u(0), v(0)) = (0, 0)$인 $\mathbb{R}^2$상의 임의의 평면곡선
> $$(u, v) = (u(t), v(t)) \quad (-\infty < t < \infty)$$
> 에 대하여
> $$\frac{d}{dt}\mathbf{x}(u(t), v(t))\bigg|_{t=0} = \left(2\frac{du}{dt}\bigg|_{t=0}, 0, -2\frac{dv}{dt}\bigg|_{t=0}\right)$$
> $$\frac{d}{dt}U(u(t), v(t))\bigg|_{t=0} = \left(\frac{du}{dt}\bigg|_{t=0}, 0, \frac{dv}{dt}\bigg|_{t=0}\right)$$
> 를 만족한다고 한다. 이때, 점 $\mathbf{x}(0, 0)$에서의 평균곡률 H와 가우스곡률 K는?

풀 이

점 $\mathbf{x}(0, 0)$에서의 법곡률은
$$\kappa_n = \frac{\mathrm{II}}{\mathrm{I}} = \frac{2((du/dt)^2 - (dv/dt)^2)}{4((du/dt)^2 + (dv/dt)^2)}.$$

κ_n은 비 du/dv에만 의존하므로 $(du/dt)^2 + (dv/dt)^2 = 1$이라 가정하여
$$du/dt = \cos\theta, \quad dv/dt = \sin\theta \, (\theta \in [0, \pi))$$
이라 두고 정리하면 $\kappa_n = \frac{1}{2}\cos 2\theta \, (\theta \in [0, \pi))$이다.

(i) 주곡률은 최대값 $\kappa_1 = \frac{1}{2}(\theta = 0)$, 최소값 $\kappa_2 = -\frac{1}{2}(\theta = \frac{\pi}{2})$이다.

(ii) $H = \frac{1}{2}(\kappa_1 + \kappa_2) = 0$, $K = \kappa_1\kappa_2 = -\frac{1}{4}$.

(iii) 주방향은
$$e_1 = \frac{\cos 0 \, \mathbf{x}_u + \sin 0 \, \mathbf{x}_v}{\|\cos 0 \, \mathbf{x}_u + \sin 0 \, \mathbf{x}_v\|} = \frac{\mathbf{x}_u}{\|\mathbf{x}_u\|} = (1, 0, 0),$$
$$e_2 = \frac{\cos(\pi/2)\mathbf{x}_u + \sin(\pi/2)\mathbf{x}_v}{\|\cos(\pi/2)\mathbf{x}_u + \sin(\pi/2)\mathbf{x}_v\|} = \frac{\mathbf{x}_v}{\|\mathbf{x}_v\|} = (0, 1, 0).$$

> **예 제 23**
> 유클리드공간 $\mathbb{R}^3$상의 곡면 M상의 점 p에서의 단위법벡터가
> $U(p) = \dfrac{1}{\sqrt{3}}(1, 1, -1)$일 때 다음의 물음에 답하시오.
> (1) p에서 M의 접평면 T_pM의 순서기저 B를 하나 제시하시오.
> (2) 점 p에서 M의 모양연산자가
> $$S_p : T_pM \to T_pM,\ S_p(v_p) = \begin{pmatrix} 1 & 0 & 2 \\ 1 & -1 & 0 \\ 3 & 0 & 1 \end{pmatrix} v_p\ (v_p \in T_pM)$$
> 와 같이 나타날 때 B에 관한 S_p의 행렬은 $[S_p]_\mathrm{B}$를 구하고 p에서 M의 평균곡률 $H(p)$, 가우스곡률 $K(p)$를 각각 구하시오.

풀 이

(1) p에서 T_pM의 순서기저는
$$\mathrm{B} = \left\{ v_1 = \frac{1}{\sqrt{2}}(1, -1, 0),\ v_2 = \frac{1}{\sqrt{2}}(1, 0, 1) \right\}.$$
(즉, v_1, v_2는 $U(p)$와 수직인 일차독립인 2개의 벡터이다.)

(2) $S_p(v_1) = \begin{pmatrix} 1 & 0 & 2 \\ 1 & -1 & 0 \\ 3 & 0 & 1 \end{pmatrix} v_1 = \dfrac{1}{\sqrt{2}} \begin{pmatrix} 1 \\ 2 \\ 3 \end{pmatrix} = -2v_1 + 3v_2$,

$S_p(v_2) = \begin{pmatrix} 1 & 0 & 2 \\ 1 & -1 & 0 \\ 3 & 0 & 1 \end{pmatrix} v_2 = \dfrac{1}{\sqrt{2}} \begin{pmatrix} 3 \\ 1 \\ 4 \end{pmatrix} = -1v_1 + 4v_2$.

따라서 B에 관한 S_p의 행렬은 $[S_p]_\mathrm{B} = \begin{pmatrix} -2 & 3 \\ -1 & 4 \end{pmatrix}$,
$$K(\mathrm{p}) = \det([S_p]_\mathrm{B}) = -5,$$
$$H(\mathrm{p}) = \frac{1}{2}\mathrm{tr}([S_p]_\mathrm{B}) = \frac{1}{2}(-2+4) = 1.$$

> **정 리 25** (곡면곡률의 계산공식 (II) (오일러공식)) (구판 정리23)
> e_1, e_2는 p에서의 서로 수직인 주방향일 때 $\mathrm{v_p} \in T_pM$, $\|\mathrm{v_p}\| = 1$에 대하여 $\mathrm{v_p} = \cos\theta\, e_1 + \sin\theta\, e_2$이면
> $$\kappa_n = \kappa_1 \cos^2\theta + \kappa_2 \sin^2\theta$$
> $$= \kappa_1 \cos^2\theta + \kappa_2 \cos^2\phi\ .$$
> (단, $\theta = \angle(\mathrm{v_p}, e_1)$, $\phi = \angle(\mathrm{v_p}, e_2)$.)

증 명

(i) p가 배꼽점이 아닌 경우,

$$\kappa_n(v_p) = \frac{\mathrm{II}_p(v_p)}{\mathrm{I}_p(v_p)} = \frac{-1}{<v_p, v_p>} <dU_p(v_p), v_p>$$
$$= -<\cos\theta\, dU_p(e_1) + \sin\theta\, dU_p(e_2), \cos\theta\, e_1 + \sin\theta\, e_2>$$
$$= <\cos\theta\, \kappa_1 e_1 + \sin\theta\, \kappa_2 e_2, \cos\theta\, e_1 + \sin\theta\, e_2>$$
$$= \kappa_1 \cos^2\theta <e_1, e_1> + \kappa_2 \sin^2\theta <e_2, e_2>$$
$$= \kappa_1 \cos^2\theta + \kappa_2 \sin^2\theta.$$

(ii) p가 배꼽점인 경우,
$\kappa_n(v_p) \equiv \kappa$(일정)이고, $\kappa_1 = \kappa_2 = \kappa$이므로

$$\kappa_1 \cos^2\theta + \kappa_2 \sin^2\theta = \kappa(\cos^2\theta + \sin^2\theta) = \kappa.$$

예 제 24 (구판 예제18)

곡면 M위의 점 p에서의 두 주방향이

$$v = \frac{1}{\sqrt{2}}(1, 1, 0),\ w = \frac{1}{\sqrt{2}}(-1, 1, 0)$$

이고 각각의 주곡률이 $\kappa_1 = 2$, $\kappa_2 = -1$이다. M상의 단위속력곡선 $\beta(s)$가 $\beta(0) = p$를 만족할 때 다음의 물음에 답하시오.
(1) 점 p에서 $\beta'(0) = (0, 1, 0)$일 때 p에서의 β의 법곡률 κ_n을 구하시오.
(2) 점 p에서의 β의 법곡률이 $\kappa_n(T) = \frac{5}{4}$을 만족하는 단위접벡터 $T = \beta'(0)$를 구하시오.

08년시행모의평가

정칙곡면(regular surface) M의 점 p에서의 주곡률방향(principal-direction)이 u_1, u_2이고 이에 대응하는 주곡률(principal curvature)이 각각 1과 $\frac{1}{3}$이다. 점 p에서의 단위접벡터(unit tangent vector) v가 u_1과 이루는 각이 $\frac{\pi}{3}$일 때, v방향의 법곡률(normal curvature)은? [2점]

① $\frac{1}{2}$ ② $\frac{1}{3}$ ③ $\frac{1}{4}$ ④ $\frac{1}{5}$ ⑤ $\frac{1}{6}$

17년시행기출

곡면 $X(u, v) = (u\cos v, u\sin v, \frac{1}{u})$
$(u > 0, -\pi < v < \pi)$
위의 점 $p = (1, 0, 1)$에서 주곡률(principal curvature) κ_1, κ_2 $(\kappa_1 > \kappa_2)$의 값을 풀이 과정과 함께 쓰시오. 또한 점 p에서 단위접벡터(unit tangent vector) $w = \frac{1}{\sqrt{3}}(1, 1, -1)$ 방향으로의 법곡률(normal curvature)을 풀이 과정과 함께 쓰시오. [4점]

풀 이

(1) $T = \beta'(0)$
$= <T, v> v + <T, w> w$
$= \frac{1}{\sqrt{2}} v + \frac{1}{\sqrt{2}} w$

이므로 $\cos\theta = \sin\theta = \frac{1}{\sqrt{2}}$이라 두자. 그러면 오일러공식에 의해

$$\kappa_n = \kappa_1 \cos^2\theta + \kappa_2 \sin^2\theta = \frac{1}{2}.$$

(2) $T = \beta'(0) = \cos\theta \text{v} + \sin\theta \text{w}$ 이라 할 때 오일러공식에 의해
$$\frac{5}{4} = \kappa_n(T) = 2\cos^2\theta - \sin^2\theta$$
이므로 $\cos\theta = \pm\frac{\sqrt{3}}{2}$, $\sin\theta = \pm\frac{1}{2}$, $T = \pm\frac{1}{2}(\sqrt{3}\text{v} \pm \text{w})$.

그러므로 $T = \pm\frac{1}{2\sqrt{2}}(2, 4, 0)$ 혹은 $T = \pm\frac{1}{2\sqrt{2}}(4, 2, 0)$.

19년시행기출

3차원 유클리드 공간 $\mathbb{R}^3$에서 곡면
$$\text{x}(u, v) = (u^2 + v, u - v^2, uv)$$
위의 $u=1$, $v=2$인 점 P에서 접평면 (tangent plane)의 방정식을 구하시오. 또한 점 P에서 곡면 x의 평균곡률(mean curvature) H의 값을 풀이 과정과 함께 쓰시오. [4점]

18년시행기출

3차원 유클리드 공간 $\mathbb{R}^3$에서 곡면
$$M : z = \frac{1}{4}(x^4 + y^4)$$
과 평면
$$H : x + y - z = d$$
가 한 점 p에서 접할 때, 상수 d의 값을 구하시오. 또한 접점 p에서 곡면 M의 가우스곡률(Gaussian curvature) K의 값을 풀이 과정과 함께 쓰시오. [4점]

정 리 26 (곡면곡률의 계산공식 (III)) (구판 정리24)

곡면 M의 점 p 근방의 고유조각사상 $\text{x} : D(\subset \mathbb{R}^2) \to M$와 T_pM의 두 순서기저 $\mathbf{B} = (e_1, e_2)$, $\mathbf{B}_1 = (\text{x}_u, \text{x}_v)$에 대하여

(1) $\mathbf{B}_1$에 관한 T의 행렬은
$$[S_p]_{\mathbf{B}_1} = \begin{pmatrix} E & F \\ F & G \end{pmatrix}^{-1} \begin{pmatrix} l & m \\ m & n \end{pmatrix}.$$

(2) ① $H = \dfrac{En + Gl - 2Fm}{2(EG - F^2)} = \dfrac{1}{2}\text{tr}([S_p]_{\mathbf{B}_1})$,

  ② $K = \dfrac{ln - m^2}{EG - F^2} = \det([S_p]_{\mathbf{B}_1})$.

(3) κ : p에서의 주곡률
$\Leftrightarrow \kappa^2 - 2H\kappa + K = 0$
$\Leftrightarrow (EG - F^2)\kappa^2 - (En + Gl - 2Fm)\kappa + (ln - m^2) = 0$

(4) v, w $(\in T_pM)$ 가 일차독립일 때
① $dU_p(\text{v}) \times dU_p(\text{w}) = K(\text{p})(\text{v} \times \text{w})$
② $dU_p(\text{v}) \times \text{w} + \text{v} \times dU_p(\text{w}) = -2H(\text{p})(\text{v} \times \text{w})$

증 명

(1) (i) $-U_u = -dU_p(\mathbf{x}_u) = S_p(\mathbf{x}_u) =: a_{11}\mathbf{x}_u + a_{21}\mathbf{x}_v \in T_pM$,
$-U_v = -dU_p(\mathbf{x}_v) = S_p(\mathbf{x}_v) =: a_{12}\mathbf{x}_u + a_{22}\mathbf{x}_v \in T_pM$

이라 두면 $[S_p]_{\mathbf{B}_1} = \begin{pmatrix} a_{11} & a_{12} \\ a_{21} & a_{22} \end{pmatrix}$.

(ii) ㉠ $l = <-U_u, \mathbf{x}_u> = <a_{11}\mathbf{x}_u + a_{21}\mathbf{x}_v, \mathbf{x}_u> = a_{11}E + a_{21}F$,
㉡ $m = <-U_u, \mathbf{x}_v> = <a_{11}\mathbf{x}_u + a_{21}\mathbf{x}_v, \mathbf{x}_v> = a_{11}F + a_{21}G$,
  $m = <-U_v, \mathbf{x}_u> = <a_{12}\mathbf{x}_u + a_{22}\mathbf{x}_v, \mathbf{x}_u> = a_{12}E + a_{22}F$,
㉢ $n = <-U_v, \mathbf{x}_v> = <a_{12}\mathbf{x}_u + a_{22}\mathbf{x}_v, \mathbf{x}_v> = a_{12}F + a_{22}G$.

정리하면 $\begin{pmatrix} a_{11} & a_{21} \\ a_{12} & a_{22} \end{pmatrix} \begin{pmatrix} E & F \\ F & G \end{pmatrix} = \begin{pmatrix} l & m \\ m & n \end{pmatrix}$, 양변의 전치행렬을 구하면

$$\begin{pmatrix} E & F \\ F & G \end{pmatrix} \begin{pmatrix} a_{11} & a_{12} \\ a_{21} & a_{22} \end{pmatrix} = \begin{pmatrix} l & m \\ m & n \end{pmatrix}.$$

따라서 $[S_p]_{B_1} = \begin{pmatrix} a_{11} & a_{21} \\ a_{12} & a_{22} \end{pmatrix} = \begin{pmatrix} E & F \\ F & G \end{pmatrix}^{-1} \begin{pmatrix} l & m \\ m & n \end{pmatrix}.$

(2) M의 p에서의 정규직교인 두 주방향 e_1, e_2에 대하여 $\mathbf{B} = (e_1, e_2)$이라 할 때 $[S_p]_\mathbf{B} = \begin{pmatrix} \kappa_1 & 0 \\ 0 & \kappa_2 \end{pmatrix}$,

① $H(\mathrm{p}) = \dfrac{1}{2}(\kappa_1 + \kappa_2)$

$= \dfrac{1}{2} \mathrm{tr}([S_p]_\mathbf{B}) = \dfrac{1}{2} \mathrm{tr}([S_p]_{B_1})$

$= \dfrac{1}{2} \mathrm{tr}\left\{ \begin{pmatrix} E & F \\ F & G \end{pmatrix}^{-1} \begin{pmatrix} l & m \\ m & n \end{pmatrix} \right\} = \dfrac{En + Gl - 2Fm}{2(EG - F^2)}.$

② $K(\mathrm{p}) = \kappa_1 \kappa_2$

$= \det([S_p]_\mathbf{B}) = \det([S_p]_{B_1})$

$= \det\left\{ \begin{pmatrix} E & F \\ F & G \end{pmatrix}^{-1} \begin{pmatrix} l & m \\ m & n \end{pmatrix} \right\} = \dfrac{ln - m^2}{EG - F^2}.$

(3) (1)에 의해 자명하다.

(4) $\mathbf{B}_2 = (\mathrm{v}, \mathrm{w})$는 $T_p M$의 정규직교순서기저이므로

$$dU_p(\mathrm{v}) := a\mathrm{v} + c\mathrm{w} \in T_p M = <\mathrm{v}, \mathrm{w}>_\mathbb{R},$$
$$dU_p(\mathrm{w}) := b\mathrm{v} + d\mathrm{w} \in T_p M = <\mathrm{v}, \mathrm{w}>_\mathbb{R}.$$

따라서 $[dU_p]_{\mathbf{B}_2} = \begin{pmatrix} a & b \\ c & d \end{pmatrix} =: A.$

① $dU_p(\mathrm{v}) \times dU_p(\mathrm{w}) = (a\mathrm{v} + c\mathrm{w}) \times (b\mathrm{v} + d\mathrm{w})$

$= (ad - bc) \mathrm{v} \times \mathrm{w}$

$= K(\mathrm{p}) \mathrm{v} \times \mathrm{w}.$

② $dU_p(\mathrm{v}) \times \mathrm{w} + \mathrm{v} \times dU_p(\mathrm{w}) = (a\mathrm{v} + c\mathrm{w}) \times \mathrm{w} + \mathrm{v} \times (b\mathrm{v} + d\mathrm{w})$

$= a(v \times w) + d(v \times w)$

$= -2 \left(-\dfrac{1}{2}(a + d) \right) (v \times w)$

$= -2 H(\mathrm{p}) (v \times w).$

14년시행기출

곡면

$$M = \{(x, y, z) \in \mathbb{R}^3 \mid 4x = (y^2 + z^2)^2\}$$

위의 점 $p = \left(\dfrac{1}{4} u^4, u, 0 \right) (u > 0)$에서 접평면(tangent plane)을 $T_p(M) = \{v_p \in \mathbb{R}^3 \mid v_p$는 p에서의 곡면 M의 접벡터$\}$라 하고 이 점에서의 주곡률(principal curvature)을 각각 $\kappa_1(u)$, $\kappa_2(u)$라 하자. 또 $T_p(M)$에 속하는 두 개의 단위접벡터(unit tangent vector) w_p와 $(0, 0, 1)_p$가 이루는 각이 $\dfrac{\pi}{6}$라고 하자. 점 p에서 곡면 M의 가우스 곡률 $K(u)$를 풀이 과정과 함께 쓰고, w_p방향으로의 법곡률(normal curvature) $\kappa_n(w_p)$를 $a\kappa_1(u) + b\kappa_2(u)$($a$, b는 상수)로 나타낼 때 ab의 값을 풀이 과정과 함께 쓰시오. [5점]

NOTE

유한차원벡터공간 V의 두 순서기저 $\mathbf{B}_1$, $\mathbf{B}_2$와 선형변환

$$T : V \to V$$

에 대하여

(1) 적당한 가역행렬 P에 대하여

$$[T]_{\mathbf{B}_2} = P^{-1} [T]_{\mathbf{B}_1} P.$$

(2) ① $\det([T]_{\mathbf{B}_1}) = \det([T]_{\mathbf{B}_2})$,

② $\mathrm{tr}([T]_{\mathbf{B}_1}) = \mathrm{tr}([T]_{\mathbf{B}_2})$.

($\because$)

(1) $\mathbf{B}_2$에서 $\mathbf{B}_1$으로의 기저변환 행렬 $P = (\mathbf{B}_2)_{\mathbf{B}_1}$에 대하여

$[T]_{\mathbf{B}_2} = (\mathbf{B}_1)_{\mathbf{B}_2} [T]_{\mathbf{B}_1} (\mathbf{B}_2)_{\mathbf{B}_1}$

$= P^{-1} [T]_{\mathbf{B}_1} P.$

(2) (1)에 의해

$[T]_{\mathbf{B}_1}$의 고유다항식

$= [T]_{\mathbf{B}_2}$의 고유다항식.

예 제 25 (구판 예제17)

고유조각사상 $(\mathbf{x}, D)$가 아래와 같은 곡면은 극소곡면임을 보이시오.

(1) $\mathbf{x} : D = \mathbb{R}^2 \to \mathbb{R}^3$, $\mathbf{x}(u, v) = (u\cos v, u\sin v, 2v)$

(2) $\mathbf{x} : D = \mathbb{R}^2 \to \mathbb{R}^3$, $\mathbf{x}(u, v) = (\cosh u \cos v, \cosh u \sin v, u)$

풀 이

(1) 제1, 제2 기본계수를 구하면
$$E = 1, \ F = 0, \ G = 4 + u^2,$$
$$l = 0, \ m = -\frac{2}{\sqrt{4+u^2}}, \ n = 0$$

이다. 따라서 $H = \dfrac{En + Gl - 2Fm}{2(EG - F^2)} = 0$.

(2) 제1, 제2 기본계수를 구하면
$$E = \cosh^2 u, \ F = 0, \ G = \cosh^2 u,$$
$$l = -\frac{\cos 2v}{\cosh^2 u}, \ m = \frac{\sinh u \sin 2v}{\cosh^3 u}, \ n = \frac{\cos 2v}{\cosh^2 u}$$

이다. 따라서 $H = \dfrac{En + Gl - 2Fm}{2(EG - F^2)} = 0$.

예 제 26

곡면 M의 고유조각사상이 $\mathbf{x} = \mathbf{x}(u, v)$일 때 점 $p = \mathbf{x}(0, 0)$에서의 주곡률 κ_1, κ_2, 평균곡률 H, 가우스곡률 K, 주방향 e_1, e_2를 각각 구하시오.

(1) $\mathbf{x} : D = \mathbb{R}^2 \to M$, $\mathbf{x}(u, v) = (u, v, u^2 - v^2)$

(2) M의 고유조각사상이 $p = \mathbf{x}(0, 0)$에서 다음을 만족한다.

 (i) $\mathbf{x}_u = (1, 1, 0)$, $\mathbf{x}_v = (0, -1, 1)$

 (ii) $\langle \mathbf{x}_{uu}, U \rangle = 1$, $\langle \mathbf{x}_{uv}, U \rangle = 0$, $\langle \mathbf{x}_{vv}, U \rangle = 1$.

 (단, U는 곡면 M상의 단위법벡터장이다.)

풀 이

(1) (i) 점 $\mathbf{x}(0, 0)$에서
$$\mathbf{x}_u = (1, 0, 0), \ \mathbf{x}_v = (0, 1, 0),$$
제1, 제2 기본계수를 구하면

$$E=1,\ F=0,\ G=1,\ l=2,\ m=0,\ n=-2.$$

(ii) ㉠ $A:=[S_p]=\begin{pmatrix} E & F \\ F & G \end{pmatrix}^{-1}\begin{pmatrix} l & m \\ m & n \end{pmatrix}=\begin{pmatrix} 2 & 0 \\ 0 & -2 \end{pmatrix}$(대각행렬).

㉡ A의 고유다항식은

$$P_A(t)=\det(tI-A)=\begin{vmatrix} t-2 & 0 \\ 0 & t+2 \end{vmatrix}=(t-2)(t+2)$$

가 되어 고윳값은 $\kappa_1=2,\ \kappa_2=-2$이고 각각에 대응되는 A의 고유벡터는 $\begin{pmatrix}1\\0\end{pmatrix},\ \begin{pmatrix}0\\1\end{pmatrix}$가 되어 p에서 M의 주방향은

$$e_1=\frac{1\cdot \mathbf{x}_u+0\cdot \mathbf{x}_v}{\|1\cdot \mathbf{x}_u+0\cdot \mathbf{x}_v\|}=(1,0,0),\ e_2=\frac{0\cdot \mathbf{x}_u+1\cdot \mathbf{x}_v}{\|1\cdot \mathbf{x}_u+0\cdot \mathbf{x}_v\|}=(0,1,0).$$

(iii) $H=\frac{1}{2}\mathrm{tr}([S_p]_B)=0,\ K=\det([S_p]_B)=-4.$

(2) (i) 점 $\mathbf{x}(0,0)$에서

$$\mathbf{x}_u=(1,1,0),\ \mathbf{x}_v=(0,-1,1).$$

제1, 제2 기본계수를 구하면

$$E=2,\ F=-1,\ G=2,\ l=1,\ m=0,\ n=1.$$

(ii) ㉠ $A:=[S_p]=\begin{pmatrix} E & F \\ F & G \end{pmatrix}^{-1}\begin{pmatrix} l & m \\ m & n \end{pmatrix}=\begin{pmatrix} 2 & -1 \\ -1 & 2 \end{pmatrix}^{-1}\begin{pmatrix} 1 & 0 \\ 0 & 1 \end{pmatrix}=\frac{1}{3}\begin{pmatrix} 2 & 1 \\ 1 & 2 \end{pmatrix}.$

㉡ A의 고유다항식은

$$P_A(t)=\det(tI-A)=t^2-\frac{4}{3}t+\frac{1}{3}=(t-1)(t-1/3)$$

가 되어 고윳값은 $\kappa_1=1,\ \kappa_2=1/3$이고 각각에 대응되는 A의 고유벡터는 $\begin{pmatrix}1\\1\end{pmatrix},\ \begin{pmatrix}1\\-1\end{pmatrix}$가 되어 p에서 M의 주방향은

$$e_1=\frac{1\cdot \mathbf{x}_u+1\cdot \mathbf{x}_v}{\|1\cdot \mathbf{x}_u+1\cdot \mathbf{x}_v\|}=\frac{1}{\sqrt{2}}(1,0,1),$$

$$e_2=\frac{1\cdot \mathbf{x}_u-1\cdot \mathbf{x}_v}{\|1\cdot \mathbf{x}_u-1\cdot \mathbf{x}_v\|}=\frac{1}{\sqrt{6}}(1,2,-1).$$

(iii) $H=\frac{1}{2}\mathrm{tr}([S_p]_B)=\frac{2}{3},\ K=\det([S_p]_B)=\frac{1}{3}.$

정 리 27 (곡면곡률의 계산공식 (Ⅳ))
회전면에서 법곡률, 측지곡률의 기하학적 해석
M은 평면곡선 $\alpha = \alpha(t)(t \in (a, b))$를 회전축 l을 중심으로 회전한 회전면, s를 p에서의 법선와 회전축의 교점,
r는 p에서 회전축에 내린 수선의 발,
q는 p에서 α에 관한 접선과 회전축의 교점이라 하자. 그러면
(1) C가 p를 회전하여 얻은 원일 때

① p에서 M의 C방향으로의 법곡률은 $\kappa_n = \pm \dfrac{1}{ps}$,

② p에서 M의 C방향으로의 측지곡률은 $\kappa_g = \pm \dfrac{1}{pq}$.

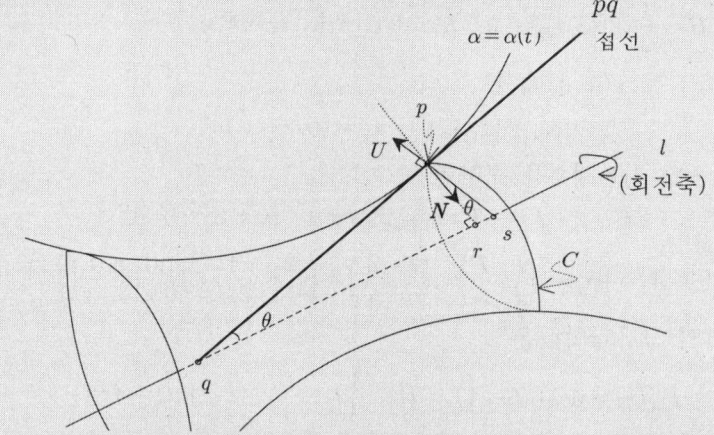

(2) C가 평면곡선 $\alpha = \alpha(t)(t \in (a, b))$일 때
① p에서 M의 C방향으로의 법곡률은 $\kappa_n = \pm \kappa (= \alpha$의 곡률$)$,
② p에서 M의 C방향으로의 측지곡률은 $\kappa_g = 0$.

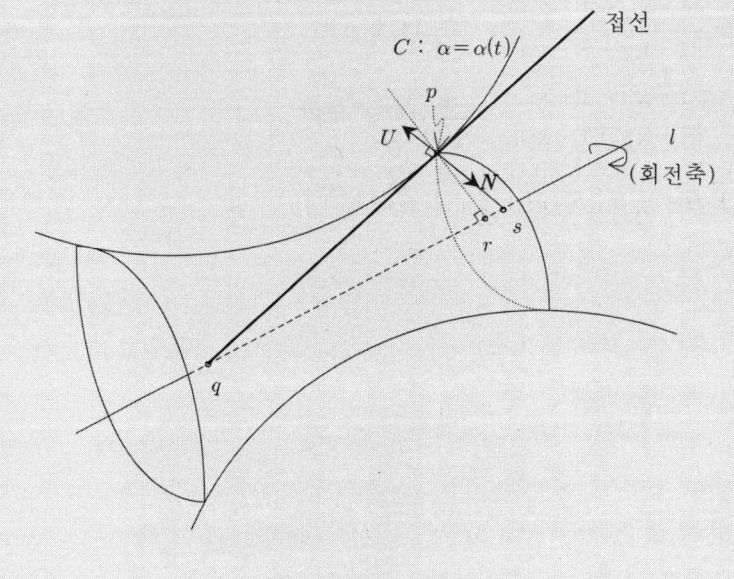

3.5 미분량의 계산

증 명

(1) 원 C의 곡률 κ와 점 p에서 단위법벡터 $\vec{U}$는
$$\kappa = \frac{1}{\overline{pr}}, \quad \vec{U} = \pm \frac{\overrightarrow{ps}}{\overline{ps}},$$
$\theta = \angle pqr = \angle spr$라 하면, 법곡률은
$$\kappa_n = \kappa \cos\phi$$
$$= \frac{1}{\overline{pr}} \cdot \cos(\pi - \theta) = -\frac{1}{\overline{pr}} \cos\theta = \mp \frac{1}{\overline{ps}} \text{(단, } \phi = \angle(\vec{N}, \vec{U})\text{)}.$$
또한, 측지곡률은
$$\kappa_g = \pm \sqrt{\kappa^2 - \kappa_n^2} = \pm \kappa \sin\theta = \pm \kappa \frac{\overline{pr}}{\overline{pq}} = \pm \frac{1}{\overline{pq}}.$$

(2) ① $\kappa_n = \kappa <\vec{N}, \vec{U}> = \kappa\cos\phi = \pm\kappa$ (단, $\phi = \angle(\vec{N}, \vec{U})$).
② $\kappa_g^2 = \kappa^2 - \kappa_n^2 = 0$.

예 제 27

유클리드공간 $\mathbb{R}^3$에 놓인 정칙곡선
$$\alpha(t) = (t, t^3 - 3t^2 + 2t, 0)(0 < t < 3)$$
을 직선
$$l = \{(t, 2t, 0) \in \mathbb{R}^3 \mid t \in \mathbb{R}\}$$
을 회전축으로 회전한 회전면을 M이라 하자. M의 한 점 $p = (1, 0, 0)$를 l을 회전축으로 회전하여 만든 원을 C라 할 때 p에서 M의 C의 접벡터의 방향으로의 법곡률의 제곱 κ_n^2과 측지곡률의 제곱 κ_g^2을 각각 구하시오.

12년시행기출(p.101 원환면 note)

좌표공간 원환면(torus)
$$T = \{(x, y, z) \mid (\sqrt{x^2 + y^2} - 2)^2 + z^2 = 1\}$$
과 평면 $P = \{(x, y, z) \mid y + z = 0\}$이 있다. 원환면 T와 평면 P의 교집합에 놓여있는 단위속력곡선
$$\alpha : (-1, 1) \to T \cap P$$
가 $\alpha(0) = (1, 0, 0)$을 만족시킬 때, 점 $(1, 0, 0)$에서 곡선 α의 원환면 T에 대한 법곡률(normal curvature)의 절댓값은? [2점]

① 0 ② $\frac{1}{3}$ ③ $\frac{2}{3}$ ④ 1 ⑤ $\frac{4}{3}$

풀 이

$y(t) = t^3 - 3t^2 + 2t$에 대하여

(i) ㉠ p에서 α에 대한 접선의 방정식은
$$y = y'(1)(x-1) + y(1) = -x + 1.$$

㉡ 접선의 방정식과 l과의 교점은 $q = \left(\frac{1}{3}, \frac{2}{3}, 0\right)$.

$\therefore \kappa_g^2 = \frac{1}{\overline{pq}^2} = \frac{9}{8}$.

(ii) ㉠ p에서 α대한 법선의 방정식은
$$y = -\frac{1}{y'(1)}(x-1) + y(1) = x-1.$$
㉡ 법선의 방정식과 l과의 교점은 $s = (-1, -2, 0)$.
$$\therefore \kappa_n^2 = \frac{1}{\overline{ps}^2} = \frac{1}{8}.$$

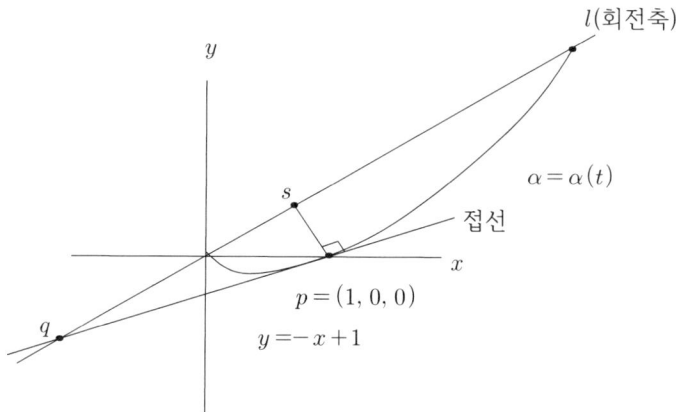

예 제 28

평면 위의 이차곡선
$$x = y^3 + 2y + 3 \, (-1 < y < 1)$$
을 y축을 회전축으로 하는 회전면을 M이라 하자. M의 한 점 $p = (3, 0)$을 y축을 회전축으로 회전하여 얻은 원을 C라 할 때 p에서 C의 접벡터방향으로의 M의 법곡률과 측지곡률의 절댓값을 각각 구하시오.

풀 이

(i) 평면위에서 점 p의 접선의 방정식은 $x - 2y = 3$이므로 y축과의 교점을 q라 하면 $q = \left(0, -\frac{3}{2}\right)$, $\overline{pq} = \frac{3\sqrt{5}}{2}$이므로 원 C의 M위에서의 측지곡률은 $|\kappa_g| = \frac{1}{\overline{pq}} = \frac{2}{3\sqrt{5}}$.

(ii) 평면위에서 점 p의 법선의 방정식은 $2x + y = 3$이므로 y축과의 교점을 s라 하면 $s = (0, 6)$, $\overline{ps} = 3\sqrt{5}$이므로 원 C의 M위에서의 법곡률은 $|\kappa_n| = \frac{1}{\overline{ps}} = \frac{1}{3\sqrt{5}}$.

3.5 미분량의 계산

NOTE (원환면, 구면, 평면의 제1, 2 기본계수)
(1) 고유조각사상이
$$\mathbf{x}(u, v) = ((R+r\cos u)\cos v, (R+r\cos u)\sin v, r\sin u)$$
인 원환면(torus)의 제1, 제2 기본계수는 다음과 같다.

E	F	G	l	m	n
r^2	0	$(R+r\cos u)^2$	r	0	$(R+r\cos u)\cos u$

κ_1	κ_2	H	K
$\dfrac{1}{r}$	$\dfrac{\cos u}{r(R+r\cos u)}$	$\dfrac{R+2r\cos u}{2r(R+r\cos u)}$	$\dfrac{\cos u}{r(R+r\cos u)}$

(2) 고유조각사상이
$$\mathbf{x}(u, v) = (r\cos u\cos v, r\sin u\cos v, r\sin v) \quad (r>0)$$
인 반지름이 r인 구면(sphere)의 제1, 제2 기본계수는 다음과 같다.

E	F	G	l	m	n
$r^2\cos^2 v$	0	r^2	$-r\cos^2 v$	0	$-r$

κ_n	κ_1	κ_2	H	K
$-\dfrac{1}{r}$	$-\dfrac{1}{r}$	$-\dfrac{1}{r}$	$-\dfrac{1}{r}$	$\dfrac{1}{r^2}$

※ 반지름이 r인 구면은 고유조각사상에 따라 법곡률은 $\kappa_n = 1/r$ 로서 부호가 반대로 나타날 수 있다.

(3) 평면은 $K=0$, $H=0$이다.

NOTE (곡면의 곡률의 계산)
(1) κ_n의 계산

$$\begin{aligned}\kappa_n &= \langle \beta'', U \rangle \text{ (단, } \beta : \alpha\text{의 단위속력을 갖는 재매개화)} \\ &= \kappa\cos\theta \text{ (단, } \theta = \angle(\beta'', U).) \\ &= \frac{II}{I} \\ &= \kappa\langle N, U \rangle \\ &= -\langle dU(T), T \rangle \\ &= -\frac{1}{\|\alpha'(t)\|^2}\langle dU(\alpha'(t)), \alpha'(t) \rangle \\ &= \frac{\langle \alpha'', U \rangle}{\langle \alpha', \alpha' \rangle} \\ &= \kappa_1\cos^2\theta + \kappa_2\sin^2\theta \text{(오일러의 공식)}\end{aligned}$$

(단, $T = \cos\theta e_1 + \sin\theta e_2$, e_1, e_2 : 서로 수직인 주방향)

$$= \pm\sqrt{\kappa^2 - \kappa_g^2} \ ((\because) \ \kappa_n^2 + \kappa_g^2 = \kappa^2)$$
$= \pm$법단면의 곡률

(2) 측지곡률, 전측지곡률의 계산

① $\kappa_g = \langle \beta'', V \rangle$ (단, β : α의 단위속력을 갖는 재매개화)
$\quad = \kappa\sin\theta$ (단, $\theta = \angle(\beta'', U).$)
$\quad = \kappa\langle B, U \rangle$
$\quad = \pm\sqrt{\kappa^2 - \kappa_n^2}((\because) \ \kappa_n^2 + \kappa_g^2 = \kappa^2)$

② $\displaystyle\int_{\partial \mathbf{x}}\kappa_g \, ds \text{(전측지곡률)} = 2\pi - \iint_{\mathbf{x}} K \, dM - \sum_{i=1}^{n}\epsilon_i$

(외각에 대한 가우스-보네 공식)

(3) 주곡률(κ_1, κ_2), 평균곡률(H), 가우스곡률(K)의 계산

① $(EG - F^2)\kappa^2 - (En + Gl - 2Fm)\kappa + (ln - m^2) = 0$의 두 근 κ_1, κ_2을 구한다.

② $\kappa_1 = \max\left\{\dfrac{II}{I}\left(\dfrac{du}{dt}, \dfrac{dv}{dt}\right) = (\cos\theta, \sin\theta) \ \bigg| \ \theta \in [0, \pi)\right\}$,

$\quad \kappa_2 = \min\left\{\dfrac{II}{I}\left(\dfrac{du}{dt}, \dfrac{dv}{dt}\right) = (\cos\theta, \sin\theta) \ \bigg| \ \theta \in [0, \pi)\right\}$.

③ $p(\in M)$에서의 모양연산자 S_p에 대하여

㉠ $[S_p] = \begin{pmatrix} E & F \\ F & G \end{pmatrix}^{-1} \begin{pmatrix} l & m \\ m & n \end{pmatrix}$

㉡ $[S_p]$의 고유치 : 주곡률, $[S_p]$의 고유벡터 : 주방향

(4) 전가우스곡률
① 정의를 이용
② 가우스-보네 정리를 이용

3.6. 미분량과 곡면의 기하학적 성질

정 의 27 (구판 정의25)
곡면 M의 한 점 p에 대하여

(1) p : 타원점(elliptic point) $\overset{정의}{\Leftrightarrow}$ $ln - m^2 > 0$,

(2) p : 쌍곡점(hyperbolic point) $\overset{정의}{\Leftrightarrow}$ $ln - m^2 < 0$,

(3) p : 포물점(parabolic point)
$\overset{정의}{\Leftrightarrow}$ $ln - m^2 = 0$, $(l, m, n) \neq (0, 0, 0)$,

(4) p : 평탄점(planar point) $\overset{정의}{\Leftrightarrow}$ $l = m = n = 0$.

NOTE
(1) 제점
$\Leftrightarrow$ 곡선에 상관없이 법곡률이 상수
$\Leftrightarrow$ $\kappa_1 = \kappa_2$
$\Rightarrow$ $K = \kappa_1 \kappa_2 \geq 0$
$\Leftrightarrow$ 쌍곡점이 아니다.
(2) p : M의 평탄점
$\Leftrightarrow$ $(l, m, n) = (0, 0, 0)$
$\Leftrightarrow$ $dU_p \equiv 0$.

($\because$)

(2) ($l = -<\mathbf{x}_u, U_u>$
$= -<\mathbf{x}_u, dU_p(\mathbf{x}_u)>$,
$m = -<\mathbf{x}_u, U_v>$
$= -<\mathbf{x}_u, dU_p(\mathbf{x}_v)>$,
$n = -<\mathbf{x}_v, U_v>$
$= -<\mathbf{x}_v, dU_p(\mathbf{x}_v)>$.)

$\Leftrightarrow$ $U \equiv$ 상수벡터(p의 근방에서)

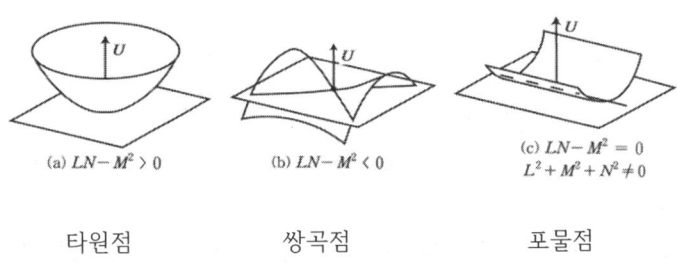

(a) $LN - M^2 > 0$ (b) $LN - M^2 < 0$ (c) $LN - M^2 = 0$
                                           $L^2 + M^2 + N^2 \neq 0$

타원점   쌍곡점   포물점

정 리 28 (구판 정리26)
곡면 M의 한 점 p 근방의 고유조각사상 $(\mathbf{x}, D)$에 대하여 다음이 성립한다.

(1) $EG - F^2 > 0$

(2) ① p : M의 타원점 $\Leftrightarrow$ $K > 0$ $\Leftrightarrow$ $ln - m^2 > 0$,

② p : M의 쌍곡점 $\Leftrightarrow$ $K < 0$ $\Leftrightarrow$ $ln - m^2 < 0$,

③ p : M의 포물점 혹은 평탄점 $\Leftrightarrow$ $K = 0$ $\Leftrightarrow$ $ln - m^2 = 0$.

(단, E, F, G, l, m, n는 $(\mathbf{x}, D)$의 제1, 제2 기본계수, K는 가우스곡률이다.)

증 명
(1) 고유조각사상의 정의에 의해 $\mathbf{x}_u \times \mathbf{x}_v \neq 0$,
$$EG - F^2 = \|\mathbf{x}_u\|^2 \|\mathbf{x}_v\|^2 - \langle \mathbf{x}_u, \mathbf{x}_v \rangle^2 = \|\mathbf{x}_u \times \mathbf{x}_v\|^2 > 0.$$
(2) $K = \dfrac{ln - m^2}{EG - F^2}$ 이므로 (1)에 의해 $ln - m^2$과 K의 부호는 서로 같다.

정 리 29 (구판 정리27)
곡면 M 상의 한 점 p에서
(1) p : 타원점
$\Leftrightarrow$ ($\exists V$: p의 근방 $s.t$ M의 모든 점은 $T_p M$의 한쪽에 놓인다.)
(2) p : 쌍곡점
$\Leftrightarrow$ ($\forall V$: p의 근방, $T_p M$의 양쪽에 놓이는 점이 있다.)

보 기 25 (구판 보기20(1),(2))
(1) 구면
$$M = \{(x, y, z) \in \mathbb{R}^3 \mid x^2 + y^2 + z^2 = 1\}$$
위의 모든 점은 타원점임을 보이시오.
(2) 주면
$$M = \{(x, y, z) \in \mathbb{R}^3 \mid x^2 + y^2 = 1\}$$
위의 모든 점은 포물점임을 보이시오.

풀 이
(1) 위의 결과에 의해 반지름이 1인 구면위의 모든 점에서 가우스 곡률은
$$K = \frac{1}{1^2} > 0$$
이다. 따라서 M상의 모든 점은 타원점이다.
(2) 주면 M의 매개변수표현은
$$\mathbf{x} : \mathbb{R}^2 \to \mathbb{R}^3, \ \mathbf{x}(u, v) = (\cos u, \sin u, v)$$
이다. 따라서
$\mathbf{x}_u(u, v) = (-\sin u, \cos u, 0)$, $\mathbf{x}_v(u, v) = (0, 0, 1)$,
$\mathbf{x}_{uu}(u, v) = (-\cos u, -\sin u, 0)$, $\mathbf{x}_{vv}(u, v) = (0, 0, 0)$,

$\mathbf{x}_{uv}(u, v) = (0, 0, 0)$이다. 그러므로
$$\mathbf{x}_u \times \mathbf{x}_v = \begin{vmatrix} e_1 & e_2 & e_3 \\ -\sin u & \cos u & 0 \\ 0 & 0 & 1 \end{vmatrix} = (\cos u, \sin u, 0),$$
$$U = \frac{\mathbf{x}_u \times \mathbf{x}_v}{\|\mathbf{x}_u \times \mathbf{x}_v\|} = (\cos u, \sin u, 0),$$
$$l = \langle \mathbf{x}_{uu}, U \rangle = -1, \quad m = \langle \mathbf{x}_{uv}, U \rangle = 0, \quad n = \langle \mathbf{x}_{vv}, U \rangle = 0.$$
그러므로 $ln - m^2 = 0$이다.

보 기 26 (구판 보기20(3),(4))

(1) 쌍곡포물면
$$M = \{(x, y, z) \in \mathbb{R}^3 \mid z = y^2 - x^2\}$$
위의 점 $(0, 0, 0)$은 쌍곡점임을 보이시오.

(2) 평면
$$M = \{(x, y, z) \in \mathbb{R}^3 \mid x + y + z = 1\}$$
위의 모든 점은 평탄점임을 보이시오.

풀 이

(1) 쌍곡포물면 M 의 매개변수표현은
$$\mathbf{x} : \mathbb{R}^2 \to \mathbb{R}^3, \quad \mathbf{x}(u, v) = (u, v, v^2 - u^2)$$
이다.
$\mathbf{x}_u(u, v) = (1, 0, -2u), \quad \mathbf{x}_v(u, v) = (0, 1, 2v),$
$\mathbf{x}_{uu}(u, v) = (0, 0, -2), \quad \mathbf{x}_{vv}(u, v) = (0, 0, 2),$
$\mathbf{x}_{uv}(u, v) = (0, 0, 0)$이다. 그러므로
$$\mathbf{x}_u \times \mathbf{x}_v = \begin{vmatrix} e_1 & e_2 & e_3 \\ 1 & 0 & -2u \\ 0 & 1 & 2v \end{vmatrix} = (2u, -2v, 1),$$
$$U = \frac{\mathbf{x}_u \times \mathbf{x}_v}{\|\mathbf{x}_u \times \mathbf{x}_v\|} = \frac{(-2u, -2v, 1)}{\sqrt{4u^2 + 4v^2 + 1}},$$
$$l = \langle \mathbf{x}_{uu}, U \rangle = \frac{-2}{\sqrt{4u^2 + 4v^2 + 1}}, \quad m = \langle \mathbf{x}_{uv}, U \rangle = 0,$$
$$n = \langle \mathbf{x}_{vv}, U \rangle = \frac{2}{\sqrt{4u^2 + 4v^2 + 1}}.$$

따라서 $ln - m^2 = \dfrac{-4}{4u^2 + 4v^2 + 1} < 0$.

(2) 평면 M 의 매개변수표현은
$$\mathbf{x} : \mathbb{R}^2 \to \mathbb{R}^3, \ \mathbf{x}(u, v) = (u, v, 1 - u - v)$$
이다.
$\mathbf{x}_u(u, v) = (1, 0, -1)$, $\mathbf{x}_v(u, v) = (0, 1, -1)$,
$\mathbf{x}_{uu}(u, v) = (0, 0, 0)$, $\mathbf{x}_{vv}(u, v) = (0, 0, 0)$,
$\mathbf{x}_{uv}(u, v) = (0, 0, 0)$이다. 그러므로

$$\mathbf{x}_u \times \mathbf{x}_v = \begin{vmatrix} e_1 & e_2 & e_3 \\ 1 & 0 & -1 \\ 0 & 1 & -1 \end{vmatrix} = (1, 1, 1),$$

$$U = \dfrac{\mathbf{x}_u \times \mathbf{x}_v}{\|\mathbf{x}_u \times \mathbf{x}_v\|} = \dfrac{1}{\sqrt{3}}(1, 1, 1),$$

$l = \langle \mathbf{x}_{uu}, U \rangle = 0$, $m = \langle \mathbf{x}_{uv}, U \rangle = 0$, $n = \langle \mathbf{x}_{vv}, U \rangle = 0$.

따라서 $l = m = n = 0$이다.

보 기 27 (구판 보기21)
(1) 평면상의 모든 점은 제점인 동시에 평탄점임을 보이시오.
(2) 구면위의 모든 점은 제점임을 보이시오.

풀 이

(1) 평면의 매개변수표현은
$$\mathbf{x}(u, v) = \mathrm{a} + u\mathrm{b} + v\mathrm{c} \quad (\mathrm{a, b, c}\text{는 상수벡터})$$
이라 할 때 $\mathbf{x}_{uu} = \mathbf{x}_{uv} = \mathbf{x}_{vv} = 0$. 따라서 $l = m = n = 0$이다.
그러므로 $\mathrm{II} = l\,du^2 + 2m\,du\,dv + n\,dv^2 = 0$이고
$$\kappa_n = \dfrac{\mathrm{II}}{\mathrm{I}} \equiv 0 \ (\text{상수})$$
이다. 그러므로 평면상의 모든 점은 제점인 동시에 평탄점이다.

(2) 반지름 r인 구면위의 임의의 점에서 법곡률은 $\kappa_n \equiv \pm \dfrac{1}{r}$ (상수)이다.

따라서 구면위의 모든 점은 제점이다.

3.6 미분량과 곡면의 기하학적 성질

예 제 29 (구판 예제20)

$0 < r < R$일 때 원환면

$\mathbf{x} : (0, 2\pi) \times (0, 2\pi) \to \mathbb{R}^3$,

$\mathbf{x}(u, v) = ((R + r\cos u)\cos v, (R + r\cos u)\sin v, r\sin u)$

위의 점을 타원점, 쌍곡점, 포물점과 평탄점으로 분류하시오.

풀 이

제2 기본계수는

$$l = r, \ m = 0, \ n = (R + r\cos u)\cos u$$

이다. 따라서

$$ln - m^2 = r(R + r\cos u)\cos u$$

이다. $0 < r < R$이므로 $r(R + r\cos u) > 0$가 되어 $ln - m^2$와 $\cos u$는 같은 부호를 갖는다.

(i) $ln - m^2 > 0$ (타원점) $\Leftrightarrow \cos u > 0$

$$\Leftrightarrow 0 < u < \frac{\pi}{2}, \ \frac{3}{2}\pi < u < 2\pi,$$

(ii) $ln - m^2 < 0$ (쌍곡점) $\Leftrightarrow \cos u < 0 \Leftrightarrow \frac{\pi}{2} < u < \frac{3\pi}{2}$.

(iii) $ln - m^2 = 0, \ (l, m, n) \neq (0, 0, 0)$ (포물점)

$\Leftrightarrow \cos u = 0$

$\Leftrightarrow u = \frac{\pi}{2}$ 혹은 $u = \frac{3}{2}\pi$.

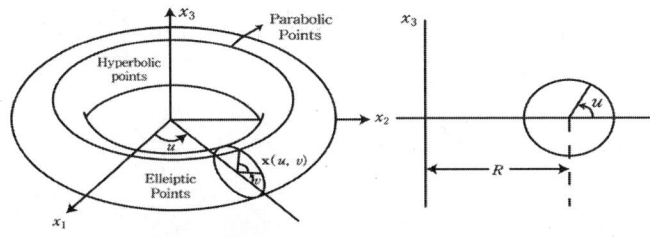

NOTE

타원점($\Leftrightarrow ln-m^2>0$)
　$\Leftrightarrow D$: 타원

쌍곡점($\Leftrightarrow ln-m^2<0$)
　$\Leftrightarrow D$: 한 쌍의 공액 쌍곡선

포물점($\Leftrightarrow ln-m^2=0$,
　　　　$(l, m, n) \neq (0, 0, 0)$)
　$\Leftrightarrow D$: 평행한 두 직선

정 의 28 (구판 정의26)

곡면 M의 제2 기본계수 l, m, n에 대하여
$$D := \{(x_1, x_2) \mid lx_1^2 + 2mx_1x_2 + nx_2^2 = \pm 1\}.$$
(듀팡의 지시곡선(Dupin's indicatrix))

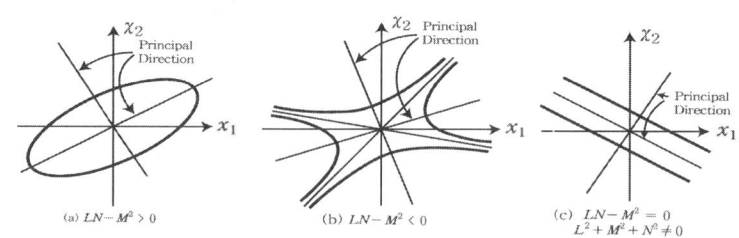

(a) $LN-M^2 > 0$　　(b) $LN-M^2 < 0$　　(c) $LN-M^2 = 0$
　　　　　　　　　　　　　　　　　　　　　$L^2+M^2+N^2 \neq 0$

보 기 28 (구판 보기22)

$\mathbf{x}(u, v) = (u, v, u^2 - v^2)$ 위의 $\mathbf{x}(0, 0)$에서의 듀팡의 지시곡선 D를 구하고 D를 이용하여 주방향을 구하시오.

풀 이

$$l = \frac{2}{\sqrt{4u^2+4v^2+1}}, \ m=0, \ n=\frac{-2}{\sqrt{4u^2+4v^2+1}}$$

이므로 $\mathbf{x}(0, 0)$에서 $l=2$, $m=0$, $n=-2$. 따라서 Dupin의 지시곡선은

$$D = \{(x_1, x_2) \mid 2x_1^2 - 2x_2^2 = \pm 1\}$$

이고 이것은 두 개의 공액쌍곡선이다. 여기서 주방향은 x_1축과 x_2축의 방향이다.

3.7. 여러 가지 곡면
3.7.1 회전면

정 의 29 (회전면(surface of revolution)의 구성) (구판 보기18 (2))
각 좌표축에 대한 회전면 M의 매개변수표현은 다음과 같다.
(1) xy-평면위의 정칙곡선
$$C : \alpha(u) = (\alpha_1(u), \alpha_2(u), 0)(u \in (a, b))$$
을 x축($=l$, 회전축(axis of revolution))에 대하여 회전한 회전면의 고유조각사상은
$\mathbf{x}(u,v) = (\alpha_1(u), \alpha_2(u)\cos v, \alpha_2(u)\sin v)\,((u,v) \in (a,b) \times (0, 2\pi))$.
(2) yz-평면위의 정칙곡선
$$C : \alpha(u) = (0, \alpha_2(u), \alpha_3(u))(u \in (a, b))$$
을 y축($=l$, 회전축(axis of revolution))에 대하여 회전한 회전면의 고유조각사상은
$\mathbf{x}(u,v) = (\alpha_3(u)\sin v, \alpha_2(u), \alpha_3(u)\cos v)\,((u,v) \in (a,b) \times (0, 2\pi))$.
(3) zx-평면위의 정칙곡선
$$C : \alpha(u) = (\alpha_1(u), 0, \alpha_2(u))(u \in (a, b))$$
을 z축($=l$, 회전축(axis of revolution))에 대하여 회전한 회전면의 고유조각사상은
$\mathbf{x}(u,v) = (\alpha_1(u)\cos v, \alpha_1(u)\sin v, \alpha_2(u))\,((u,v) \in (a,b) \times (0, 2\pi))$.
위의 각 경우에 곡선 $C : \alpha = \alpha(u)\,(u \in (a,b))$를 회전면 M의 단면곡선(profile curve)(혹은 윤곽선)이라 한다. 또한 u-매개곡선을 경선(meridian), v-매개곡선(원)을 위선(parallel)이라 한다.

NOTE (y축을 축으로한 회전면)
(1)
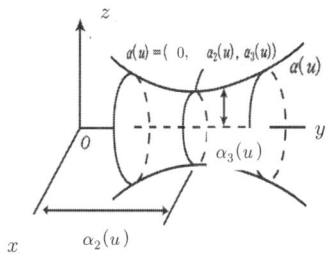

(2)
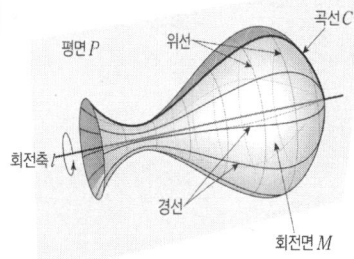

[그림제공] 네이버지식검색

보 기 29 (회전면의 예) (구판 보기18 (3),(4))

(1) 구면(sphere) $S^2(r)$의 매개변수표현

상수 $0 < r$에 대하여 xz-평면의 반지름 r, 중심이 원점인 반원
$$\alpha(v) = (r\cos v, 0, r\sin v) \ (v \in (-\pi/2, \pi/2))$$
을 z축에 대하여 회전한 회전면의 고유조각사상은
$$\mathbf{x}(u, v) = (r\cos v\cos u, r\cos v\sin u, r\sin v)$$
$$((u, v) \in (-\pi, \pi) \times (-\pi/2, \pi/2)).$$
이를 $S^2(r)$의 지리적조각사상(geographical patch)이라 한다.

(2) 원환면(torus)(혹은 토러스) M의 매개변수표현

상수 $0 < r < R$에 대하여 xz-평면의 반지름 r, 중심 $(R, 0)$인 원
$$\alpha(u) = (R + r\cos u, 0, r\sin u) \ (u \in (0, 2\pi))$$
을 z축에 대하여 회전한 회전면의 고유조각사상은
$$\mathbf{x}(u, v) = ((R + r\cos u)\cos v, (R + r\cos u)\sin v, r\sin u)$$
$$((u, v) \in (0, 2\pi) \times (0, 2\pi)).$$

정 리 30 (회전면의 가우스곡률 공식)

xy-평면위의 정칙곡선 $\alpha(u) = (\phi(u), h(u), 0)(u \in (a, b))$을 x축에 대하여 회전한 회전면의 고유조각사상은
$$\mathbf{x}(u, v) = (\phi(u), h(u)\cos v, h(u)\sin v)$$
$$((u, v) \in (a, b) \times (0, 2\pi) = D)$$
이다. 이때 곡면 $M = \mathbf{x}(D)$의 각 점 $p(\in M)$에서의 다음이 성립한다.

(1) ① $E = (\phi')^2 + (h')^2$, $F = 0$, $G = h^2$,
$$l = \frac{-\begin{vmatrix} \phi' & h' \\ \phi'' & h'' \end{vmatrix}}{\sqrt{(\phi')^2 + (h')^2}}, \ m = 0, \ n = \frac{\phi' h}{\sqrt{(\phi')^2 + (h')^2}}.$$

② M의 u-매개곡선과 v-매개곡선이 주곡선이다.

(2) ① T_pM의 순서기저 $\boldsymbol{B} = (\mathbf{x}_u, \mathbf{x}_v)$에 대하여
$$[S_p]_{\boldsymbol{B}} \ (혹은 \ [S_p]) = \begin{pmatrix} l/E & 0 \\ 0 & n/G \end{pmatrix} (대각행렬).$$

3.5 미분량의 계산

② $i, j \in \{1, 2\} (i \neq j)$에 대하여

㉠ $e_i = \dfrac{\mathbf{x}_u}{\|\mathbf{x}_u\|}$, $e_j = \dfrac{\mathbf{x}_v}{\|\mathbf{x}_v\|}$.

㉡ $\kappa_i = l/E = \dfrac{-\begin{vmatrix} \phi' & h' \\ \phi'' & h'' \end{vmatrix}}{((\phi')^2 + (h')^2)^{3/2}}$, $\kappa_j = n/G = \dfrac{\phi'}{h\sqrt{(\phi')^2 + (h')^2}}$.

③ $K = \dfrac{-\phi' \begin{vmatrix} \phi' & h' \\ \phi'' & h'' \end{vmatrix}}{h((\phi')^2 + (h')^2)^2}$.

특히 α가 단위속력곡선일 때

$$\kappa_i = -\begin{vmatrix} \phi' & h' \\ \phi'' & h'' \end{vmatrix}, \quad \kappa_j = \phi'/h, \quad K = -\dfrac{h''}{h}.$$

10년시행기출

현수선(catenary) $y = 2\cosh\left(\dfrac{x}{2}\right)$를 x축을 중심으로 회전시켜 생기는 회전면 M의 가우스곡률(Gaussian curvature)을 K라고 할 때, <보기>에서 옳은 것만을 모두 고른 것은? [2점]

(단, $\cosh t = \dfrac{e^t + e^{-t}}{2}$ 이다.)

<보기>

ㄱ. $K(p) > 0$인 점 p가 존재한다.

ㄴ. K의 최솟값은 $-\dfrac{1}{4}$이다.

ㄷ. M은 평면과 거리동형(isometric)이다.

① ㄱ ② ㄴ ③ ㄷ ④ ㄱ, ㄴ ⑤ ㄴ, ㄷ

증명

(1) $\mathbf{x}_u(u, v) = (\phi', h'\cos v, h'\sin v)$,

$\mathbf{x}_v(u, v) = (0, -h\sin v, h\cos v)$

$\mathbf{x}_{uu}(u, v) = (\phi'', h''\cos v, h''\sin v)$,

$\mathbf{x}_{vv}(u, v) = (0, -h\cos v, -h\sin v)$,

$\mathbf{x}_{uv}(u, v) = (0, -h'\sin v, h'\cos v)$ 이다. 그러므로

$\mathbf{x}_u \times \mathbf{x}_v = \begin{vmatrix} i & j & k \\ \phi' & h'\cos v & h'\sin v \\ 0 & -h\sin v & h\cos v \end{vmatrix} = (hh', -\phi'h\cos v, -h\phi'\sin v)$

$U = \dfrac{\mathbf{x}_u \times \mathbf{x}_v}{\|\mathbf{x}_u \times \mathbf{x}_v\|} = \dfrac{1}{\sqrt{(h')^2 + (\phi')^2}}(h', -\phi'\cos v, -\phi'\sin v)$ 이다.

① $E = \langle \mathbf{x}_u, \mathbf{x}_u \rangle = (\phi')^2 + (h')^2$, $F = \langle \mathbf{x}_u, \mathbf{x}_v \rangle = 0$,

$G = \langle \mathbf{x}_v, \mathbf{x}_v \rangle = h^2$, $l = \langle \mathbf{x}_{uu}, U \rangle = \dfrac{-\begin{vmatrix} \phi' & h' \\ \phi'' & h'' \end{vmatrix}}{\sqrt{(\phi')^2 + (h')^2}}$,

$m = \langle \mathbf{x}_{uv}, U \rangle = 0$, $n = \langle \mathbf{x}_{vv}, U \rangle = \dfrac{\phi' h}{\sqrt{(\phi')^2 + (h')^2}}$.

② $F = m = 0$이므로 u-매개곡선과 v-매개곡선이 주곡선이다.

(2) ① T_pM의 순서기저 $\boldsymbol{B}=(\mathbf{x}_u, \mathbf{x}_v)$에 대하여

$$[S_p]_B = \begin{pmatrix} E & F \\ F & G \end{pmatrix}^{-1} \begin{pmatrix} l & m \\ m & n \end{pmatrix} = \frac{1}{EG} \begin{pmatrix} G & 0 \\ 0 & E \end{pmatrix} \begin{pmatrix} l & 0 \\ 0 & n \end{pmatrix} = \begin{pmatrix} l/E & 0 \\ 0 & n/G \end{pmatrix}.$$

② ㉠ u-매개곡선과 v-매개곡선이 주곡선((∵) (1)-②)이므로

$$e_i = \frac{\mathbf{x}_u}{\|\mathbf{x}_u\|}, \quad e_j = \frac{\mathbf{x}_v}{\|\mathbf{x}_v\|} (i, j \in \{1, 2\}(i \neq j)).$$

㉡ 주방향 $e_i, e_j (i, j \in \{1, 2\}(i \neq j))$에 대하여,

$$\frac{1}{\|\mathbf{x}_u\|} U_u = dU\left(\frac{\mathbf{x}_u}{\|\mathbf{x}_u\|}\right) = -\kappa_i \left(\frac{\mathbf{x}_u}{\|\mathbf{x}_u\|}\right) (\text{즉}, U_u = -\kappa_i \mathbf{x}_u)$$

$$\frac{1}{\|\mathbf{x}_v\|} U_v = dU\left(\frac{\mathbf{x}_v}{\|\mathbf{x}_v\|}\right) = -\kappa_j \left(\frac{\mathbf{x}_v}{\|\mathbf{x}_v\|}\right) (\text{즉}, U_v = -\kappa_j \mathbf{x}_v)$$

$\Rightarrow <U_u, \mathbf{x}_u> = -\kappa_i <\mathbf{x}_u, \mathbf{x}_u>$ 이므로

$$\kappa_i = \frac{l}{E} = \frac{-\begin{vmatrix} \phi' & h' \\ \phi'' & h'' \end{vmatrix}}{((\phi')^2 + (h')^2)^{3/2}},$$

$<U_v, \mathbf{x}_v> = -\kappa_j <\mathbf{x}_v, \mathbf{x}_v>$ 이므로

$$\kappa_j = n/G = \frac{\phi'}{h\sqrt{(\phi')^2 + (h')^2}}.$$

③ $K = \dfrac{ln - m^2}{EG - F^2} = \dfrac{-\phi' \begin{vmatrix} \phi' & h' \\ \phi'' & h'' \end{vmatrix}}{h((\phi')^2 + (h')^2)}$

보 기 30

정칙곡선
$$\alpha(u) = (\phi(u), h(u), 0) = (r\sin u, a + r\cos u, 0) \quad (r < a)$$
에 대한 x축으로의 회전면
$$\mathbf{x}(u, v) = (r\cos u, (a + r\cos u)\cos v, (a + r\cos u)\sin v)$$
이다. 이때 K를 구하시오.

풀 이

$$K = \frac{-\phi' \begin{vmatrix} \phi' & h' \\ \phi'' & h'' \end{vmatrix}}{(h((\phi')^2 + (h')^2)} = \frac{-r\cos u \begin{vmatrix} r\cos u & -r\sin u \\ -r\sin u & -r\cos u \end{vmatrix}}{(a + r\cos u) \cdot r^2}$$

$$= \frac{r\cos u}{a + r\cos u}.$$

3.5 미분량의 계산

> **보 기 31**
>
> 단위속력을 갖는 생성곡선
> $$\alpha(u) = (\phi(u), h(u), 0)(\text{즉}, (\phi')^2 + (h')^2 = 1)$$
> 에 대한 회전면의 고유조각사상이
> $$\mathbf{x}(u, v) = (\phi(u), h(u)\cos v, h(u)\sin v)$$
> $$((u, v) \in (a, b) \times (0, 2\pi) = D)$$
> 이다. 곡면 $M = \mathbf{x}(D)$의 모든 점에서 $K = \frac{1}{4}$가 되는 $(\mathbf{x}, D)$를 하나 구성하시오.
>
> [도움말] 상수 $c(\neq 0)$와 미분가능함수 $f : \mathbb{R} \to \mathbb{R}$에 대하여
> $$f''(x) + \frac{1}{c^2}f(x) = 0 \ (\forall x \in \mathbb{R}) \Leftrightarrow f(x) = a\cos\left(\frac{x}{c} + b\right)$$
> $$(\exists a, b : \text{실수상수}).$$

풀 이

(i) $-\dfrac{h''}{h} = K = \dfrac{1}{4}$ 이므로 $0 = h'' + \dfrac{1}{4}h$ (즉, $h'' = -\dfrac{1}{4}h$),

$h(u) = a\cos\left(\dfrac{u}{2} + b\right)$ ($\exists a, b$: 실수상수) (즉, $h(u) = \cos\left(\dfrac{u}{2}\right)$).

(ii) 위의 식에서 $a =: 1, b =: 0$라 두면
$$1 = \|\alpha'(u)\| = (\phi')^2 + (h')^2 = (\phi')^2 + \left(\frac{1}{2}\sin\left(\frac{u}{2}\right)\right)^2$$

가 되어 $\phi'(u) = \sqrt{1 - \dfrac{1}{4}\sin^2\left(\dfrac{u}{2}\right)}$, $\phi(u) = \displaystyle\int_0^u \sqrt{1 - \dfrac{1}{4}\sin^2\left(\dfrac{t}{2}\right)}\, dt$.

$\therefore \mathbf{x}(u, v) = \left(\displaystyle\int_0^u \sqrt{1 - \dfrac{1}{4}\sin^2\left(\dfrac{t}{2}\right)}\, dt,\ \cos\left(\dfrac{u}{2}\right)\cos v,\ \cos\left(\dfrac{u}{2}\right)\sin v\right).$

NOTE

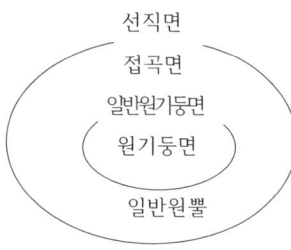

3.7.2 선직면

정 의 30 (곡면의 매개변수표현의 예(II) : 선직면)
(1) 선직면(ruled surface)의 구성
정칙곡선 $\alpha : I \to \mathbb{R}^3$의 미분가능인 벡터장 $W(\neq O)$
   (즉, $W : I \to \cup_{p \in \alpha(I)} T_p \mathbb{R}^3,\ W(u) \in T_{\alpha(u)} \mathbb{R}^3 (u \in I)$)
에 대하여 α와 W에 의해 생성되는 선직면(ruled surface) M의 매개변수표현은
$$\mathbf{x} : D = I \times \mathbb{R} \to \mathbb{R}^3,\ \mathbf{x}(u,v) = \alpha(u) + vW(u)$$
(혹은 $\mathbf{x} : D = \mathbb{R} \times I \to \mathbb{R}^3,\ \mathbf{x}(u,v) = \alpha(v) + uW(v)$)
이다. 이때 각 $u \in I$에 대하여
$$L_u := \{\alpha(u) + vW(u) \mid v \in \mathbb{R}\}$$
  ($\alpha(u)$를 지나고 $W(u)$와 평행한 직선) : 모선(ruling),
  $\alpha = \alpha(u)(u \in I)$: 기저곡선(base curve),
  $W = W(u)(u \in I)$: 방향곡선(혹은 준선(directrix))
이라 한다.

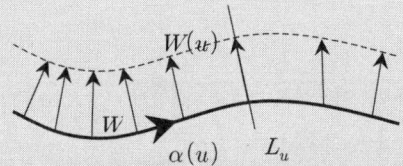

(2) 선직면의 예
정칙곡선 $\alpha = \alpha(u)(u \in I)$와 선직면 M의 매개변수표현
$$\mathbf{x} : D = I \times \mathbb{R} \to \mathbb{R}^3,\ \mathbf{x}(u,v) = \alpha(u) + vW(u)$$
에 대한 다음의 선직면의 예를 생각할 수 있다.
① 접곡면(tangent surface)의 매개변수표현

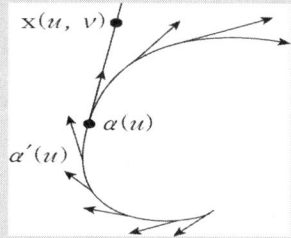

위의 경우에서 $W(u) = \alpha'(u)(u \in I)$이라 두면
(즉, $\mathbf{x} : D = I \times \mathbb{R} \to \mathbb{R}^3,\ \mathbf{x}(u,v) = \alpha(u) + v\alpha'(u)((u,v) \in D)$)
  $(\mathbf{x}, D) = (\alpha$와 $W = \alpha'$에 의해 생성되는 선직면$)$
      $=: \alpha$의 접곡면(tangent surface).
② 평면(plane)의 선직면으로서의 매개변수표현
상수벡터 $\mathbf{a}(\neq 0),\ \mathbf{b} \in \mathbb{R}^3$에 대한 직선 $\alpha(u) = u\mathbf{a} + \mathbf{b}(u \in \mathbb{R})$의 벡터장 W가 두 조건
  (i) $W(u_1) \parallel W(u_2)\ (\forall u_1, u_2 \in \mathbb{R})$,

(ii) $<\mathbf{a}, W(u)> = 0 (\forall u \in \mathbb{R})$
을 만족한다. 그러면
  α와 W에 의해 생성되는 선직면=평면.

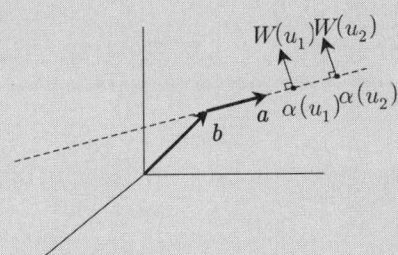

③ 일반원기둥면(generalized cylinder)의 매개변수표현
 ㉠ M : 일반원기둥면(generalized cylinder)(혹은 주면, 기둥면)
$\underset{\text{정의}}{\Leftrightarrow}$ (i) $\alpha = \alpha(u)(u \in I)$: 평면 P상의 정칙곡선
  (ii) $W \equiv$ 상수벡터.

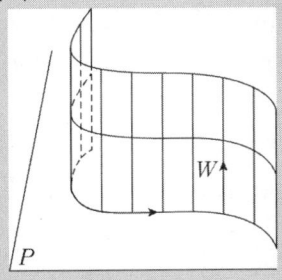

 ㉡ M : 원기둥면(cylinder)
$\underset{\text{정의}}{\Leftrightarrow}$ (i) $\alpha = \alpha(u)(u \in I)$: 평면 P상의 원
  (ii) $W \equiv$ 상수벡터 $\perp P$.
④ 일반원뿔(cone)의 매개변수표현
평면 P에 대하여
  M : 일반원뿔(cone)
$\underset{\text{정의}}{\Leftrightarrow} (\exists p \in \mathbb{R}^3 \setminus P \text{ s.t. } p \in L_u(\forall u \in I))$
(즉, M의 모든 모선 L_u가 P위에 있지 않는 고정된 점 p를 지난다.)

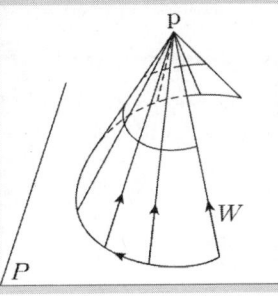

> **보 기 32** (곡면의 매개변수표현의 예(I) : 일반원기둥면)
> 곡면 M의 매개변수표현이
> $\quad \mathbf{x} : D = (0, 2\pi) \times \mathbb{R} \to \mathbb{R}^3$, $\mathbf{x}(u, v) = (\cos u, \sin u, v)$
> 이라 하자. 이때 M은 원기둥면임을 보이시오.

풀 이
$\alpha(u) = (\cos u, \sin u, 0)\,(u \in (0, 2\pi))$, $W(u) = (0, 0, 1)$
에 대하여
$\quad \mathbf{x}(u, v) = (\cos u, \sin u, v) = \alpha(u) + vW(u)\,((u, v) \in D)$,
$\alpha = \alpha(u)(u \in (0, 2\pi))$는 평면 $P = \{(x, y, z) \in \mathbb{R}^3 \mid z = 0\}$ 상의 곡선이고 $W(u) = (0, 0, 1) \perp P$ 이므로 M은 원기둥면이다.

> **정 리 31** (선직면의 가우스곡률 공식)
> 정칙곡선 $\alpha : I \to \mathbb{R}^3$와 $W(\neq O)$에 의해 생성되는 선직면 M의 매개변수표현이
> $\quad \mathbf{x} : D = I \times \mathbb{R} \to \mathbb{R}^3$, $\mathbf{x}(u, v) = \alpha(u) + vW(u)$
> 일 때 M의 각 점 $p(\in M)$에서 $c = \sqrt{EG - F^2}$에 대하여 다음이 성립한다.
> (1) ① $E = \|\alpha' + vW'\|^2$, $F = \langle \alpha' + vW', W \rangle$, $G = \|W\|^2$,
> $\quad l = \dfrac{1}{c}\langle \alpha' \times W + vW' \times W, \alpha'' + vW'' \rangle$,
> $\quad m = \dfrac{\langle \alpha' \times W, W' \rangle}{c}$, $n = 0$.
> ② $K = -\dfrac{m^2}{EG - F^2} = -\dfrac{\langle \alpha', W' \times W \rangle^2}{c^4}$
> (따라서, 선직면에서 $K \leq 0$).

(2) ① M이 접곡면(즉, $W=\alpha'$)일 때

㉠ $E=\|\alpha'+v\alpha''\|^2$, $F=<\alpha'+v\alpha'',\alpha'>$, $G=\|\alpha'\|^2$.
$l=\dfrac{1}{c}<v\alpha''\times\alpha',\alpha''+v\alpha'''>$, $m=0$, $n=0$.

㉡ $K=0$.

② M이 일반원기둥면(즉, $W'\equiv O$)일 때

㉠ $E=\|\alpha'\|^2$, $F=<\alpha',W>$, $G=\|W\|^2$,
$l=\dfrac{1}{\sqrt{EG-F^2}}<\alpha'\times W,\alpha''>$, $m=0$, $n=0$.

㉡ $K=0$.

③ M이 일반원뿔일 때 $K=0$.

증 명

(1) (i) $\mathbf{x}_u=\alpha'+vW'$, $\mathbf{x}_v=W$, $\mathbf{x}_{uu}=\alpha''+vW''$, $\mathbf{x}_{uv}=W'$,
$\mathbf{x}_{vv}=0$, $\mathbf{x}_u\times\mathbf{x}_v=(\alpha'+vW')\times W$이므로
$E=<\mathbf{x}_u,\mathbf{x}_u>=\|\alpha'+vW'\|^2$, $F=<\alpha'+vW',W>$,
$G=\|W\|^2$.

(ii) $c=\|\mathbf{x}_u\times\mathbf{x}_v\|=\sqrt{EG-F^2}$,
$U=\dfrac{\mathbf{x}_u\times\mathbf{x}_v}{\|\mathbf{x}_u\times\mathbf{x}_v\|}=\dfrac{(\alpha'+vW')\times W}{c}=\dfrac{\alpha'\times W+vW'\times W}{c}$.

$l=<\mathbf{x}_{uu},U>=\dfrac{1}{c}<\alpha'\times W+vW'\times W,\alpha''+vW''>$,

$m=<\mathbf{x}_{uv},U>=\dfrac{1}{c}<\alpha'\times W+vW'\times W,W'>$

$\quad=\dfrac{<\alpha'\times W,W'>}{c}$,

$n=<\mathbf{x}_{vv},U>=<0,U>=0$.

$\therefore K=\dfrac{ln-m^2}{EG-F^2}=-\dfrac{m^2}{EG-F^2}=-\dfrac{<\alpha'\times W,W'>^2}{c^4}$

$\quad=-\dfrac{<\alpha',W'\times W>^2}{c^4}$.

(2) ① 접곡면 $\mathbf{x}(u,v) = \alpha(u) + v\alpha'(u)$에서

(i) $\mathbf{x}_u = \alpha' + v\alpha''$, $\mathbf{x}_v = \alpha'$, $\mathbf{x}_{uu} = \alpha'' + v\alpha'''$, $\mathbf{x}_{uv} = \alpha''$,
$\mathbf{x}_{vv} = 0$, $\mathbf{x}_u \times \mathbf{x}_v = (\alpha' + v\alpha'') \times \alpha'$ 이므로
$E = <\mathbf{x}_u, \mathbf{x}_u> = \|\alpha' + v\alpha''\|^2$, $F = <\alpha' + v\alpha'', \alpha'>$,
$G = \|\alpha'\|^2$.

(ii) $c = \|\mathbf{x}_u \times \mathbf{x}_v\| = \sqrt{EG - F^2}$,

$$U = \frac{\mathbf{x}_u \times \mathbf{x}_v}{\|\mathbf{x}_u \times \mathbf{x}_v\|}$$
$$= \frac{(\alpha' + v\alpha'') \times \alpha'}{c} = \frac{\alpha' \times \alpha' + v\alpha'' \times \alpha'}{c} = \frac{v\alpha'' \times \alpha'}{c},$$

$l = <\mathbf{x}_{uu}, U> = \dfrac{1}{c} <v\alpha'' \times \alpha', \alpha'' + v\alpha'''>$

$m = <\mathbf{x}_{uv}, U> = \dfrac{1}{c} <v\alpha'' \times \alpha', \alpha''> = 0$

$n = <\mathbf{x}_{vv}, U> = <0, U> = 0$.

$\therefore K = \dfrac{ln - m^2}{EG - F^2} = -\dfrac{m^2}{EG - F^2} = 0$.

② 일반원기둥면에서 $W = \colon b$는 상수벡터이므로
$\mathbf{x}(u,v) = \alpha(u) + vb$ (b : 상수벡터)

(i) $\mathbf{x}_u = \alpha'$, $\mathbf{x}_v = b$, $\mathbf{x}_{uu} = \alpha''$, $\mathbf{x}_{uv} = 0$,
$\mathbf{x}_{vv} = 0$, $\mathbf{x}_u \times \mathbf{x}_v = \alpha' \times b$ 이므로
$E = <\mathbf{x}_u, \mathbf{x}_u> = \|\alpha'\|^2$, $F = <\alpha', b>$, $G = \|b\|^2$.

(ii) $c = \|\mathbf{x}_u \times \mathbf{x}_v\| = \sqrt{EG - F^2}$,

$$U = \frac{\mathbf{x}_u \times \mathbf{x}_v}{\|\mathbf{x}_u \times \mathbf{x}_v\|} = \frac{\alpha' \times b}{c},$$

$l = <\mathbf{x}_{uu}, U> = \dfrac{1}{\sqrt{EG - F^2}} <\alpha' \times b, \alpha''>$

$m = <\mathbf{x}_{uv}, U> = <0, U> = 0$,

$n = <\mathbf{x}_{vv}, U> = <0, U> = 0$.

$\therefore K = \dfrac{ln - m^2}{EG - F^2} = -\dfrac{m^2}{EG - F^2} = 0$.

③ 각 $u \in I$에 대하여 p는 직선
$$L_u : l(v) = \alpha(u) + v W(u) (v \in \mathbb{R})$$

상의 한 점이므로 $p = \alpha(u) + v(u)W(u)(\exists v = v(u) \in \mathbb{R})$. 양변을 u에 대하여 미분하면 $\alpha'(u) = -v(u)W'(u) - v'(u)W(u)$가 되어 (1)의 결과에 대입하면

$$K = -\frac{<\alpha', W' \times W>^2}{c^4}$$

$$= \frac{1}{c^4}(v(u) < W'(u), W' \times W > + v'(u) < W(u), W' \times W >)^2$$

$$= 0.$$

보 기 33

곡면 M의 가우스곡률 K에 관한 다음의 물음에 답하시오.
(1) $M = \{(u, v, uv) \in \mathbb{R}^3 \mid u, v \in \mathbb{R}\}$ (안장곡면)에는 타원점이 존재하지 않음을 보이시오.
(2) $M = \{(u+v, u^2+2uv, u^3+3u^2v) \in \mathbb{R}^3 \mid u, v \in \mathbb{R}\}$의 모든 점에서 가우스곡률은 $K \equiv 0$임을 보이시오.

풀 이

(1) $\alpha(u) = (u, 0, 0)$, $W(u) = (0, 1, u)$에 대하여

$\mathbf{x}(u, v) = (u, v, uv)$
$\phantom{\mathbf{x}(u, v)} = (u, 0, 0) + v(0, 1, u)$
$\phantom{\mathbf{x}(u, v)} = \alpha(u) + vW(u)((u, v) \in D = \mathbb{R}^2)$

이므로 M은 선직면이다. 따라서 $K \leq 0$.

[다른 방법] $\alpha(v) = (0, v, 0)$, $W(v) = (1, 0, v)$에 대하여

$\mathbf{x}(u, v) = (u, v, uv)$
$\phantom{\mathbf{x}(u, v)} = (0, v, 0) + u(1, 0, v)$
$\phantom{\mathbf{x}(u, v)} = \alpha(v) + uW(v)((u, v) \in D = \mathbb{R}^2)$.

이므로 M은 선직면이다. 따라서 $K \leq 0$.

(2) $\alpha(u) = (u, u^2, u^3)$에 대하여

$\mathbf{x}(u, v) = (u+v, u^2+2uv, u^3+3u^2v)$
$\phantom{\mathbf{x}(u, v)} = (u, u^2, u^3) + v(1, 2u, 3u^2)$
$\phantom{\mathbf{x}(u, v)} = \alpha(u) + v\alpha'(u)((u, v) \in D = \mathbb{R}^2)$

이므로 M은 접곡면이다. 따라서 $K = 0$.

4. 곡면의 대역적 이론

4.1. 컴팩트곡면과 가향곡면

정 의 31 (구판 정의27)

곡면 M에 대하여

(1) M : 컴팩트곡면(compact surface)
    (혹은 폐곡면(closed surface))

$\overset{정의}{\Leftrightarrow}$ M : 컴팩트

$\Leftrightarrow$ M에 속한 유한개의 고유 조각사상에 의해 덮힌다.

(2) M : 가향곡면(orientable surface)

$\overset{정의}{\Leftrightarrow}$ $\exists \chi : M$의 고유조각사상의 모임 $s.t.$

(i) $M = \cup_{(\mathbf{x}, D) \in \chi} \mathbf{x}(D)$

(ii) $(\mathbf{x}, D) \in \chi$, $(\overline{\mathbf{x}}, \overline{D}) \in \chi$에 대하여

$$\frac{\partial (\overline{u}, \overline{v})}{\partial (u, v)}(p) > 0 \ (\forall p \in \mathbf{x}(D) \cap \overline{\mathbf{x}}(\overline{D})).$$

(즉, $\dfrac{\mathbf{x}_u \times \mathbf{x}_v}{\|\mathbf{x}_u \times \mathbf{x}_v\|}(p) = \dfrac{\overline{\mathbf{x}_u} \times \overline{\mathbf{x}_v}}{\|\overline{\mathbf{x}_u} \times \overline{\mathbf{x}_v}\|}(p) \ (\forall p \in \mathbf{x}(D) \cap \overline{\mathbf{x}}(\overline{D}))$)

$\Leftrightarrow \exists M$ 전체에서 0이 아니고 연속인 법벡터장.

$\Leftrightarrow \exists M$ 전체에서 연속인 단위법벡터장.

(이때, χ를 M의 방향(orientation)이라 한다.)

NOTE (뫼비우스의 띠)

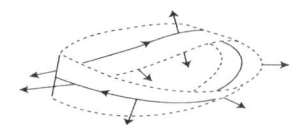

NOTE

곡면 M의 매개변수표현
$$\mathbf{x} : D \to M$$
에 대하여
$$\iint_{\mathbf{x}(D)} K dM$$
$$= \iint_D K(\mathbf{x}(u, v)) \sqrt{EG - F^2} \, dudv$$

정 리 32 (구판 정리28)

미분가능함수 $g : \mathbb{R}^3 \to \mathbb{R}$ 와 $M = \{(x, y, z) \in \mathbb{R}^3 \mid g(x, y, z) = 0\}$
에 대하여

$$M : 곡면 \Rightarrow M : 가향곡면.$$

증 명

정리 20(2)에 의해 $\nabla g = \sum_{i=1}^{3} \dfrac{\partial g}{\partial x_i} U_i$는 M 전체에서 정의된 0이 아닌 연속인 법벡터장이므로 M은 가향곡면이다.

정리 33 (구판 정리29)
(1) 곡면의 가향성은 위상적성질이다
(2) 임의의 컴팩트곡면(구면, 원환면 등)은 가향곡면이고 뫼비우스의 띠, 클라인의 병은 비가향곡면이다.

정의 32 (구판 정의28)
K는 곡면 M의 가우스곡률, R은 dM에 의해 방향이 정해진 M의 영역일 때
$$\iint_R K\,dM =:\ R \text{의 전가우스곡률(total gaussian curvature)}$$

보기 34 (구판 보기23)
(1) 반지름이 r인 구면 $S^2(r)$의 전가우스곡률을 구하시오.
(2) 원환면 T의 전가우스곡률을 구하시오.

풀이

(1) $S^2(r)$의 전가우스곡률 $= \iint_{S^2(r)} K\,dS^2(r)$

$\qquad\qquad\qquad\qquad = \iint_{S^2(r)} \dfrac{1}{r^2}\,dS^2(r)\ ((\because)\ K=\dfrac{1}{r^2})$

$\qquad\qquad\qquad\qquad = \dfrac{1}{r^2}4\pi r^2 = 4\pi.$

(2) T의 매개변수표현은
$$\mathbf{x}:[-\pi,\pi]\times[-\pi,\pi]\to\mathbb{R}^3,$$
$$\mathbf{x}(u,v)=((R+r\cos u)\cos v,\ (R+r\cos u)\sin v,\ r\sin u)$$
이고,
$$K(\mathbf{x}(u,v))=\frac{\cos u}{r(R+r\cos u)},\quad \sqrt{EG-F^2}=r(R+r\cos u).$$
따라서 T의 전가우스곡률 $= \iint_T K\,dT$

$\qquad\qquad\qquad\quad = \iint_D K(\mathbf{x}(u,v))\sqrt{EG-F^2}\,du\,dv$

$\qquad\qquad\qquad\quad = \displaystyle\int_{-\pi}^{\pi}\int_{-\pi}^{\pi}\cos u\,du\,dv = 0.$

4.2. 측지선, 주곡선, 점근곡선

정 의 33 (구판 정의29)

곡면 M 상의 정칙곡선

$$\alpha : I=(a,b) \to M \ (-\infty < a < b < \infty)$$

와 α의 M위의 호장에 의한 매개화 $\beta=\beta(s)(s\in J$: 개구간)에 대하여

(1) $\alpha=\alpha(t)(t\in I)$: M상의 측지선(geodesic)
$\overset{정의}{\Leftrightarrow} \alpha''(t)\perp M(\forall t\in I)$ (즉, $\alpha''(t)\perp T_{\alpha(t)}M$)
$\Leftrightarrow \alpha''(t)\|U(\alpha(t)) \ (\forall t\in I) \cdots ㉠$
↶정칙곡선일 때 성립
$\Leftrightarrow \kappa_g \equiv 0 \cdots ㉡$
↶단위속력곡선일 때 성립

(2) $\alpha=\alpha(t)(t\in I)$: M상의 주곡선(principle curve)
(혹은 주곡률선(line of curvature))
$\overset{정의}{\Leftrightarrow} T=\dfrac{\alpha'(t)}{\|\alpha'(t)\|}(\in T_{\alpha(t)}M)$: 주방향($\forall t\in I$)

(즉, 곡면 M의 구부러짐이 최대 혹은 최소가 되는 방향으로 진행하는 곡선.)

(3) ① $p\in M$에 대하여 $v_p\in T_pM$, $\|v_p\|=1$일 때
  v_p : p에서의 곡면 M의 점근방향(asymptotic direction)
$\overset{정의}{\Leftrightarrow} \kappa_n(v_p)=0$

② $\alpha=\alpha(t)(t\in I)$: M상의 점근선
(혹은 점근곡선)(asymptotic curve)
$\overset{정의}{\Leftrightarrow} T=\dfrac{\alpha'(t)}{\|\alpha'(t)\|}(\in T_{\alpha(t)}M)$: 점근방향($\forall t\in I$)
$\Leftrightarrow \kappa_n(T)=0 \ (\forall t\in I)$
$\Leftrightarrow \beta''(s)\in T_{\beta(s)}M \ (\forall s)$

(즉, 곡면 M의 구부러짐이 없는 방향으로 진행하는 곡선.)

NOTE

(1) α : M상의 측지선.
$\Rightarrow \|\alpha'(t)\|=$ 상수
(2) 정의29(1) ㉠ $\Leftrightarrow$ ㉡ 증명
($\because$)
(1) 속력의 제곱을 미분하면
$\dfrac{d}{dt}\|\alpha'(t)\|^2 = \dfrac{d}{dt}\langle\alpha'(t), \alpha'(t)\rangle$
$= 2\langle\alpha''(t), \alpha'(t)\rangle$
$= 0$.
(($\because$) $\alpha'(t)\in T_{\alpha(t)}M(\forall t\in I$))
따라서 $\|\alpha'(t)\|$는 상수이다.
(2) (㉠$\Rightarrow$㉡)(항상 성립)
$\alpha''(t) \| U(\alpha(t)) \ (\forall t\in I)$일 때
$\kappa_g=\kappa<B, U>$
$=\kappa<\dfrac{\alpha'\times\alpha''}{\|\alpha'\times\alpha''\|}, U>$
$=\dfrac{\kappa}{\|\alpha'\times\alpha''\|}<\alpha'\times\alpha'', U>$
$=0$ (($\because$) $\alpha''\|U$이므로
$\alpha'\times\alpha''\perp U$).
(㉠$\Leftarrow$㉡) (단위속력곡선일 때 성립)
$\alpha''=\beta''=\kappa_n+\kappa_g$
  (($\because$) α는 단위속력곡선)
$=\kappa_n$ (($\because$) $\kappa_g=\kappa_g V=0$)
$=\kappa_n U\|U(\alpha(t))(\forall t\in I)$.

보 기 35

$0 < r < R$일 때 원환면 M의 고유조각사상이
$$\mathbf{x} : (0, 2\pi) \times (0, 2\pi) \to \mathbb{R}^3,$$
$$\mathbf{x}(u, v) = ((R + r\cos u)\cos v, (R + r\cos u)\sin v, r\sin u)$$
일 때 다음의 곡선 $\alpha = \alpha(t)(t \in I)$는 M상의 곡선
$$\alpha(t) = \mathbf{x}(\pi/2, t)(0 < t < 2\pi)$$
에 대한 다음의 물음에 답하시오.
(1) 곡선 α는 원임을 보이고 위의 곡면상의 측지선인지 판정하시오.
(2) 곡선 α는 위의 곡면상의 점근곡선인지 판정하시오.

99년시행기출
반지름의 길이가 r인 원 $\alpha(s)$가 어떤 곡면 위에서 측지선(geodesic)일 때 이 원의 법곡률(normal curvature) κ_n을 구하시오. [5점]
(여기에서 s는 호의 길이이고, 법곡률 κ_n은 $\alpha''(s)$의 법성분(normal component)이다.)

풀 이
(1) (i) 개구간 $I = (0, 2\pi)$이라 할 때
$$\alpha(t) = (R\cos t, R\sin t, r)$$
는 평면 $M = \{(x, y, z) | z = r\}$상의 곡선이다. 또한
$$\|\alpha(t) - (0, 0, r)\| = R (\forall t \in I)$$
이므로 α는 중심은 $(0, 0, r)(\in M)$, 반지름이 R인 원이다.
(ii) α는 평면곡선이므로 $\kappa_n \equiv 0$, 반지름 R인 원일 때 $\kappa = 1/R$
이므로
$$\kappa_g^2 = \kappa^2 - \kappa_n^2 = \frac{1}{R^2} - 0 = \frac{1}{R^2} > 0, \ \kappa_g \neq 0.$$
따라서 α는 측지선이 아니다.
(2) (1)의 풀이과정에 의해 $\kappa_n \equiv 0$이므로 α는 점근곡선이다.

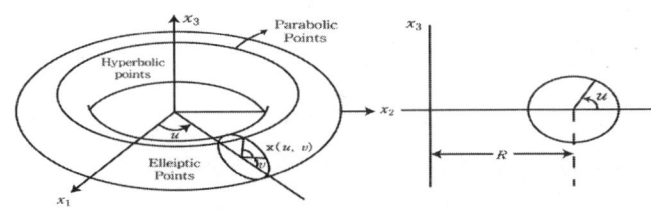

> **정리 34** (주곡선, 점근곡선의 판별) (구판 정리30, 32)
> 곡면 M상의 곡선 $\alpha : I=(a,b) \to M$에 대하여 다음이 성립한다.
> (1) 주곡선의 판별
> ① 로드리게스(Rodriguez)
> $\quad \alpha = \alpha(t)(t \in I)$: M의 주곡선
> $\Leftrightarrow \alpha'(t) \parallel U'(t) \ (\forall t \in I)$
> (즉, $\exists \lambda = \lambda(t) : I \to \mathbb{R}$ 미분가능 s.t $U'(t) = \lambda(t)\alpha'(t)(t \in I)$).
> (단, 각 $t \in I$에 대하여 $U(t) = U(\alpha(t))$, $-\lambda(t)$는 $\alpha'(t)$방향의 주곡률이다.)
> ② $\exists P : \mathbb{R}^3$상의 평면 s.t
> $\quad$ (ⅰ) $\alpha(I) = P \cap M$
> $\quad$ (ⅱ) 각 $t \in I$에 대하여 $\alpha(t)$에서 P와 M의 사잇각이 일정하다.
> $\Rightarrow \alpha : M$의 주곡선.
> (2) 점근곡선의 판별
> $\quad \alpha = \alpha(t)(t \in I)$: M의 점근곡선
> $\Leftrightarrow \alpha'(t) \perp U'(t) \ (\forall t \in I)$
> $\Leftrightarrow \alpha''(t) \perp U(t) \ (\forall t \in I)$(즉, $\alpha''(t) \in T_{\alpha(t)}M \ (\forall t \in I)$)

증 명

(1) ($\Rightarrow$) $\alpha = \alpha(t)(t \in I)$: 주곡선

$\Rightarrow T = \dfrac{\alpha'(t)}{\|\alpha'(t)\|}$: 주방향 ($= e_1$ 또는 e_2)($\forall t \in I$),

$\quad dU_{\alpha(t)}(T) = \cos\theta \, dU_{\alpha(t)}(e_1) + \sin\theta \, dU_{\alpha(t)}(e_2)$
$\qquad = -\kappa_1 \cos\theta \cdot e_1 + \kappa_2 \sin\theta \cdot e_2$

$\Rightarrow U'(t) = dU_{\alpha(t)}(\alpha'(t)) = \|\alpha'(t)\| dU_{\alpha(t)}(T)$

$\qquad = \begin{cases} \|\alpha'(t)\| \cdot (-\kappa_1 e_1) \parallel e_1 = T & (T = e_1) \\ \|\alpha'(t)\| \cdot (-\kappa_2 e_2) \parallel e_2 = T & (T = e_2) \end{cases}$

(즉, $U'(t) \parallel T \ (\forall t \in I)$)

($\Leftarrow$) $dU_{\alpha(t)}(\alpha'(t)) = U'(t) \parallel \alpha'(t)(\forall t \in I)$

$\Rightarrow \cos\theta \cdot e_1 + \sin\theta \cdot e_2 = T \parallel dU_{\alpha(t)}(T)$
$\qquad = \cos\theta \, dU_{\alpha(t)}(e_1) + \sin\theta \, dU_{\alpha(t)}(e_2)$

$$= -\kappa_1\cos\theta\, e_1 - \kappa_2\sin\theta\, e_2.$$

$\Rightarrow -\kappa_1\cos\theta\, e_1 - \kappa_1\sin\theta\, e_2 = -\kappa_1\cos\theta\cdot e_1 - \kappa_2\sin\theta\cdot e_2$

 (또는 $-\kappa_2\cos\theta\, e_1 - \kappa_2\sin\theta\, e_2 = -\kappa_1\cos\theta\, e_1 - \kappa_2\sin\theta\, e_2$).

 (즉, ㉠: $(\kappa_1-\kappa_2)\sin\theta = 0$ 또는 ㉡: $(\kappa_1-\kappa_2)\cos\theta = 0$).

$\Rightarrow$ (i) $\kappa_1 = \kappa_2$인 경우, 모든 방향이 주방향이므로 T는 주방향

　(ii) $\kappa_1 \ne \kappa_2$인 경우,

　　㉠의 경우, $\sin\theta = 0$ (즉, $\theta = 0, \pi$) $\therefore T = \pm e_1$,

　　㉡의 경우, $\cos\theta = 0$ (즉, $\theta = \dfrac{\pi}{2}, \dfrac{3\pi}{2}$) $\therefore T = \pm e_2$.

(2) U와 W를 각각 곡면 M과 평면 P의 단위법벡터장이라 하고
$$U(t) = U(\alpha(t))(t \in I),\ W(t) = W(\alpha(t))(t \in I)$$
이라 두자. 그러면

(i) ㉠ $\alpha'(t) \in T_{\alpha(t)}M$ 이므로 $<\alpha'(t), U(t)> = 0(\forall t \in I)$,

㉡ $\alpha'(t) \in T_{\alpha(t)}P$이므로 $<\alpha'(t), W(t)> = 0(\forall t \in I)$.

(즉, $\underline{\alpha'(t)}$는 $U(t)$와 $W(t)$에 동시에 수직이 되어 $\underline{U(t) \times W(t)}$와 평행하다.($\forall t \in I$))

(ii) ㉠ 가정에 의해 $\langle U(t), W(t) \rangle = \cos\theta$ (상수)($\forall t \in I$)이므로 양변을 미분하면

$$0 = \langle U'(t), W(t) \rangle + \langle U(t), W'(t) \rangle$$
$$= \langle U'(t), W(t) \rangle (\forall t \in I)$$

　　(($\because$) W는 평면의 단위법벡터장이므로 $W'(t) = 0(\forall t \in I)$)

㉡ $1 = \|U(t)\|^2 = <U(t), U(t)>(\forall t \in I)$이므로 양변을 미분하면
$$2\langle U'(t), U(t) \rangle = 0(\forall t \in I).$$

(즉, $\underline{U'(t)}$는 $U(t)$와 $W(t)$에 동시에 수직이 되어 $\underline{U(t) \times W(t)}$와 평행하다.($\forall t \in I$))

(i), (ii)에 의해 $\alpha'(t)$와 $U'(t)$는 서로 평행하다. 따라서 정리35(1)(로드리게스)에 의해 $\alpha = \alpha(t)(t \in I)$는 M의 주곡선이다.

(2) $\alpha = \alpha(t)$: 점근곡선

$\Leftrightarrow 0 = \kappa_n(\alpha'(t)) \left(= \dfrac{<\alpha''(t),\ U(t)>}{<\alpha'(t),\ \alpha'(t)>} \right)\ (\forall t \in I)$

$\Leftrightarrow 0 = <\alpha''(t),\ U(t)>\ (\forall t \in I)$

$\Leftrightarrow 0 = \langle \alpha'(t),\ U'(t) \rangle\ (\forall t \in I)$

$((\because)$ 정리23(1)①에 의해 $<\alpha''(t),\ U(t)> = -\langle U'(t),\ \alpha'(t) \rangle)$

보 기 36

$0 < r < R$일 때 원환면 M의 고유조각사상이
   $\mathbf{x} : (0, 2\pi) \times (0, 2\pi) \to \mathbb{R}^3$,
   $\mathbf{x}(u, v) = ((R + r\cos u)\cos v,\ (R + r\cos u)\sin v,\ r\sin u)$
일 때 다음의 곡선 $\alpha = \alpha(t)(t \in I)$는 M상의 점근곡선, 주곡선, 측지선인지를 판정하시오.
(1) $\alpha(t) = \mathbf{x}(0, t)(0 < t < 2\pi)$ (2) $\alpha(t) = \mathbf{x}(t, 0)(0 < t < 2\pi)$

풀 이

(1) ① $\alpha(t) = \mathbf{x}(0, t)$
$= ((R+r)\cos t,\ (R+r)\sin t,\ 0)\ (0 < t < 2\pi)$에서
$\mathbf{x}_u = (-r\sin u \cos v,\ -r\sin u \sin v,\ r\cos u)|_{(u, v) = (0, t)}$
$= (0, 0, r)$,
$\mathbf{x}_v = ((R+r\cos u)(-\sin v),\ (R+r\cos u)\cos v,\ 0)|_{(u, v) = (0, t)}$
$= (-(R+r)\sin t,\ (R+r)\cos t,\ 0)$

이므로 $U(t) := U(\alpha(t)) = \left. \dfrac{\mathbf{x}_u \times \mathbf{x}_v}{\|\mathbf{x}_u \times \mathbf{x}_v\|} \right|_{\alpha(t)}$

$= \begin{vmatrix} i & j & k \\ 0 & 0 & 1 \\ -\sin t & \cos t & 0 \end{vmatrix} = (-\cos t,\ -\sin t,\ 0)$.

(즉, $U'(t) = (\sin t,\ -\cos t,\ 0)$)

② (ⅰ) $\alpha'(t) = (-(R+r)\sin t,\ (R+r)\cos t,\ 0)$에 대하여
$<\alpha'(t),\ U'(t)> = -(R+r) \neq 0$.

(즉, $\alpha'(t)$와 $U'(t)$는 서로 수직이 아니다.)

$\therefore\ \alpha = \alpha(t)\ (0 < t < 2\pi)$는 M의 점근곡선이 아니다.

(ⅱ) $\alpha'(t) = -(R+r)U'(t)\ (\forall t \in (0, 2\pi))$가 되어
$\alpha'(t) \| U'(t)\ (\forall t \in (0, 2\pi))$.

$\therefore\ \alpha = \alpha(t)\ (0 < t < 2\pi)$는 M의 주곡선이다.

(iii) $\alpha''(t) = -(R+r)(\cos t, \sin t, 0) \parallel U(t) (\forall t \in (0, 2\pi))$ 이므로 α는 M 상의 측지선이다.

(2) ① $\alpha(t) = x(t, 0)$
$= ((R + r\cos t), 0, r\sin t) (0 < t < 2\pi)$에서
$x_u = (-r\sin u \cos v, -r\sin u \sin v, r\cos u)|_{(u, v) = (t, 0)}$
$= (-r\sin t, 0, r\cos t)$,
$x_v = ((R + r\cos u)(-\sin v), (R + r\cos u)\cos v, 0)|_{(u, v) = (t, 0)}$
$= (0, R + r\cos t, 0)$

이므로 $U(t) := U(\alpha(t)) = \dfrac{x_u \times x_v}{\|x_u \times x_v\|}\bigg|_{\alpha(t)}$

$= (\cos t, 0, \sin t)$

(즉, $U'(t) = (-\sin t, 0, \cos t)$)

② (ⅰ) $\alpha'(t) = (-r\sin t, 0, r\cos t)$에 대하여
$<\alpha'(t), U'(t)> = r \neq 0.$

(즉, $\alpha'(t)$와 $U'(t)$는 서로 수직이 아니다.)
∴ $\alpha = \alpha(t) (0 < t < 2\pi)$는 M의 점근곡선이 아니다.
(ⅱ) $\alpha'(t) = rU'(t) (\forall t \in (0, 2\pi))$가 되어
$\alpha'(t) \parallel U'(t) (\forall t \in (0, 2\pi))$.
∴ $\alpha = \alpha(t) (0 < t < 2\pi)$는 M의 주곡선이다.
(ⅲ) $\alpha''(t) = -r(\cos t, 0, \sin t) \parallel U(t) (\forall t \in (0, 2\pi))$이므로 α는 M 상의 측지선이다.

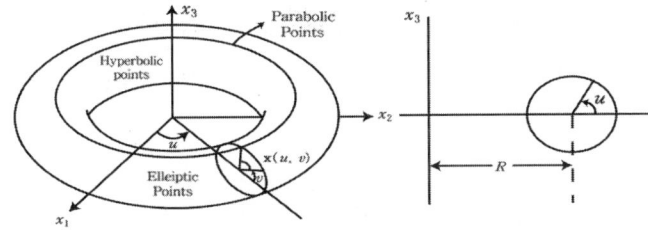

정 리 35 (점근방향) (구판 정리31)

p∈M 에 대하여

(1) $K(p) > 0 \Rightarrow \not\exists$ p에서의 점근방향

(2) $K(p) < 0 \Rightarrow$ ① p에서 오직 2개의 점근방향을 갖는다.
   ② 두 점근 방향은 주방향에 의해 이등분된다.
   ③ θ를 점근방향과 주방향의 사잇각일 때
   $$\tan^2\theta = -\frac{\kappa_1(p)}{\kappa_2(p)}.$$

(3) $K(p) = 0$일 때
① p : 평면점(평탄점) $\Rightarrow$ p에서의 점근방향=모든 방향.
② p : 평면점(평탄점)이 아니다.
   $\Rightarrow \exists! $ p에서의 점근방향=p에서의 주방향.

증 명

세 가지 경우 모두 오일러 공식

$$\kappa_n(v) = \kappa_1(p)\cos^2\theta + \kappa_2(p)\sin^2\theta$$

으로부터 얻을 수 있다. 여기서 $\theta = \angle(v, e_1)$이고, $\{e_1, e_2\}$는 주곡률 방향이다.

(1) $K(p) > 0$이면 $\kappa_1(p)$와 $\kappa_2(p)$는 0이 아니고 같은 부호를 갖는다. 따라서 모든 접벡터 $v \in T_pM$, $\|v\|=1$에 대하여 법곡률은 $\kappa_n(v) \neq 0$이다.

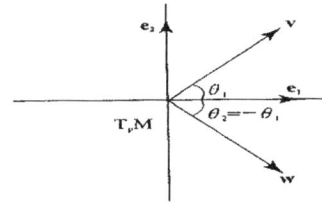

(2) $K(p) < 0$이면 $\kappa_1(p)$와 $\kappa_2(p)$는 0이 아니고 서로 다른 부호를 갖는다. 따라서 $\kappa_1(p) > 0$이고 $k_2(p) < 0$이다. 방정식

$$0 = \kappa_n(v) = \kappa_1(p)\cos^2\theta + \kappa_2(p)\sin^2\theta$$

4.2 측지선, 주곡선, 점근곡선

가 정확하게 두 개의 해 $\theta_1, \theta_2 = -\theta_1$을 가지므로 대응하는 방향이 점근방향이 되고 이 두 방향은 주곡률방향에 의해 이등분된다. 더욱이, 위의 식으로부터

$$\tan^2\theta = -\frac{\kappa_1(p)}{k_2(p)}.$$

(3) 점 p가 평면점이면 $\kappa_1(p) = \kappa_2(p) = 0$이므로 모든 접벡터 $v \in T_pM, \|v\| = 1$에 대하여 $\kappa_n(v) = 0$이다.

p가 평면점이 아니고 $\kappa_1(p) > \kappa_2(p) = 0$이면 방정식

$$0 = \kappa_n(v) = \kappa_1(p)\cos^2\theta$$

의 해는 $\theta = \pm\frac{\pi}{2}$이고 이에 대응하는 방향은 주곡률방향인 $v = \pm e_2$이다.

정 리 36 (주곡선, 점근곡선과 매개곡선) (구판 정리33)
고유조각사상 (x, D)와 곡면 $M = x(D)$상의 M상의 정칙곡선
$$\alpha(t) = x(u(t), v(t)) \ (t \in I = (a, b))$$
에 대하여 다음이 성립한다.
(1) M상의 모든 점이 제점이 아닐 때
  (M상의 u, v-매개곡선이 주곡선이다.) $\Leftrightarrow$ (M상에서 $F = m = 0$).
(2) (M상의 u, v-매개곡선이 점근곡선이다.) $\Leftrightarrow$ (M상에서 $l = n = 0$).

증 명

(1) 미분기하학개론 표용수 외 2인 9판 정리 5.15

(2) $\alpha(t)$에서의 법곡률은 $\alpha'(t) = \frac{du}{dt}\mathbf{x}_u + \frac{dv}{dt}\mathbf{x}_v$에 대하여

$$0 = \kappa_n(\alpha'(t)) = \mathrm{II}/\mathrm{I} \Leftrightarrow 0 = l\left(\frac{du}{dt}\right)^2 + 2m\frac{du}{dt}\frac{dv}{dt} + n\left(\frac{dv}{dt}\right)^2.$$

($\Rightarrow$) (i) u-매개곡선 $\alpha(t) = x(u(t), v_0) (t \in I)$에 대하여

α : 점근선 $\Rightarrow 0 = l\left(\frac{du}{dt}\right)^2 + 2m\frac{du}{dt}\frac{dv}{dt} + n\left(\frac{dv}{dt}\right)^2$

$\qquad\qquad\qquad = l\left(\frac{du}{dt}\right)^2 ((\because) \ \frac{dv}{dt} = 0)$

15년시행기출

그림과 같이 3차원 유클리드 공간에 밑면이 반지름의 길이가 1인 원이고 모선의 길이가 4인 원뿔이 있다. 이 원뿔의 옆면에 있는 점 p와 밑면에 있는 점 q는 같은 모선 위에 있고, 선분 pq의 길이는 1이다. 점 q에서 출발하여 원뿔의 옆면을 돌아 점 p를 지나는 측지선(geodesic) γ에 대하여 점 p에서 원뿔의 옆면의 주곡률(principal curvature)을 각각 κ_1, κ_2라 하고, 점 p에서 측지선 γ의 곡률(curvature)을 κ라 하자. κ_1, κ_2의 값을 구하고, 이를 이용하여 κ의 값을 풀이 과정과 함께 쓰시오.

[4점]

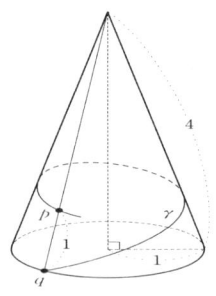

$\Rightarrow l = 0 \ ((\because) \ 0 \neq \alpha'(t) = \dfrac{du}{dt}\mathbf{x}_u + \dfrac{dv}{dt}\mathbf{x}_v$

$= \dfrac{du}{dt}\mathbf{x}_u$ 이므로 $\dfrac{du}{dt} \neq 0)$.

(ii) v-매개곡선 $\beta(t) = \mathbf{x}(u_0, v(t)) \ (t \in I)$에 대하여

β : 점근선 $\Rightarrow 0 = l\left(\dfrac{du}{dt}\right)^2 + 2m\dfrac{du}{dt}\dfrac{dv}{dt} + n\left(\dfrac{dv}{dt}\right)^2$

$= n\left(\dfrac{dv}{dt}\right)^2 ((\because) \ \dfrac{du}{dt} = 0)$

$\Rightarrow n = 0. \ ((\because) \ 0 \neq \alpha'(t) = \dfrac{du}{dt}\mathbf{x}_u + \dfrac{dv}{dt}\mathbf{x}_v$

$= \dfrac{dv}{dt}\mathbf{x}_v$ 이므로 $\dfrac{dv}{dt} \neq 0)$

($\Leftarrow$) $l = n = 0$이라 가정할 때 $\alpha : u-$매개곡선(혹은 $v-$매개곡선)이면

$l\left(\dfrac{du}{dt}\right)^2 + 2m\dfrac{du}{dt}\dfrac{dv}{dt} + n\left(\dfrac{dv}{dt}\right)^2 = 2m\dfrac{du}{dt}\dfrac{dv}{dt} = 0 \ ((\because) \ \dfrac{dv}{dt} = 0$ 혹은 $\dfrac{du}{dt} = 0$).

NOTE

원기둥면 M에서 $F = m = 0 ((\because)$ 정리 36 (1))이므로 M상의 u, v-매개곡선이 주곡선이다.

보 기 37

(1) 곡면 M의 고유조각사상이

$\mathbf{x} : D = \mathbb{R}^2 \to \mathbb{R}^3, \ \mathbf{x}(u, v) = (u+v, u-v, u^3) \ ((u,v) \in D)$

이라 하자. 이때 $p = (2, 0, 1)$을 지나는 2개의 주곡선의 매개화함수를 구하시오.

(2) 곡면 M의 고유조각사상이

$\mathbf{x} : D = \mathbb{R}^2 \to \mathbb{R}^3, \mathbf{x}(u, v) = (u+v, 2u+2v, u^2+2uv) \ ((u,v) \in D)$

이라 하자. 이때 $p = (2, 4, 3)$을 지나는 2개의 점근곡선의 매개화함수를 구하시오.

풀 이

(1) (i) 제1 기본계수와 제2 기본계수를 구하면

$$(E, F, G, l, m, n) = \left(2+9u^4, 0, 2, -\frac{12u}{\sqrt{18u^4+4}}, 0, 0\right).$$

(ii) ㉠ M의 모든 점은 제점이 아니다.

(∵) 2차 방정식

$$0 = (EG-F^2)\kappa^2 - (En+Gl-2Fm)\kappa + (ln-m^2)$$

$$= \frac{-12u(2+9u^4)}{\sqrt{18u^4+4}}\kappa^2 + \frac{24u}{\sqrt{18u^4+4}}\kappa$$

의 판별식은 $d/4 = \left(\dfrac{12u}{\sqrt{18u^4+4}}\right)^2 > 0$. 따라서 중근을 갖지 않는다.

㉡ $F=m=0$이고 M의 모든 점은 제점이 아니므로 u, v매개 곡선이 주곡선이다.(∵ 정리36 (1)) 구하는 주곡선은 $p=\mathbf{x}(1,1)$을 지나는 u, v 매개곡선이 되어

$$\mathbf{x}(1, t) = (1+t, 1-t, 1), \quad \mathbf{x}(t, 1) = (t+1, t-1, t^3).$$

※ 주어진 곡면 M은 $\alpha(u)=(u, u, u^3)$, $W(u)=(1, -1, 0)$라 두면 $\mathbf{x}(u, v) = \alpha(u) + vW(u)$, $<\alpha', W>=0$인 일반원기둥면이다.

(2) (i) 제1 기본계수와 제2 기본계수를 구하면

$$(E, F, G, l, m, n)$$
$$= (5+(2u+2v)^2, 5+2u(2u+2v), 5+4u^2, 0, 0, 0).$$

(ii) $l=n=0$이므로 u, v-매개곡선이 점근곡선이다.(∵ 정리36 (2)) 구하는 점근곡선은 $p=\mathbf{x}(1,1)$을 지나는 u, v 매개곡선이 되어

$$\mathbf{x}(1, t) = (1+t, 2+2t, 1+2t), \quad \mathbf{x}(t, 1) = (t+1, 2t+2, t^2+2t).$$

※ 주어진 곡면 M은 $\alpha(u)=(u, 2u, u^2)$, $W(u)=(1, 2, 2u)$라 두면, $\mathbf{x}(u, v) = \alpha(u) + vW(u)$인 접곡면이다.

> **정 리 37** (특수한 곡면상의 측지선)
> 정칙곡면 M 위의 곡선 $\alpha : I = (a, b) \to M$에 대하여
> (1) M이 평면일 때
> $$\alpha : M\text{의 측지선} \Leftrightarrow \alpha : \text{직선}.$$
> ↰ 항상 성립
> ⇒ 평면에서 성립
> (2) $M = S^2(r)$일 때
> $$\alpha : M\text{의 측지선} \Leftrightarrow \alpha : M\text{의 대원 혹은 그 일부}.$$
> (즉, 반지름이 r인 원이다.)
> (즉, 구면의 지리적조각사상에서는 u, v-매개곡선이다.)
> (3) M이 곡면을 펼쳐 평면으로 만들 수 있는 원뿔, 원기둥의 경우 펼쳤을 때 직선이 되는 곡선은 측지선이다. (전개도상의 직선)

증 명

정칙곡선 α의 단위속력을 갖는 재매개화를 β라 할 때

(1) ($\Leftarrow$) α는 직선이므로 $\kappa \equiv 0$이다. 따라서 측지곡률
$$\kappa_g = \kappa <\boldsymbol{B}, \boldsymbol{U}> = 0$$
이므로 α는 측지선이다.

($\Rightarrow$) $M = \{(x, y, z) \in \mathbb{R}^3 \,|\, ax + by + cz + d = 0\}$ $(a^2 + b^2 + c^2 = 1)$
에 대하여
$$\boldsymbol{U} := M\text{의 단위법벡터} = \pm (a, b, c) \,(\text{상수단위벡터}).$$
$\Rightarrow$ $\beta(s) = (x(s), y(s), z(s))\,(s \in J)$는 M위의 곡선이므로
$$d = ax(s) + by(s) + cz(s)\,(s \in J)$$
$\Rightarrow$ 양변을 두 번 미분하면
$$\begin{aligned} 0 &= ax''(s) + by''(s) + cz''(s) \\ &= <(a, b, c), (x''(s), y''(s), z''(s))> \\ &= \mp <\boldsymbol{U}, \beta''(s)>\,(\forall s \in J) \\ &= \mp \kappa_n \end{aligned}$$
$\Rightarrow$ $\kappa^2 = \kappa_n^2 + \kappa_g^2 = 0\,(\forall s \in J)$.

(2) ($\Leftarrow$) $\alpha = \alpha(t)(t \in I) : M(= S^2(r))$의 대원 혹은 그 일부
$\Rightarrow$ $\kappa_n = \pm \dfrac{1}{r}$, $\kappa = \dfrac{1}{r}$이므로 $\dfrac{1}{r^2} = \kappa^2 = \kappa_n^2 + \kappa_g^2 = \dfrac{1}{r^2} + \kappa_g^2$
$\Rightarrow$ $\kappa_g \equiv 0$
$\Rightarrow$ α : 측지선.

4.2 측지선, 주곡선, 점근곡선

예 제 30 (구판 예제22)

(1) 구면 $\mathbf{x}(u, v) = (u, v, \sqrt{1-u^2-v^2})(u^2+v^2 < 1)$상의 단위속력곡선
$$\beta(s) = (\sin s, 0, \cos s) \ (-\pi/2 < s < \pi/2)$$
는 측지선임을 보이시오.

(2) 곡면 $\mathbf{x}(u, v) = (u, v, uv)((u, v) \in \mathbb{R}^2)$상의 임의속력곡선
$$\alpha(t) = (t, t, t^2) \ (-\infty < t < \infty)$$
는 측지선임을 보이시오.

풀 이

(1) (i) 점 $\beta(s) = (\sin s, 0, \cos s)$에서의 단위법벡터는
$$U(\beta(s)) = \frac{\mathbf{x}_u \times \mathbf{x}_v}{\|\mathbf{x}_u \times \mathbf{x}_v\|}\bigg|_{\beta(s)}$$
$$= (u, v, \sqrt{1-u^2-v^2})|_{\beta(s)} = (\sin s, 0, \cos s).$$

(ii) $\beta'(s) = (\cos s, 0, -\sin s)$, $\beta''(s) = (-\sin s, 0, -\cos s)$ 이므로 $\kappa_n = \langle \beta''(s), U \rangle$
$$= \langle (-\sin s, 0, -\cos s), (\sin s, 0, \cos s) \rangle$$
$$= -1,$$

$\kappa = |\beta''| = 1$. 따라서 $\kappa_g^2 = \kappa^2 - \kappa_n^2 = 1 - 1 = 0$이므로 β는 측지선이다. (β는 구면위의 대원이다.)

(2) (i) 점 $\alpha(t) = (t, t, t^2)$에서의 단위법벡터는
$$U(\alpha(t)) = \frac{\mathbf{x}_u \times \mathbf{x}_v}{\|\mathbf{x}_u \times \mathbf{x}_v\|}\bigg|_{\alpha(t)} = \frac{(-v, -u, 1)}{\|(-v, -u, 1)\|}\bigg|_{\alpha(t)}$$
$$= \frac{1}{\sqrt{1+2t^2}}(-t, -t, 1).$$

(ii) $\alpha'(t) \times \alpha''(t) = \begin{vmatrix} i & j & k \\ 1 & 1 & 2t \\ 0 & 0 & 2 \end{vmatrix} = (2, -2, 0)$ 이므로
$$B = \frac{\alpha'(t) \times \alpha''(t)}{\|\alpha'(t) \times \alpha''(t)\|} = \frac{1}{\sqrt{2}}(1, -1, 0).$$

따라서 $\kappa_g = \kappa \langle B, U \rangle$
$$= \frac{\kappa}{\sqrt{2(1+2t^2)}} \langle (1, -1, 0), (-t, -t, 1) \rangle = 0$$이므로
α는 측지선이다.

유 제 6 (구판 유제12)

곡면 $M = \{(x, y, z) \in \mathbb{R}^3 \mid x^2 + y^2 = 9\}$ 상의 곡선
$$\alpha(t) = (3\cos t, 3\sin t, t) \ (0 < t < 2\pi)$$
는 측지선이 됨을 보이시오.

풀 이

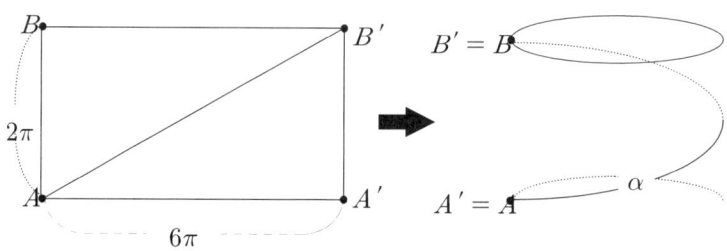

(i) $f(x, y, z) = x^2 + y^2 - 9$ 에 대하여
$$U(\alpha(t)) = \pm \left.\frac{\nabla f}{\|\nabla f\|}\right|_{\alpha(t)} = \left.\frac{1}{\sqrt{x^2 + y^2}}(x, y, 0)\right|_{\alpha(t)}$$
$$= (\cos t, \sin t, 0).$$

(ii) $\alpha'(t) = (-3\sin t, 3\cos t, 1)$, $\alpha''(t) = (-3\cos t, -3\sin t, 0)$,

$$\alpha'(t) \times \alpha''(t) = \begin{vmatrix} i & j & k \\ -3\sin t & 3\cos t & 1 \\ -3\cos t & -3\sin t & 0 \end{vmatrix} = (3\sin t, -3\cos t, 9)$$ 이므로

$$\boldsymbol{B} = \frac{\alpha'(t) \times \alpha''(t)}{\|\alpha'(t) \times \alpha''(t)\|} = \frac{1}{\sqrt{10}}(\sin t, -\cos t, 3).$$

따라서 $\kappa_g = \kappa \langle \boldsymbol{B}, U \rangle = 0$ 이므로 α 는 측지선이다.

정 리 38 (구판 정리33-2)

곡면 M 에 대하여
(1) $d\boldsymbol{U}_p \equiv 0 \ (\forall p \in M)$ (즉, $S_p \equiv 0 \ (\forall p \in M)$)
 $\Leftrightarrow M$: 평면 혹은 그 일부.
(2) ① p : M 의 배꼽점 ($\forall p \in M$)
 $\Leftrightarrow M$: 구면, 평면 혹은 그 일부
 $\Rightarrow K \equiv$ 상수 (≥ 0).
② p : M 의 배꼽점 ($\forall p \in M$), $K(p) > 0$
 $\Leftrightarrow M$: 반지름이 $\dfrac{1}{\sqrt{K}}$ 인 구면 혹은 그 일부.

증 명

(1) ($\Leftarrow$) U는 상수벡터이므로 $dU_p \equiv 0$임은 자명하다.

($\Rightarrow$) 고정된 $p \in M$에 대하여 $<q-p, U(p)> = 0 (\forall q \in M)$임을 보이자.(즉, $M : p$를 지나고 $U(p)$에 수직인 평면)

$\Rightarrow q \in M$, M은 호상연결이므로

$\exists \alpha : [0, 1] \to M$, 정칙곡선 $s.t. \alpha(0) = p$, $\alpha(1) = q$

$\Rightarrow h : [0, 1] \to \mathbb{R}$, $h(t) = <\alpha(t)-p, U(p)> (\forall t \in [0, 1]))$이라 정의하면 $h \equiv 0$.

($\because$)(i) $h(u) = <\alpha(0)-p, U(p)> = <p-p, U(p)> = 0$.

(ii) $h'(t) = <\alpha'(t), U(p)>$
$= <\alpha'(t), U(\alpha(t)> ((\because) U(p) = U(\alpha(0)) \| U(\alpha(t)))$
$= 0 \ (\forall t \in (0, 1))$

(($\because$) $U = u_1 U_1 + u_2 U_2 + u_3 U_3$에 대하여

$0 = dU_p(v_p)$
$= ((du_1)_p(v_p), (du_2)_p(v_p), (du_3)_p(v_p)) (\forall v_p \in T_p M)$

$\Leftrightarrow u_1, u_2, u_3 : M$에서 상수.)

$\Rightarrow <q-p, U(p)> = <\alpha(1)-p, U(p)> = h(1) = 0$.

(즉, $q \in (p$를 지나고 $U(p)$에 수직인 평면)

(2) ① $p :$ 배꼽점 ($\forall p \in M$)

$\Leftrightarrow M :$ 구면, 평면 혹은 그 일부

(($\because$) 미분기하학 윤갑진 정리5.1.2)

$\Rightarrow$ (i) $M :$ 반지름 r인 구면 혹은 그 일부일 때,

$$\kappa_1 = \kappa_2 = \pm \frac{1}{r} \Rightarrow K = \frac{1}{r^2}(\text{상수}) \geq 0.$$

(ii) $M :$ 평면일 때,

$$\kappa_1 = \kappa_2 = 0 \Rightarrow K = 0(\text{상수}) = 0.$$

② $p :$ 배꼽점 ($\forall p \in M$), $K > 0$

$\Rightarrow M :$ 구면, 평면 혹은 그 일부

$\Rightarrow K > 0$ 이므로 $M :$ 구면 혹은 그 일부, $r(\text{반지름}) = \frac{1}{\sqrt{K}}$.

98년시행 추가임용기출

3차원 유클리드공간 E^3의 폐곡면 M에는 가우스곡률 K가 양수가 되는 점이 항상 존재함을 증명하시오. [5점]

정 리 39 (컴팩트곡면의 성질)

곡면 M에 대하여

(1) ① 두 곡면 M, $\overline{M}$에 대하여
$$M : \overline{M}\text{의 컴팩트부분집합}, \ \overline{M} : \text{연결} \Rightarrow M = \overline{M}.$$
② M : 컴팩트곡면, p : M의 배꼽점 ($\forall p \in M$)
$\Leftrightarrow M$: 구면전체.

(2) ① M : 컴팩트곡면 $\Rightarrow \exists p$: M의 타원점
   (즉, $\exists p \in M$ s.t. $K(p) > 0$) [98년시행기출]
② $\not\exists M$: 컴팩트곡면 s.t. $K(p) \leq 0 (\forall p \in M)$.

(3) ① 힐버트(Hilbert)의 정리
$p \in M$에 대하여
   (ⅰ) $\kappa_1(p) > \kappa_2(p)$ (즉, $p \neq M$의 배꼽점)
   (ⅱ) $p = \begin{cases} \kappa_1 \text{의 극대점} \\ \kappa_2 \text{의 극소점} \end{cases}$
$\Rightarrow K(p) \leq 0$.

② 리브만(Liebmann)의 정리
M : 컴팩트곡면, $K = \text{상수} > 0 \Leftrightarrow M$: 반지름이 $1/\sqrt{K}$인 구면

증 명

(1) ① (ⅰ) M : $\overline{M}$의 개폐집합

($\because$) ㉠ M : $\overline{M}(T_2\text{공간})$의 컴팩트부분집합이므로 M은 $\overline{M}$의 폐집합이다.

㉡ M은 곡면이므로 $\exists \{(\mathbf{x}_i, D_i)\}_{i \in I}$: 고유조각사상의 모임
$$\text{s.t. } M = \cup_{i \in I} \mathbf{x}_i(D_i)$$
$\Rightarrow$ 각 $i \in I$에 대하여
$$\mathbf{x}_i : D_i(\mathbb{R}^2 \text{의 개집합}) \to \mathbf{x}_i(D_i) (\subset M)\text{는 위상동형사상}$$
$\Rightarrow$ 각 $i \in I$에 대하여 $\mathbf{x}_i(D_i)$는 $\overline{M}$의 개부분집합이므로
$$M = \cup_{i \in I} \mathbf{x}_i(D_i) : \overline{M}\text{의 개부분집합}.$$
$\therefore M : \overline{M}$의 개폐부분집합.

(ⅱ) $M (\neq \phi)$는 연결집합 $\overline{M}$의 개폐부분집합이므로 $M = \overline{M}$.

② ($\Leftarrow$) 자명
($\Rightarrow$) p : 배꼽점 ($\forall p \in M$)
$\Rightarrow M$: 구면 혹은 구면의 일부 또는 M : 평면 혹은 평면의 일부

4.2 측지선, 주곡선, 점근곡선

$\Rightarrow M \subset \overline{M}$: 구면전체 혹은 평면전체
$\Rightarrow M$은 컴팩트이므로 $M = \overline{M}((\because)$ (1) ①), 평면은 컴팩트가 아니므로 $M = \overline{M}$는 구면전체이다.
(2) ① (ⅰ) $h : M \to \mathbb{R}$, $h(p) = \|p\|^2$ $(p \in M)$이라 할 때 h는 컴팩트집합 M에서 연속이므로
$$\exists p \in M \text{ s.t.}$$
$$\sup_{q \in M} h(q) = h(p) = \|p\|^2 =: r^2 (r > 0)$$
$\Rightarrow M \subset \{(x, y, z) \in \mathbb{R}^3 \mid x^2 + y^2 + z^2 \leq r^2\}$, M은 $S^2(r)$에 접한다.
$\Rightarrow U(p) \perp T_p M = T_p S^2(r)$가 되어 $U(p) = \pm \dfrac{1}{r} p$.
(ⅱ) $K(p) > 0$
$(\because)$ ㉠ $v_p \in T_p M$, $\|v_p\| = 1$
$\Rightarrow \exists \alpha : (-\varepsilon, \varepsilon) \to M$ 단위속력곡선 s.t.
$$\alpha(0) = p, \ \alpha'(0) = v_p$$
$\Rightarrow h \circ \alpha : (-\varepsilon, \varepsilon) \to \mathbb{R}$,
$$(h \circ \alpha)(t) = <\alpha(t), \alpha(t)> (t \in (-\varepsilon, \varepsilon))$$
$\Rightarrow 0 \geq (h \circ \alpha)''(0)$
    $((\because)$ $s = 0$에서 $(h \cdot \alpha)(s)$는 최댓값을 갖는다.)
    $= 2(<\alpha'(0), \alpha'(0)> + <\alpha(0), \alpha''(0)>)$
    $((\because)$ M과 $S^2(r)$은 p에서 접하므로
$$U(p) \perp T_p M = T_p S^2(r) \ \therefore \ U(p) = \pm \frac{1}{r} p = \pm \frac{1}{r} \alpha(0))$$
    $= 2(1 \pm r \kappa_n(v_p))$
$\Rightarrow -\dfrac{1}{r} \geq \pm \kappa_n(v_p)$
(즉, $-\dfrac{1}{r} \geq \pm \kappa_n(v_p)(\forall v_p \in T_p M)$, $\dfrac{1}{r} \leq \kappa_n(v_p)(\forall v_p \in T_p M)$)
㉡ ㉠에 의해
$$\kappa_2(p) \leq \kappa_1(p) \leq -\frac{1}{r} \ 혹은 \ \frac{1}{r} \leq \kappa_2(p) \leq \kappa_1(p).$$
$\therefore \ K(p) = \kappa_1(p) \kappa_2(p) \geq \dfrac{1}{r^2} > 0$
② ①에 의해 자명하다.
(3) ① 미분기하학 윤갑진 정리 5.1.9
② ($\Leftarrow$) 자명
($\Rightarrow$) $K = \kappa_1 \kappa_2 \equiv$ 상수 > 0
$\Rightarrow \kappa_1(q) = \max\{\kappa_1(p) \mid p \in M\}(\exists q \in M)$
    $((\because)$ $\kappa_1 : M($컴팩트$) \to \mathbb{R}$, 연속)
$\Rightarrow \kappa_2(q) = \min\{\kappa_2(p) \mid p \in M\}$

$((\because)\ K = \kappa_1 \kappa_2 \equiv 상수 > 0 이므로\ \kappa_2 = \dfrac{K}{\kappa_1})$

$\Rightarrow \kappa_1(q) = \kappa_2(q)$

$((\because)\ \kappa_1(q) > \kappa_2(q)$ 이면 $0 < K = K(q) \leq 0$이 되어 모순)

$\Rightarrow M$의 모든 점 = 배꼽점

$((\because)\ \forall p \in M,\ \kappa_1(p) \leq \kappa_1(q) \leq \kappa_2(q) \leq \kappa_2(p))$

$\Rightarrow M$: 반지름이 $\dfrac{1}{\sqrt{K}}$ 인 구면전체.

4.3. 가우스의 위대한 정리(Gauss theorem egregium)

정 의 34

두 정칙곡면 $M, \overline{M}$ 와 $\phi: M \to \overline{M}$ 에 대하여

(1) ① ϕ : 거리동형사상(혹은 등장사상(isometry))

$\overset{\text{정의}}{\Leftrightarrow}$ (i) ϕ : 미분동형사상(diffeomorphism)

$(\overset{\text{정의}}{\Leftrightarrow} \phi$: 전단사, ϕ, ϕ^{-1}: 미분가능)

(ii) 임의의 $p \in M$ 에 대하여
$$\langle v, w \rangle_p = \langle d\phi_p(v), d\phi_p(w) \rangle_{\phi(p)} (\forall v, w \in T_p M).$$

$\Rightarrow$ 임의의 $p, q \in M$에 대하여
(M상의 p, q의 최소거리)=($\overline{M}$ 상의 $\phi(p), \phi(q)$의 최소거리).

② $M, \overline{M}$: 거리동형(isometric)(혹은 등장적(isometric))

$\overset{\text{정의}}{\Leftrightarrow} \exists \phi: M \to \overline{M}$ 는 등장사상

(2) ① ϕ : 국소적 거리동형사상
(혹은 국소적 등장사상(local isometry))

$\overset{\text{정의}}{\Leftrightarrow}$ 각 $p \in M$에 대하여 $\exists V : p$의 근방$(\subset U)$ s.t.
$\phi : V \to \phi(V)(\subset \overline{M})$ 는 등장사상

② $M, \overline{M}$: 국소적으로 거리동형
(혹은 국소적으로 등장적(local isometric))

$\overset{\text{정의}}{\Leftrightarrow} \exists \phi: M \to \overline{M}$ 는 국소적 등장사상

정 리 40

미분동형사상 $\phi: M \to \overline{M}$ 에 대하여

(1) ϕ : 등장사상
$\Leftrightarrow$ 각 점 $p \in M$에 대하여 $\mathrm{I}_p(v) = \mathrm{I}_{\phi(p)}(d\phi_p(v))(\forall v \in T_p M)$.

(2) ϕ : 국소적 등장사상
$\Leftrightarrow$ 임의의 M의 좌표함수(고유조각사상)
$$\mathrm{x}: D(\subset \mathbb{R}^2) \to M, \ \overline{\mathrm{x}} = \phi(\mathrm{x}): D \to \overline{M}$$
에 대하여 $E = \overline{E}, \ F = \overline{F}, \ G = \overline{G}$.
(즉, 국소적 등장사상은 제 1기본계수를 보존한다.).
(단, $\overline{E} = \langle \overline{\mathrm{x}_u}, \overline{\mathrm{x}_u} \rangle, \ \overline{F} = \langle \overline{\mathrm{x}_u}, \overline{\mathrm{x}_v} \rangle, \ \overline{G} = \langle \overline{\mathrm{x}_v}, \overline{\mathrm{x}_v} \rangle.$)

NOTE

(1) 3.3절의 내용
정칙곡면 M의 고유조각사상
$$\mathrm{x}: D(\subset \mathbb{R}^2) \to M$$
에 대하여 $\mathcal{B} = \{\mathrm{x}_u, \mathrm{x}_v, U\}$는 $T_p\mathbb{R}^3$
($(\because) \ \mathrm{x}_u, \ \mathrm{x}_v, \ U$: 일차독립)
의 기저이다. 따라서 그의 도함수들은 $\mathrm{x}_u, \ \mathrm{x}_v, \ U$의 일차결합으로 유일하게 표현된다.

① 가우스의 방정식
$$\begin{cases} \mathrm{x}_{uu} =: \Gamma_{11}^1 \mathrm{x}_u + \Gamma_{11}^2 \mathrm{x}_v + l_1 U \\ \mathrm{x}_{uv} =: \Gamma_{12}^1 \mathrm{x}_u + \Gamma_{12}^2 \mathrm{x}_v + l_2 U \\ \mathrm{x}_{vu} =: \Gamma_{21}^1 \mathrm{x}_u + \Gamma_{21}^2 \mathrm{x}_v + \overline{l}_2 U \\ \mathrm{x}_{vv} =: \Gamma_{22}^1 \mathrm{x}_u + \Gamma_{22}^2 \mathrm{x}_v + l_3 U \end{cases}$$

② 와인가르텐의 방정식
$$\begin{cases} U_u =: a_{11} \mathrm{x}_u + a_{21} \mathrm{x}_v \\ U_v =: a_{12} \mathrm{x}_u + a_{22} \mathrm{x}_v \end{cases}$$

여기서 $\Gamma_{ij}^k, \ a_{ij}, \ l_i, \ \overline{l}_i$는 모두 실수이고 Γ_{ij}^k를 크리스토펠의 기호(Christoffel's symble)라고 부른다.

(2)

① $U_u = a_{11} \mathrm{x}_u + a_{21} \mathrm{x}_v + c_1 U$

$\Rightarrow$ 양변에 U를 내적취하면
$0 = \langle U_u, U \rangle = c_1$

$\Rightarrow c_1 = 0$.

② $U_v = a_{12} \mathrm{x}_u + a_{22} \mathrm{x}_v + c_2 U$

$\Rightarrow$ 양변에 U를 내적취하면
$0 = \langle U_v, U \rangle = c_2$

$\Rightarrow c_2 = 0$.

증 명

(2) (⇐) 생략

(⇒) 두 사상 $x(u, v) : D(\subset \mathbb{R}^2) \to M$,
$$(\overline{x})(u, v) = (\phi \circ x)(u, v) : D(\subset \mathbb{R}^2) \to \overline{M}$$
에 대하여 연쇄율을 적용하면
$$(\overline{x}_u, \overline{x}_v) = d\overline{x} = d\phi \cdot dx = d\phi \cdot (x_u, x_v) = (d\phi(x_u), d\phi(x_v))$$
$$\Rightarrow \overline{x}_u = d\phi(x_u), \ \overline{x}_v = d\phi(x_v)$$
$$\Rightarrow \overline{E} = \langle \overline{x}_u, \overline{x}_u \rangle = \langle d\phi(x_u), d\phi(x_u) \rangle = \langle x_u, x_u \rangle = E,$$
$$\overline{F} = \langle \overline{x}_u, \overline{x}_v \rangle = \langle d\phi(x_u), d\phi(x_v) \rangle = \langle x_u, x_v \rangle = F,$$
$$\overline{G} = \langle \overline{x}_v, \overline{x}_v \rangle = \langle d\phi(x_v), d\phi(x_v) \rangle = \langle x_v, x_v \rangle = G.$$

보 기 38

곡면 P, S이
$$P = \{(x, y, z) \in \mathbb{R}^3 \mid z = 0, \ 0 < x < 2\pi, \ y \in \mathbb{R}\} (평면),$$
$$S = \{(x, y, z) \in \mathbb{R}^3 \mid x^2 + y^2 = 1, \ x \neq 1\} (원주면)$$
이라 할 때 $\phi : P \to S$, $\phi(x; y, z) = (\cos x, \sin x, y)$는 등장사상임을 보이시오.

풀 이

P과 S의 고유조각사상은
$$x(u, v) = (u, v, 0), \ \overline{x}(u, v) = \phi(x(u, v)) = (\cos u, \sin u, v).$$
$x_u = (1, 0, 0)$, $x_v = (0, 1, 0)$, $\overline{x}_u = (-\sin u, \cos u, 0)$, $\overline{x}_v = (0, 0, 1)$
이므로
$$\overline{E} := \langle \overline{x}_u, \overline{x}_u \rangle = 1 = \langle x_u, x_u \rangle = E,$$
$$\overline{F} := \langle \overline{x}_u, \overline{x}_v \rangle = 0 = \langle x_u, x_v \rangle = F,$$
$$\overline{G} := \langle \overline{x}_v, \overline{x}_v \rangle = 1 = \langle x_v, x_v \rangle = G.$$
따라서 $\phi : P \to S$ 는 국소적 등장사상이다.

정 리 41

곡면 M상의 각 점 p에서의 l, m, n(제2 기본계수), Γ_{jk}^{i}(크리스토펠의 기호), a_{ij}, l_i, $\overline{l_i}$에 대하여 다음이 성립한다.

(1) ① $\Gamma_{12}^1 = \Gamma_{21}^1$ ② $\Gamma_{12}^2 = \Gamma_{21}^2$ ③ $l_2 = \overline{l_2}$
(2) ① $l = l_1$ ② $m = l_2 = \overline{l_2}$ ③ $n = l_3$

증 명
(1) 고유조각사상 x는 C^∞-함수이므로 클레로의 정리에 의해
$$x_{uv} = x_{vu}.$$
(2) $x_u \perp U$, $x_v \perp U$이므로 다음이 성립한다.
① $l = \langle x_{uu}, U \rangle = \Gamma_{11}^1 \langle x_u, U \rangle + \Gamma_{11}^2 \langle x_v, U \rangle + l_1 \langle U, U \rangle = l_1$,
② $m = \langle x_{uv}, U \rangle = \Gamma_{12}^1 \langle x_u, U \rangle + \Gamma_{12}^2 \langle x_v, U \rangle + l_2 \langle U, U \rangle = l_2 = \overline{l_2}$
$$((\because)\ x_{uv} = x_{vu}),$$
③ $n = \langle x_{vv}, U \rangle = \Gamma_{22}^1 \langle x_u, U \rangle + \Gamma_{22}^2 \langle x_v, U \rangle + l_3 \langle U, U \rangle = l_3.$

정 리 42

(1) ① $\begin{pmatrix} \Gamma_{11}^1 \\ \Gamma_{11}^2 \end{pmatrix} = \dfrac{1}{EG-F^2} \begin{pmatrix} G & -F \\ -F & E \end{pmatrix} \begin{pmatrix} E_u/2 \\ F_u - E_v/2 \end{pmatrix}$

② $\begin{pmatrix} \Gamma_{12}^1 \\ \Gamma_{12}^2 \end{pmatrix} = \dfrac{1}{EG-F^2} \begin{pmatrix} G & -F \\ -F & E \end{pmatrix} \begin{pmatrix} E_v/2 \\ G_u/2 \end{pmatrix}$

③ $\begin{pmatrix} \Gamma_{22}^1 \\ \Gamma_{22}^2 \end{pmatrix} = \dfrac{1}{EG-F^2} \begin{pmatrix} G & -F \\ -F & E \end{pmatrix} \begin{pmatrix} F_v - G_u/2 \\ G_v/2 \end{pmatrix}$

(즉, $\Gamma_{ij}^k = E, F, G$와 그 편미분의 식).

(2) 가우스곡률 방정식
$$-EK = \left(\Gamma_{12}^2\right)_u - \left(\Gamma_{11}^2\right)_v + \Gamma_{12}^1 \Gamma_{11}^2 + \left(\Gamma_{12}^2\right)^2 - \Gamma_{11}^1 \Gamma_{12}^2 - \Gamma_{11}^2 \Gamma_{22}^2$$
$$(= \Gamma_{ij}^k \text{와 그 편미분의 식})$$
(즉, $K = \Gamma_{ij}^k$와 E의 식 $= E, F, G$와 그 편미분의 식).

증 명

(1) $\dfrac{1}{2}E_u = \dfrac{1}{2}(\langle x_u, x_u \rangle)_u = \langle x_{uu}, x_u \rangle$

$\qquad = \langle \Gamma_{11}^1 x_u + \Gamma_{11}^2 x_v + l_1 U, x_u \rangle$

$\qquad = \Gamma_{11}^1 \langle x_u, x_v \rangle + \Gamma_{11}^2 \langle x_v, x_u \rangle = \Gamma_{11}^1 E + \Gamma_{11}^2 F \cdots$ ㉠,

$F_u - \dfrac{1}{2}E_v = \langle x_{uu}, x_v \rangle \; ((\because) \; F_u = \langle x_u, x_v \rangle_u$

$\qquad\qquad\qquad = \langle x_{uu}, x_v \rangle + \langle x_u, x_{vu} \rangle$

$\qquad\qquad\qquad = \langle x_{uu}, x_v \rangle + \dfrac{1}{2}E_v)$

$\qquad = \langle \Gamma_{11}^1 x_u + \Gamma_{11}^2 x_v + l_1 U, x_v \rangle$

$\qquad = \Gamma_{11}^1 \langle x_u, x_v \rangle + \Gamma_{11}^2 \langle x_v, x_v \rangle = \Gamma_{11}^1 F + \Gamma_{11}^2 G \cdots$ ㉡,

$\dfrac{1}{2}E_v = \dfrac{1}{2}(\langle x_u, x_u \rangle)_v = \langle x_{uv}, x_u \rangle$

$\qquad = \langle \Gamma_{12}^1 x_u + \Gamma_{12}^2 x_v + l_1 U, x_u \rangle$

$\qquad = \Gamma_{12}^1 \langle x_u, x_u \rangle + \Gamma_{12}^2 \langle x_v, x_u \rangle = \Gamma_{12}^1 E + \Gamma_{12}^2 F \cdots$ ㉢,

$\dfrac{1}{2}G_u = \dfrac{1}{2}(\langle x_v, x_v \rangle)_u = \langle x_{uv}, x_v \rangle$

$\qquad = \langle \Gamma_{12}^1 x_u + \Gamma_{12}^2 x_v + l_2 U, x_v \rangle$

$\qquad = \Gamma_{12}^1 \langle x_u, x_v \rangle + \Gamma_{12}^2 \langle x_v, x_v \rangle = \Gamma_{12}^1 F + \Gamma_{12}^2 G \cdots$ ㉣,

$F_u - \dfrac{1}{2}G_u = \langle x_{vv}, x_u \rangle \; ((\because) \; F_v = \langle x_u, x_v \rangle_v$

$\qquad\qquad\qquad = \langle x_{uv}, x_v \rangle + \langle x_u, x_{vv} \rangle$

$\qquad\qquad\qquad = \langle x_{vv}, x_u \rangle + \dfrac{1}{2}G_u)$

$\qquad = \langle \Gamma_{22}^1 x_u + \Gamma_{22}^2 x_v + l_2 U, x_u \rangle$

$\qquad = \Gamma_{22}^1 \langle x_u, x_u \rangle + \Gamma_{22}^2 \langle x_v, x_u \rangle = \Gamma_{22}^1 E + \Gamma_{22}^2 F \cdots$ ㉤,

$\dfrac{1}{2}G_v = \dfrac{1}{2}(\langle x_v, x_v \rangle)_v = \langle x_{vv}, x_v \rangle = \langle \Gamma_{22}^1 x_u + \Gamma_{22}^2 x_v + l_3 U, x_v \rangle$

$\qquad = \Gamma_{22}^1 \langle x_u, x_v \rangle + \Gamma_{22}^2 \langle x_v, x_v \rangle = \Gamma_{22}^1 F + \Gamma_{22}^2 G \cdots$ ㉥.

① ㉠, ㉡에 의해

$$\begin{pmatrix} E & F \\ F & G \end{pmatrix} \begin{pmatrix} \Gamma_{11}^1 \\ \Gamma_{11}^2 \end{pmatrix} = \begin{pmatrix} \Gamma_{11}^1 E + \Gamma_{11}^2 F \\ \Gamma_{11}^1 F + \Gamma_{11}^2 G \end{pmatrix} = \begin{pmatrix} E_u/2 \\ F_u - E_v/2 \end{pmatrix}$$

4.2 측지선, 주곡선, 점근곡선   4. 곡면의 대역적 이론

이므로 $\begin{pmatrix} \Gamma_{11}^1 \\ \Gamma_{11}^2 \end{pmatrix} = \dfrac{1}{EG-F^2}\begin{pmatrix} G & -F \\ -F & E \end{pmatrix}\begin{pmatrix} E_u/2 \\ F_u - E_v/2 \end{pmatrix}.$

② ㉢, ㉣에 의해

$$\begin{pmatrix} E & F \\ F & G \end{pmatrix}\begin{pmatrix} \Gamma_{12}^1 \\ \Gamma_{12}^2 \end{pmatrix} = \begin{pmatrix} \Gamma_{12}^1 E + \Gamma_{12}^2 F \\ \Gamma_{12}^1 F + \Gamma_{12}^2 G \end{pmatrix} = \begin{pmatrix} E_v/2 \\ G_u/2 \end{pmatrix}$$

이므로 $\begin{pmatrix} \Gamma_{12}^1 \\ \Gamma_{12}^2 \end{pmatrix} = \dfrac{1}{EG-F^2}\begin{pmatrix} G & -F \\ -F & E \end{pmatrix}\begin{pmatrix} E_v/2 \\ G_u/2 \end{pmatrix}.$

③ ㉤, ㉥에 의해

$$\begin{pmatrix} E & F \\ F & G \end{pmatrix}\begin{pmatrix} \Gamma_{22}^1 \\ \Gamma_{22}^2 \end{pmatrix} = \begin{pmatrix} \Gamma_{22}^1 E + \Gamma_{22}^2 F \\ \Gamma_{22}^1 F + \Gamma_{22}^2 G \end{pmatrix} = \begin{pmatrix} F_v - G_u/2 \\ G_v/2 \end{pmatrix}$$

이므로 $\begin{pmatrix} \Gamma_{22}^1 \\ \Gamma_{22}^2 \end{pmatrix} = \dfrac{1}{EG-F^2}\begin{pmatrix} G & -F \\ -F & E \end{pmatrix}\begin{pmatrix} F_v - G_u/2 \\ G_v/2 \end{pmatrix}.$

(2) 미분기하학 윤갑진 (6.2.22)

정리 43

두 정칙 곡면 $M, \overline{M}$ 에 대하여

(1) 가우스의 위대한 정리(Gauss theorem egregium)

① $\exists \phi : M \to \overline{M}$ 국소적 거리동형사상(즉, $M, \overline{M}$: 국소적 거리동형)
 $\Rightarrow K(p) = \overline{K}(\phi(p))\,(\forall p \in M).$

② $\exists \phi : M \to \overline{M}$ 거리동형사상(즉, $M, \overline{M}$: 거리동형)
 $\Rightarrow K(p) = \overline{K}(\phi(p))\,(\forall p \in M).$

(즉, 거리동형인 두 곡면의 가우스곡률은 서로 같다.)

(2) $\mathrm{x} : D(\subset \mathbb{R}^2) \to M$ 직교좌표함수(즉, $\langle \mathrm{x}_u, \mathrm{x}_v \rangle = 0$)
 $\Rightarrow K = -\dfrac{1}{2\sqrt{EG}}\left\{\left(\dfrac{E_v}{\sqrt{EG}}\right)_v + \left(\dfrac{G_u}{\sqrt{EG}}\right)_u\right\}$

11년시행기출

2차원 유클리드 공간 $\mathbb{R}^2$에서 3차원 공간 $\mathbb{R}^3$ 상의 매끄러운 곡면(smooth surface) S 위로의 등장사상(등거리사상, isometry)
$$f : \mathbb{R}^2 \to S$$
가 존재할 때, 옳은 것만을 <보기>에서 있는 대로 고른 것은? [2점]

<보기>
ㄱ. f의 역사상 f^{-1}도 등장사상이다.
ㄴ. S의 모든 점에서 가우스 곡률(Gaussian curvature)이 0이다.
ㄷ. S의 모든 점에서 평균곡률(mean curvature)이 0이다.

① ㄱ ② ㄴ ③ ㄷ ④ ㄱ, ㄴ ⑤ ㄱ, ㄴ, ㄷ

증 명

(1) ① x : $D(\subset \mathbb{R}^2) \to M$가 $p(\in M)$근방의 좌표함수라 가정하자. 그러면 $y = \phi \cdot x : D \to \overline{M}$는 $\phi(p)(\in \overline{M})$근방의 좌표함수, p와 $\phi(p)$에서 제1 기본계수는 서로 같다.
⇒ p와 $\phi(p)$에서 제1 기본계수와 그의 편미분이 서로 같다.
⇒ $K(p) = K(\phi(p))$.
② ①에 의해 성립.

(2) $F = \langle \mathbf{x}_u, \mathbf{x}_v \rangle = 0$이므로 크리스토펠 기호에 의해서

$$\Gamma_{11}^1 E = \frac{1}{2}E_u, \quad \Gamma_{11}^2 G = -\frac{1}{2}E_v, \quad \Gamma_{12}^1 E = \frac{1}{2}E_v,$$

$$\Gamma_{12}^2 G = \frac{1}{2}G_u, \quad \Gamma_{12}^1 E = -\frac{1}{2}G_u, \quad \Gamma_{22}^2 G = \frac{1}{2}G_v.$$

따라서 가우스곡률 방정식으로부터

$$-EK$$
$$= (\Gamma_{12}^2)_u - (\Gamma_{11}^2)_v + \Gamma_{12}^1 \Gamma_{11}^2 + (\Gamma_{12}^2)^2 - \Gamma_{11}^1 \Gamma_{12}^2 - \Gamma_{11}^2 \Gamma_{22}^2$$
$$= \left(\frac{G_u}{2G}\right)_u + \left(\frac{E_v}{2G}\right)_v - \left(\frac{E_v}{2E}\right)\left(\frac{E_v}{2G}\right) + \left(\frac{G_u}{2G}\right)^2 - \left(\frac{E_u}{2E}\right)\left(\frac{G_u}{2G}\right) + \left(\frac{E_v}{2G}\right)\left(\frac{G_v}{2G}\right)$$
$$= \frac{G_{uu}}{2G} - \frac{G_u^2}{2G^2} + \frac{E_{vv}}{2G} - \frac{E_v G_v}{2G^2} - \frac{E_v^2}{4EG} + \frac{G_u^2}{4G^2} - \frac{E_u G_u}{4EG} + \frac{E_v G_v}{4G^2}$$
$$= \frac{G_{uu}}{2G} - \frac{G_u^2}{4G^2} - \frac{E_u G_u}{4EG} + \frac{E_{vv}}{2G} - \frac{E_v^2}{4EG} - \frac{E_v G_v}{4G^2}.$$

그러므로

$$K = -\frac{1}{2}\left[\left\{\frac{G_{uu}}{EG} - \frac{G_u^2}{2EG^2} - \frac{E_u G_u}{2E^2 G}\right\} + \left\{\frac{E_{vv}}{EG} - \frac{E_v^2}{2E^2 G} - \frac{E_v G_v}{2EG^2}\right\}\right]$$
$$= -\frac{1}{2\sqrt{EG}}\left[\left\{\frac{G_{uu}}{\sqrt{EG}} - \frac{EG_u^2 + E_u G_u G}{2(EG)^{3/2}}\right\} + \left\{\frac{E_{vv}}{\sqrt{EG}} - \frac{E_v^2 G + E_v G_v E}{2(EG)^{3/2}}\right\}\right]$$
$$= -\frac{1}{2\sqrt{EG}}\left\{\left(\frac{G_u}{\sqrt{EG}}\right)_u + \left(\frac{E_v}{\sqrt{EG}}\right)_v\right\}.$$

4.4. 가우스-보네 정리

정 의 35 (구판 정의30)
(1) 유한개의 정칙호(regular arc) $C_i(i=1, \cdots, k)$를 연결시킨것을 죠르단 호(Jordan arc),
(2) 끝점을 제외하고는 만나지 않는 죠르단 호 C를 단순폐 죠르단 호 (simple closed jordan arc)(혹은 다각형곡선 (polygonal curve)),
(3) 다각형곡선 C의 각 성분 C_i를 C의 변(edge), 두 변이 만나는 점을 C의 정점(vertex)이라 한다.

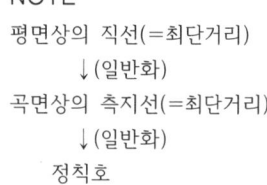

NOTE
평면상의 직선(=최단거리)
↓(일반화)
곡면상의 측지선(=최단거리)
↓(일반화)
정칙호

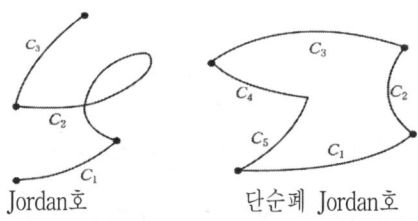

Jordan호   단순폐 Jordan호

정 의 36 (구판 정의31)
곡면 M에 대하여
(1) 미분가능함수 $\alpha : [a, b] \to M$을 1차원단편(1-segment) (혹은 곡선 단편(curve segment)),
미분가능함수 $\mathbf{x} : [a, b] \times [c, d] \to M$을 2차원단편(2-segment)이라 한다.
(2) 직사각형 $[a, b] \times [c, d] (\equiv R)$, 2차원단편 $\mathbf{x} : R \to M$에 대하여
다음 1차원단편
$\alpha, \gamma : [a, b] \to M$, $\alpha(u) = \mathbf{x}(u, c)$, $\gamma(u) = \mathbf{x}(u, d)$,
$\beta, \delta : [c, d] \to M$, $\beta(v) = \mathbf{x}(b, v)$, $\delta(v) = \mathbf{x}(a, v)$
을 $\mathbf{x}$의 변(edge),
(3) $p_1 = \mathbf{x}(a, c)$, $p_2 = \mathbf{x}(b, c)$, $p_3 = \mathbf{x}(b, d)$, $p_4 = \mathbf{x}(a, d)$를 $\mathbf{x}(R)$의 꼭지점(vertex),

(4) $\partial \mathbf{x} \equiv \alpha + \beta - \gamma - \delta$를 $\mathbf{x}$의 경계(boundary).
(5) $\varepsilon_j(1 \leq j \leq 4) \equiv \partial \mathbf{x}$에서 순서대로 변 $\alpha, \beta, -\gamma, -\delta, \alpha$로부터 유도된 p_j에서의 회전각(rotation angle),
$i_j(1 \leq j \leq 4) \equiv \pi - \varepsilon_j$라 할 때 ε_j, i_j를 각각 p_j에서의 $\mathbf{x}$의 외각(exterior angle), 내각(interior angle)이라 한다.

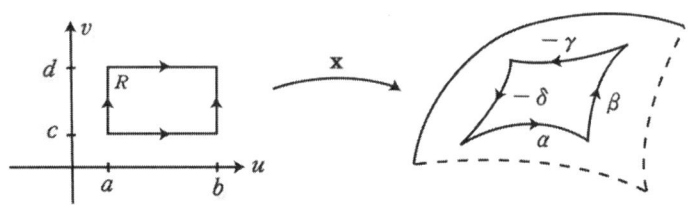

정 의 37 (구판 정의32)

유향곡면 M위의 정칙호 $\alpha : [a, b] \to M$에 대하여

$$\alpha\text{의 전측지곡률(total geodesic curve)} := \int_{s(a)}^{s(b)} \kappa_g(s) ds$$

(단, s : α의 호장함수, $\kappa_g(s)$: α의 호장에 의한 재매개화의 측지곡률)

예 제 31 (구판 예제23)

평면 위에서 반시계 방향(=양의 방향)으로 반경 r인 원을 움직이는 곡선 α의 전측지곡률을 구하시오.

풀 이

α는 평면곡선이므로 법곡률은 $\kappa_n \equiv 0$

$\Rightarrow \dfrac{1}{r^2} = \kappa^2 = \kappa_n^2 + \kappa_g^2 = 0^2 + \kappa_g^2$

$\Rightarrow \kappa_g = \dfrac{1}{r}$ (양의 방향이므로)

$\Rightarrow \int_\alpha \kappa_g \, ds = \dfrac{1}{r}(2\pi r) = 2\pi$

이때 α의 방향이 시계방향(=음의 방향)이라면 전측지곡률은 -2π이다.

4.4 Gauss-Bonnet 정리

정 리 44 (외각에 대한 가우스-보네(Gauss-Bonnet) 공식)
(구판 정리34)
(1) 곡면 M과 직사각형 R에 대하여
$\mathbf{x}: R \to M$ $1-1$, 정칙인 2-차원단편,
$dM : \mathbf{x}$에 의해 결정된 면적형식일 때

$$\iint_{\mathbf{x}} K\,dM + \int_{\partial \mathbf{x}} \kappa_g\,ds + (\varepsilon_1 + \varepsilon_2 + \varepsilon_3 + \varepsilon_4) = 2\pi.$$

$$\left(\text{따라서 } \iint_{\mathbf{x}} K\,dM + \int_{\partial \mathbf{x}} \kappa_g\,ds = (i_1 + i_2 + i_3 + i_4) - 2\pi\right).$$

(2) $\triangle$: 컴팩트유향곡면 M위의 삼각형(즉, $\mathbb{R}^2$의 삼각형의 정칙사상에 의한 상)일 때

$$\iint_{\triangle} K\,dM + \int_{\partial \triangle} \kappa_g\,ds + (\varepsilon_1 + \varepsilon_2 + \varepsilon_3) = 2\pi.$$

$$\left(\text{따라서 } \iint_{\triangle} K\,dM + \int_{\partial \triangle} \kappa_g\,ds = (i_1 + i_2 + i_3) - \pi\right).$$

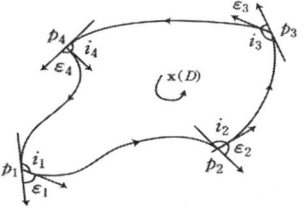

NOTE
$\triangle$: 유향곡면 M위의 측지삼각형(geodesic triangle)(즉, 각 변이 측지선)일 때
(1) 가우스의 정리

$$\iint_{\triangle} K\,dM + \pi = i_1 + i_2 + i_3 \quad ((\because)\ \partial\triangle \text{에서 } \kappa_g \equiv 0)$$

(2) $i_1 + i_2 + i_3 (= \triangle$의 세 내각의 합$)\begin{cases} =\pi, & K \equiv 0\ (\Leftarrow \text{평면}) \\ >\pi, & K > 0\ (\Leftrightarrow \text{타원면}) \\ <\pi, & K < 0\ (\Leftrightarrow \text{쌍곡면}) \end{cases}$

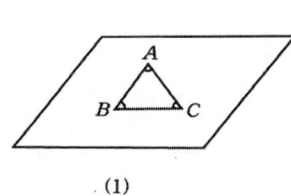
(1)

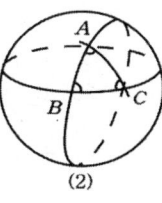
(2)

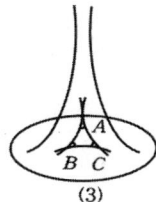
(3)

08년시행기출

다음은 3차원 유클리드 공간에 놓인 곡면
$$M: X(u, v) = (u, v, u^3 + 2v),$$
$$(-\infty < u < \infty, -\infty < v < \infty)$$
위의 측지삼각형(geodesic triangle)의 내각의 합을 구하는 과정이다. (가), (나), (다), (라)에 알맞은 것은? [2점]

곡면 M은 yz평면 위의 직선 $l_0 : x=0, z=2y$를 xz평면 위의 곡선 $C: y=0$, (가) 을 따라 평행이동시킴으로써 얻어진다. 곡면 M의 각 점 p에 대하여 p을 지나면서 l_0와 평행인 직선을 단위속력을 갖도록 매개화한 곡선을 $l_p = l_p(t)$라 하면 l_p는 M의 점근곡선이고, 동시에 (나) 이 된다. 따라서 모든 점에서 M의 가우스곡률(Gaussian-curvature) K는 (다) 를 만족한다. 곡면 M의 임의의 측지삼각형 △에 대하여 가우스-보네(Gauss-Bonnet)의 공식을 적용하면
$$\iint_\triangle K dA = (\triangle\text{의 내각의 합}) - \pi$$
이므로, 곡면 M의 모든 측지삼각형의 내각의 합은 (라).

<도움말>
- 점근곡선(asymptotic curve): 곡선 위의 각 점에서 접선방향의 법곡률(normal curvature)이 0이 되는 곡면 위의 정칙곡선.
- 주요곡선(principal curve): 곡선 위의 각 점에서 접선 방향의 법곡률이 주요곡률(principal curvature)이 되는 곡면위의 정칙곡선
- 측지선(geodesic): 곡선 위의 각 점에서 측지곡률(geodesic curvature)이 0이고, 일정한 속력을 갖는 곡면위의 정칙곡선.

	(가)	(나)	(다)	(라)
①	$z=x^3$	측지선	$K \geq 0$	π보다 크다.
②	$z=x^{\frac{1}{3}}$	주요곡선	$K=0$	π이다.
③	$z=x^{\frac{1}{3}}$	측지선	$K \leq 0$	π보다 작다.
④	$z=x^3$	주요곡선	$K \leq 0$	π보다 작다.
⑤	$z=x^3$	주요곡선	$K=0$	π이다.

예 제 32 (구판 예제24)

(1) 곡면 M위의 임의의 점에서 가우스곡률 $-\frac{1}{2}$를 가질 때 M위에 면적이 π인 측지삼각형 △의 세 내각의 합을 구하시오.

(2) 반지름이 1인 구면위에 북극(north pole) N과 적도를 따라 거리가 $\frac{\pi}{2}$떨어진 적도상의 두 점 A, B로 이루어진 측지삼각형 ABN의 면적을 구하시오.

(3) 반지름이 1인 구면위에 놓여 있는 측지정삼각형의 면적이 π일 때, 한 내각의 크기를 구하시오.

풀 이

(1) △의 세 내각을 i_1, i_2, i_3라 할 때 외각에 대한 가우스-보네 공식에 의해 세 내각의 합은
$$i_1 + i_2 + i_3 = \iint_\triangle K dM + \pi$$
$$= \iint_\triangle \left(-\frac{1}{2}\right) dM + \pi$$
$$= \left(-\frac{1}{2}\right)(M\text{의 면적}) + \pi = \frac{\pi}{2}.$$

(2) 외각에 대한 가우스-보네 공식에서
$$\iint_\triangle K dM = 2\pi - \int_{\partial\triangle} \kappa_g ds - (\varepsilon_1 + \varepsilon_2 + \varepsilon_3).$$
$\kappa_g = 0$, $K = \frac{1}{1}$, $\varepsilon_1 = \varepsilon_2 = \varepsilon_3 = \frac{\pi}{2}$이므로 ABN의 면적은
$$S = 2\pi - 0 - \left(\frac{\pi}{2} + \frac{\pi}{2} + \frac{\pi}{2}\right) = \frac{\pi}{2}.$$

(3) 외각에 대한 가우스-보네 공식에서
$$i_1 + i_2 + i_3 = \iint_\triangle K dM + \int_{\partial\triangle} \kappa_g ds + \pi.$$
$\kappa_g = 0$, $K = \frac{1}{1}$이고 $i_1 = i_2 = i_3 = \alpha$(정삼각형의 내각)라 할 때
$$3\alpha = \iint_\triangle 1 dM + \int_{\partial\triangle} 0 ds + \pi = \text{정삼각형의 면적} + \pi = 2\pi$$
따라서 $\alpha = \frac{2}{3}\pi$이다.

4.4 Gauss-Bonnet 정리

유 제 7 (구판 유제13)
(1) M의 고유조각사상 $\mathbf{x} = \mathbf{x}(u, v)$ $(u>0, v>0)$은
$$\langle \mathbf{x}_u, \mathbf{x}_u \rangle = 3(v+1), \quad \langle \mathbf{x}_u, \mathbf{x}_v \rangle = 0, \quad \langle \mathbf{x}_v, \mathbf{x}_v \rangle = u^2$$
$$\langle \mathbf{x}_{uu}, \mathbf{U} \rangle = u, \quad \langle \mathbf{x}_{uv}, \mathbf{U} \rangle = 0, \quad \langle \mathbf{x}_{vv}, \mathbf{U} \rangle = u(v+1)$$
을 만족한다. 이때, 곡면 M상의 넓이가 3인 측지삼각형의 세 내각의 합은?

(2) M은 반지름이 $\dfrac{1}{\sqrt{2}}$인 $\mathbb{R}^3$공간상의 구면이다. 이때 곡면 M 상의 넓이가 $\dfrac{\pi}{6}$인 측지삼각형의 세 내각의 합은?

13년시행기출
3차원 유클리드 공간 $\mathbb{R}^3$에 놓인 곡면
$$M : X(u, v) = \left(u\cos v, u\sin v, \frac{1}{2}u^2 \right)$$
$$(u \geq 0, \ 0 \leq v \leq 2\pi)$$
에 포함되는 영역
$$S = \{ X(u, v) \mid 0 \leq u \leq 1, 0 \leq v \leq \pi \}$$
가 있다. S의 경계(boundary) ∂S의 측지곡률을 κ_g라 할 때, ∂S의 측지곡률합(전측지곡률, total geodesic curvature) $\int_{\partial S} \kappa_g ds$의 절댓값을 구하시오. (단, s는 호의 길이를 나타내는 매개변수이다.) [2점]

풀 이 (1) 국소적 가우스-보네 정리에 의해
$$2\pi = \iint_\triangle K dM + \int_{\partial \triangle} \kappa_g ds + (\varepsilon_1 + \varepsilon_2 + \varepsilon_3)$$
$$= 1 + 3\pi - (\text{세 내각의 합}).$$
∴ 세 내각의 합 $= 1 + \pi$.

(2) 국소적 가우스-보네 정리에 의해
$$2\pi = \iint_\triangle K dM + \int_{\partial \triangle} \kappa_g ds + (\varepsilon_1 + \varepsilon_2 + \varepsilon_3)$$
$$= 2 \cdot \frac{\pi}{6} + 0 + 3\pi - (\text{세 내각의 합}).$$
∴ 세 내각의 합 $= \dfrac{4}{3}\pi$.

○ 도움말
정칙곡선(정규곡선, regular curve) $\alpha_1, \alpha_2, \cdots, \alpha_n$들로 이루어진 조각별 정칙곡선(piecewise regular curve) α의 측지곡률합은
$$\int_\alpha \kappa_g ds = \sum_{i=1}^n \int_{\alpha_i} \kappa_g ds$$
로 정의된다.

20년시행기출
3차원 유클리드 공간 $\mathbb{R}^3$에서 곡선 $\gamma(u) = (0, u^4 - 2u^2 + 5, u)$ $(u \in \mathbb{R})$를 z축을 중심으로 360° 회전시켜 얻은 회전체를 M이라 하고, M의 가우스 곡률(Gaussian curvature)를 K라 하자. 영역
$$S = \{ (x, y, z) \in M \mid -1 \leq z \leq 1 \}$$
에 대하여 $\iint_S K dA$의 값을 풀이과정과 함께 쓰시오. [4점]

정 의 38 (구판 정의33)
곡면 M에 대하여
(1) $\mathbf{x}_i : R_i \to M (i = 1, 2, \cdots, m)$, 1-1이고 정칙인 2차원 단편
s.t. (i) $\mathbf{x}_i(R_i) \cap \mathbf{x}_j(R_j) = \varnothing \ (i \neq j)$
  혹은 $\mathbf{x}_i(R_i) \cap \mathbf{x}_j(R_j)$는 하나의 꼭지점이나 공통변이 된다.
(ii) $\cup_{i=1}^m \mathbf{x}_i(R_i) = M$
를 만족할 때 $D = \{\mathbf{x}_1, \mathbf{x}_2, \cdots, \mathbf{x}_m\}$를 M의 **직사각형분할**
(rectangular decomposition)이라 한다.
(2) 각 $\mathbf{x}_i(R_i) (i = 1, 2, \cdots, m)$를 면(face)이라 하고,

(3) $v := D$에 속한 정점(vertex)의 수,
  $e := D$에 속한 변(edge)의 수,
  $f := D$에 속한 면(face)의 수라 할 때
M의 직사각형분할 D에 상관없이 $v-e+f$는 일정하며
$$\chi(M) := v-e+f$$
를 M의 오일러-포앙카레의 지표(characteristic)(혹은 오일러의 표수)라 한다.

보 기 39 (구판 보기24)
(1) 구면의 오일러표수= 2.
(2) 원환면의 오일러표수= 0.

정 리 45 (구판 정리35)
(1) 모든 컴팩트곡면은 직사각형분할을 갖는다.(**Lefschetz**)
(2) 두 곡면 M_1과 M_2가 서로 위상동형이면 $\chi(M_1)=\chi(M_2)$이다.
       (즉, χ는 위상적 성질이다.)
(3) ① 오일러의 볼록다면체정리
  임의의 볼록다면체의 오일러표수는 2이다.
② 음이 아닌 정수 k에 대하여
  $M_k \approx$ 구면에 손잡이가 k개 달린 곡면 $\Rightarrow \chi(M)=2(1-k)$.

직관적인 해설
(1)

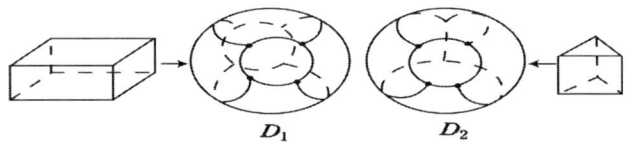

(2) 예를 들어 정육면체와 정사면체는 모두 구면과 위상동형이므로 오일러의 표수는 서로 같다.

4.4 Gauss-Bonnet 정리

$$x\left(\bigcirc\right) = x\left(\text{cube}\right) = 8-12+16 = 2$$
$$= x\left(\text{octahedron}\right) = 4-6+4 = 2$$

(3)

$M_0 = \bigcirc \approx \text{cube} \Rightarrow x(M_0) = 8-12+6 = 2$

$M_1 = \text{(torus shape)} \approx \text{(torus)}$

$\approx \text{(box with hole)} \Rightarrow x(M_1) = 16-32+16 = 0$

$M_2 = \text{(double torus shape)} \approx \text{(double torus)}$

$\approx \text{(box with two holes)}$

$$\Rightarrow x(M_2) = x(M_1) + x(M_1) - (4-4+2)$$
$$= 0+0-2 = -2$$

구면에 손잡이가 하나 늘어날 때 마다 오일러의 표수는 2만큼씩 줄어든다는 사실을 직관적으로 알 수 있다. 따라서 손잡이가 k개 달린 구면의 오일러의 표수는 $\chi(M_k) = 2-2k = 2(1-k)$.

정 리 46 (가우스-보네의 정리(Gauss-Bonnet theorem))
(구판 정리36)
M : 컴팩트 유향곡면이면
$$\iint_M K\,dM = 2\pi\chi(M).$$

증 명(외각에 대한 가우스-보네 공식을 이용한 증명)
면적형식 dM으로 M의 방향을 고정하고 D는 모두 양의방향으로 방향이 주어진 2차원단편 $\mathbf{x}_1, \mathbf{x}_2, \cdots, \mathbf{x}_f$에 의한 M의 직사각형 분해라 하자. 정의에 의해 M의 곡률합은

$$\iint_M K\,dM = \sum_{i=1}^{f} \iint_{\mathbf{x}_i} K\,dM \quad \cdots \text{①}$$

각 항에 외각에 대한 가우스-보네 공식을 적용하여 보자. 내각의 형태로 이 공식은

$$\iint_{\mathbf{x}_i} K\,dM = -\int_{\partial \mathbf{x}_i} \kappa_g\,ds - 2\pi + (i_1 + i_2 + i_3 + i_4) \quad \cdots \text{②}$$

이므로 식 ②를 ①에 대입하였을 때 어떤 일이 일어나는가를 생각해 보자.

M은 곡면이므로 국소적으로는 $\mathbb{R}^2$와 비슷하고, 분해 D의 각 변은 정확히 두 면, 즉, $\mathbf{x}_i(R_i)$와 $\mathbf{x}_j(R_j)$에 의하여 나타난다. α_i와 α_j를 각각 $\partial \mathbf{x}_i$와 $\partial \mathbf{x}_j$에서 나타난 변의 재매개화라고 하자.

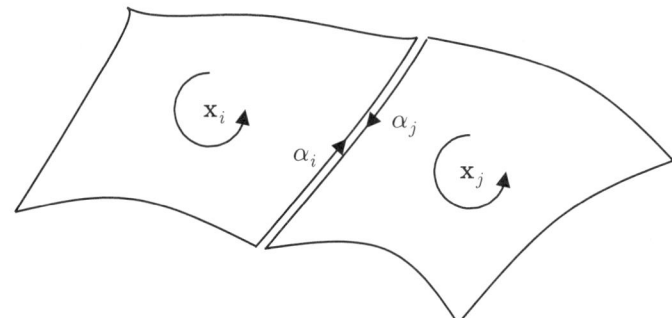

이 영역들은 M 자체와 같은 방향을 갖기 때문에 α_i와 α_j는 위의 그림과 같이 각각에 대하여 방향을 바꾸는 재매개화이다. 따라서

$$\int_{\alpha_i} \kappa_g\,ds + \int_{\alpha_j} \kappa_g\,ds = 0$$

이다. 그리고 변에 대한 곡선 위에서의 적분은 한 쌍씩 소거되므로

$$\sum_{i=1}^{f} \int_{\partial \mathbf{x}_i} \kappa_g\,ds = 0.$$

(단, 분해에서 꼭지점, 변, 면의 수는 v, e, f로 쓴다.)
따라서 식 ①에 ②를 대입한 결과는

$$\iint_M K\,dM = -2\pi f + I$$

4.4 Gauss-Bonnet 정리

이고, 이때 I는 임의의 분해에 대한 면의 모든 내각의 합이다. 각 꼭지점에서 내각의 합은 2π이므로 $I=2\pi v$이다. 그러므로
$$\iint_M K\,dM = -2\pi f + 2\pi v \quad \cdots \text{③}$$
분해 D의 면은 직사각형이므로 각 면은 네 개의 변을 가진다. 그리고 각 변은 정확히 두 개의 면에 속한다. 그러므로 $4f$는 e의 두 배이다. 즉, $4f=2e$이다. 따라서 $-f=f-e$이므로 식 ③에 대입하면
$$\iint_M K\,dM = 2\pi(v-e+f) = 2\pi\chi(M)$$
이 성립한다.

보 기 40 (구판 보기25)
(1) 반지름 $r(>0)$인 구면 $S^2(r)$의 전가우스곡률은?
(2) 원환면 T의 전가우스곡률은?

풀 이
(1) $S^2(r)$의 전가우스곡률 $= 2\pi\chi(S^2(r))$
$\qquad\qquad\qquad\quad = 2\pi \cdot 2 \quad ((\because)\ \chi(S^2(r))=2)$
$\qquad\qquad\qquad\quad = 4\pi,$
(2) T(torus)의 전가우스곡률 $= 2\pi\chi(T)$
$\qquad\qquad\qquad\quad = 2\pi \cdot 0 \quad ((\because)\ \chi(T)=0)$
$\qquad\qquad\qquad\quad = 0.$

96년시행모의평가기출

타원면 $E: \dfrac{x^2}{a^2}+\dfrac{y^2}{b^2}+\dfrac{z^2}{c^2}=1$의 가우스 곡률을 K라 할 때 $\iint_E K\,dA$를 구하시오. [4점]

96년시행기출

토러스(Torus) $S^1\times S^1$위에서 정의된 가우스곡률 K가 0이 되는 점이 적어도 하나 존재함을 증명하여라. [4점]

예 제 33

유클리드공간 $\mathbb{R}^3$에 놓인 곡면 M에 관한 다음의 물음에 답하시오.

(1) M이 아래의 그림과 같은 이중원환면(double torus)과 위상동형이라 하자. 이때 M의 전가우스곡률 $\iint_M K dM$의 값을 구하시오.

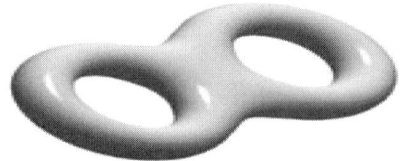

(2) M이 구면위에 손잡이가 k개 달린 곡면이라 할 때 M의 전가우스곡률 $\iint_M K dM$의 값을 구하시오.

풀 이

(1) M은 구면위에 손잡이가 2개 달린 곡면과 위상동형이므로 $\chi(M) = 2 - 2 \times 2 = -2$. 따라서 가우스-보네의 정리에 의해
$$\iint_M K dM = 2\pi \chi(M) = -4\pi.$$

(2) $\chi(M) = 2(1-k)$이므로 가우스-보네의 정리에 의해
$$\iint_M K dM = 2\pi \chi(M) = 4\pi(1-k).$$

기출문제 및 해설

10년시행기출

평가영역	곡선
평가내용 요소	곡선의 길이

좌표공간에서 곡선 $\gamma(t) = (a\cos t, a\sin t, bt)$ 는 두 점
$$P(2, 0, 4\pi), \ Q(2, 0, 8\pi)$$
를 지난다. 점 P에서 Q까지 곡선 $\gamma(t)$의 길이가 $4\sqrt{10}\pi$ 일 때, $a+b$의 값은? (단, $a > 0$이고, $b > 0$이다.) [2점]

① $\dfrac{8}{3}$ ② 3 ③ $\dfrac{10}{3}$ ④ $\dfrac{11}{3}$ ⑤ 4

[정 답] ①

[해 설] 곡선 $\gamma(t) = (a\cos t, a\sin t, bt)$ 에 대하여
(ⅰ) $P = \gamma(t_0) = (a\cos t_0, a\sin t_0, bt_0) = (2, 0, 4\pi)$,
$Q = \gamma(t_1) = (a\cos t_1, a\sin t_1, bt_1) = (2, 0, 8\pi)$
이므로
$$t_0 = \frac{4\pi}{b}, \ t_1 = \frac{8\pi}{b}, \ 2 = a\cos t_0 = a\cos t_1,$$
$$a\sin t_0 = a\sin t_1 = 0$$
이므로 $a = 2$이다.
(ⅱ) $\gamma'(t) = (-a\sin t, a\cos t, b)$
이고 따라서 $\|\gamma'(t)\| = \sqrt{a^2 + b^2}$ 이다.
$$4\sqrt{10}\pi = \int_{\frac{4\pi}{b}}^{\frac{8\pi}{b}} \|\gamma'(t)\| dt = \frac{4\pi}{b}\sqrt{a^2+b^2}$$ 이다.

따라서 (ⅰ), (ⅱ)에 의해 $a = 2, \ b = \dfrac{2}{3}$이다. 그러므로
$$a + b = \frac{8}{3}.$$

08년시행모의평가

평가영역	곡선의 개념
평가내용 요소	호장에 의한 재매개화

다음 곡선 $\alpha(t) = (\cosh t, \sinh t, t)$ 에 대하여 단위속력을 갖는 재매개곡선(unit-speed reparametrization)을 구하는 과정이다. (가), (나)에 알맞은 것은?

(단, $\cosh t = \dfrac{e^t + e^{-t}}{2}, \ \sinh t = \dfrac{e^t - e^{-t}}{2}$ 이다.) [2점]

주어진 곡선 α의 속력 $\|\alpha'(t)\|$를 구하면
$$\|\alpha'(t)\| = \boxed{\text{(가)}}$$
이므로 곡선 α의 호길이 함수(arc-length function) $s(t)$는
$$s(t) = \int_0^t \|\alpha'(u)\| du = \sqrt{2}\sinh t.$$
따라서 호길이 함수의 역함수는 $t = t(s)$
$$= \sinh^{-1}\frac{s}{\sqrt{2}}$$이므로 곡선 α에 대하여 단위속력을 갖는 재매개곡선 $\beta(s)$는
$$\beta(s) = \alpha(t(s))$$
$$= \left(\sqrt{1 + \frac{s^2}{2}}, \ \boxed{\text{(나)}}, \ \sinh^{-1}\frac{s}{\sqrt{2}}\right).$$

	(가)	(나)
①	$\sqrt{2}\cosh t$	$\sqrt{2}\,s$
②	$\sqrt{2}\cosh t$	$\dfrac{s}{\sqrt{2}}$
③	$\sqrt{2}\,\|\sinh t\|$	$\sqrt{2}\,s$
④	$\sqrt{2}\,\|\sinh t\|$	$\dfrac{s}{\sqrt{2}}$
⑤	$\sinh\dfrac{\|t\|}{\sqrt{2}}$	$\cosh\dfrac{s}{\sqrt{2}}$

[정 답] ②

[해 설] (가) $\alpha'(t) = (\sinh t, \cosh t, 1)$ 이므로
$$\|\alpha'(t)\| = (\sinh^2 t + \cosh^2 t + 1)^{1/2}$$
$$= \left(\frac{(e^t + e^{-t})^2}{2}\right)^{1/2}$$
$$= \left(2\left(\frac{e^t + e^{-t}}{2}\right)^2\right)^{1/2} = \sqrt{2}\cosh t.$$

(나) $\sinh t = \sinh\left(\sinh^{-1}\left(\dfrac{s}{\sqrt{2}}\right)\right) = \dfrac{s}{\sqrt{2}}$.

00년시행기출

평가영역	곡선의 국소적 이론
평가내용 요소	곡선의 곡률

곡선 $X=(4\cos t)e_1+(4\sin t)e_2+3te_3$에 대하여 다음 물음에 답하시오.
(단, e_1, e_2, e_3는 $\mathbb{R}^3$의 표준기저이다.) [총 5점]
(1) 단위속력벡터를 구하시오. [2점]
(2) 곡률을 구하시오. [2점]
(3) 곡률반경을 구하시오. [1점]

[해 설]
(1) 나선 $\alpha(t)$의 호장함수는
$$s(t)=\int_0^t \|X'(t)\|dt=\int_0^t 5\,dt=5t,\ t(s)=\frac{s}{5}$$
이고, $\alpha(t)$의 호장에 의한 재매개화 $\beta(s)$는
$$\beta(s)=\alpha(s^{-1})=\alpha\left(\frac{s}{5}\right)=\left(4\cos\left(\frac{s}{5}\right),\ 4\sin\left(\frac{s}{5}\right),\ \frac{3s}{5}\right)$$
(1) 단위속력벡터는
$$\beta'(s)=\left(-\frac{4}{5}\sin\left(\frac{s}{5}\right),\ \frac{4}{5}\cos\left(\frac{s}{5}\right),\ \frac{3}{5}\right).$$
(2) 곡률벡터는
$$\beta''(s)=\left(-\frac{4}{5^2}\cos\left(\frac{s}{5}\right),\ -\frac{4}{5^2}\sin\left(\frac{s}{5}\right),\ 0\right)$$
이므로 곡률은
$$\kappa(s)=\|\beta''(s)\|=\frac{4}{25}.$$
(3) 곡률반경은 $\rho(s)=\dfrac{1}{\kappa(s)}=\dfrac{25}{4}$.

93년시행기출

평가영역	곡선의 국소적이론
평가내용 요소	곡률의 정의

$a>0$일 때, 단위속력곡선(unit-speed curve)
$$X(t)=\left(a\cos\left(\frac{t}{\sqrt{a^2+1}}\right),\ a\sin\left(\frac{t}{\sqrt{a^2+1}}\right),\ \frac{t}{\sqrt{a^2+1}}\right)$$
의 곡률(curvature)은?

① $\dfrac{a}{a^2+1}$ ② $\dfrac{\sqrt{a}}{a^2+1}$ ③ $\dfrac{\sqrt{2}\,a}{a^2+1}$ ④ $\dfrac{2a}{a^2+1}$

[정 답] ①
[해 설]
$$X'(t)=\left(-\frac{a}{\sqrt{a^2+1}}\sin\left(\frac{t}{\sqrt{a^2+1}}\right),\right.$$
$$\left.\frac{a}{\sqrt{a^2+1}}\cos\left(\frac{t}{\sqrt{a^2+1}}\right),\ \frac{1}{\sqrt{a^2+1}}\right),$$
$$X''(t)=\left(-\frac{a}{a^2+1}\cos\left(\frac{t}{\sqrt{a^2+1}}\right),\right.$$
$$\left.-\frac{a}{a^2+1}\sin\left(\frac{t}{\sqrt{a^2+1}}\right),\ 0\right).$$
따라서 $\kappa=\|X''(t)\|=\sqrt{\left(\dfrac{a}{a^2+1}\right)^2}=\dfrac{a}{a^2+1}$이다.

06년시행기출

평가영역	곡선의 국소적 이론
평가내용 요소	접촉평면의 방정식

곡선
$$\alpha:(0,\infty)\to\mathbb{R}^3,\ \alpha(t)=(t^3+t,\ t^2+1,\ t)$$
가 있다. 이 곡선의 접촉평면($\alpha'(t)$와 $\alpha''(t)$를 포함하는 평면)과 xy-평면이 이루는 각이 $45°$가 되는 t의 값을 구하시오.
(단, $\mathbb{R}^3$은 3차원 유클리드공간이다.) [4점]

[해 설] xy-평면은 $e_3=(0,0,1)$에 수직이고 $\alpha(t)$에서의 접촉평면은
$$\gamma(t)=\alpha'(t)\times\alpha''(t)=(-2,\ 6t,\ -6t^2+2)$$
에 수직이다. 따라서 구하는 두 평면의 사잇각은 e_3와 $\gamma(t)$의 사잇각과 같다. 그러므로
$$\frac{1}{\sqrt{2}}=\cos 45°=\frac{\langle e_3,\gamma(t)\rangle}{\|e_3\|\|\gamma(t)\|}$$
$$=\frac{-6t^2+2}{1\cdot\sqrt{(-2)^2+(6t)^2+(-6t^2+2)^2}}.$$
이를 풀면 $t=0$, $t=\pm\sqrt{\dfrac{5}{3}}$이다. 여기서 $t\in(0,\infty)$이어야 하므로 $t=\sqrt{\dfrac{5}{3}}$이다.

15년시행기출

평가영역	곡선의 국소적 이론
평가내용 요소	Frenet-Serret 공식, 곡선의 길이

3차원 유클리드 공간 $\mathbb{R}^3$에서 단위속력곡선(unit speed curve)
$$\gamma : \mathbb{R} \to \mathbb{R}^3$$
의 점 $\gamma(s)$에서의 곡률(curvature) $\kappa(s)$는 $\kappa(s) = \sqrt{s^4+4s^2+3}$ 이다.
곡선 $\alpha : \mathbb{R} \to \mathbb{R}^3$ 을
$$\alpha(t) = \gamma(t) + \gamma'(t)$$
로 정의할 때, $t=0$ 에서 $t=1$ 까지 곡선 α의 길이를 구하시오. [2점]

[해 설]
(i) ㉠ $\|\gamma'\|=1$ (($\because$) γ는 단위속력곡선이다.)
㉡ $\alpha'(t) = \gamma'(t) + \gamma''(t) = T(t) + T'(t)$
$= T(t) + \kappa(t)N(t)$.
$T \perp N$이므로
$\|\alpha'(t)\| = \sqrt{\|T\|^2 + \|\kappa N\|^2} = \sqrt{1+\kappa^2}$
$= \sqrt{t^4+4t^2+4} = t^2+2$.

(ii) $\int_0^1 \|\alpha'\| dt = \int_0^1 t^2+2 \, dt = \dfrac{7}{3}$.

16년시행기출

평가영역	곡선의 국소적 이론
평가내용 요소	Frenet-Serret 공식, 곡선의 길이, 곡률

3차원 유클리드 공간 $\mathbb{R}^3$의 한 평면에 있고 곡률(curvature)이 양인 단위속력곡선(unit speed curve) $\gamma : \mathbb{R} \to \mathbb{R}^3$에 대하여, 점 $\gamma(s)$에서의 접선벡터(tangent vector)를 $T(s)$, 주법선벡터(principal normal vector)를 $N(s)$라 하자.

곡선 $\beta : \mathbb{R} \to \mathbb{R}^3$ 을 $\beta(s) = \dfrac{1}{2} T(s) + N(s)$로 정의할 때, 모든 양수 t에 대하여 $s=0$에서 $s=t$까지 곡선 β의 길이는 $3t$이다. $s=1$일 때, 곡선 γ의 곡률을 구하시오. [2점]

[해 설] γ는 평면곡선이므로 γ의 열률은 $\tau=0$이다.
Frenet-Serret 공식에 의해

$\beta'(s) = \dfrac{1}{2}T'(s) + N'(s) = \dfrac{1}{2}\kappa(s)N(s) - \kappa(s)T(s)$

이고,
$\|\beta'(s)\|^2 = \langle \beta'(s), \beta'(s) \rangle$
$= \langle \dfrac{1}{2}\kappa(s)N(s) - \kappa(s)T(s), \dfrac{1}{2}\kappa(s)N(s) - \kappa(s)T(s) \rangle$
$= \dfrac{5}{4}\kappa(s)^2$이므로

$3t = \int_0^t \|\beta'(s)\| ds = \int_0^t \sqrt{\dfrac{5}{4}\kappa(s)^2} ds$
$= \int_0^t \dfrac{\sqrt{5}}{2}\kappa(s) ds \, (\forall t \in \mathbb{R})$

미적분학의 기본정리 I에 의해 t에 관하여 양변을 미분하면
$$3 = \dfrac{\sqrt{5}}{2}\kappa(t) \, (\forall t \in \mathbb{R}).$$
$\therefore \kappa(1) = \dfrac{6}{\sqrt{5}}$.

17년시행기출

평가영역	곡선의 곡률
평가내용 요소	프레네 방정식

3차원 유클리드 공간 $\mathbb{R}^3$에서 $\alpha(2)=(0,0,0)$인 단위속력곡선 $\alpha : \mathbb{R} \to \mathbb{R}^3$에 대하여 곡선 $\beta : \mathbb{R} \to \mathbb{R}^3$ 을
$$\beta(t) = \int_2^t (\alpha(s) + s^2 N(s)) ds$$
라 하자. 두 벡터 $\alpha'(2), \beta''(2)$가 서로 수직일 때, $t=2$에서 α의 곡률 κ의 값을 구하시오. (단, $N(s)$는 곡선 α의 주법벡터장이다.)

[해 설]
(i) $\beta'(t) = \alpha(t) + t^2 N(t)$,
$\beta''(t) = \alpha'(t) + 2tN(t) + t^2 N'(t)$
$= (1-\kappa t^2)T(t) + 2tN(t) + t^2 \tau B(t)$.

(ii) 가정에 의해
$0 = \langle \alpha'(2), \beta''(2) \rangle$
$= \langle T(2), (1-4\kappa)T(2) \rangle$
$+ 4\langle T(2), N(2) \rangle + 4\tau \langle T(2), B(2) \rangle$
$= 1-4\kappa$

이므로 $\kappa = \dfrac{1}{4}$ 이다.

13년시행기출

평가영역	곡선의 국소적 이론
평가내용 요소	Frenet-Serret 공식, 곡선의 곡률과 열률

3차원 유클리드 공간 $\mathbb{R}^3$에서 비틀림률(열률, 꼬임률, torsion)과 곡률(curvature)이 각각 상수 τ, 1인 단위속력 곡선 α에 대하여, 곡선 β를 다음과 같이 정의하자.
$$\beta(s) = \int_0^s N(t)dt$$
여기서 $N(t)$는 곡선 α의 주법벡터장(단위주법벡터장, principal normal vector field, unit principal normal vector field)이다. 곡선 β의 곡률과 비틀림률을 각각 κ_β (>0), τ_β라 할 때 $\kappa_\beta + \tau_\beta$의 값을 구하시오. [2점]

[해 설]

(i) $\beta'(s) = N(s)(\forall s \in I)$이므로 Frenet-Serret 공식에 의해
$\beta''(s) = N'(s) = -T(s) + \tau B(s)$,
$\beta'''(s) = -N(s) - \tau^2 N(s) = (-1-\tau^2)N(s)$.
$\beta'(s) \times \beta''(s) = N(s) \times (-T(s) + \tau B(s))$
$\qquad\qquad\qquad = B(s) + \tau T(s)$.

(ii) ㉠ $\kappa_\beta = \sqrt{1+\tau^2}$
$(\because) \kappa_\beta = \dfrac{\|\beta'(s) \times \beta''(s)\|}{\|\beta'(s)\|^3}$
$\qquad = \dfrac{\|B(s) + \tau T(s)\|}{\|N(s)\|^3} = \|B(s) + \tau T(s)\|$
$\qquad = \sqrt{\langle B(s) + \tau T(s), B(s) + \tau T(s) \rangle}$
$\qquad = \sqrt{1+\tau^2}$.

㉡ $\tau_\beta = 0$
$(\because) \tau_\beta = \dfrac{\langle \beta'(s) \times \beta''(s), \beta'''(s)\rangle}{\|\beta'(s) \times \beta'(s)\|^2}$
$\qquad = \dfrac{\langle (B(s) + \tau T(s), (-1-\tau^2)N(s)\rangle}{1+\tau^2} = 0$.

01년시행기출

평가영역	곡선의 국소적 이론
평가내용 요소	열률, 선적분의 정의

곡선 $\alpha : [-1, 1] \to \mathbb{R}^3$을 $\alpha(t) = \left(2t, t^2, \dfrac{1}{3}t^3\right)$으로 정의할 때, 다음 물음에 답하시오. [총 5점]
(1) $t = 0$에서 곡선 α의 비꼬임(torsion)을 구하시오. [3점]
(2) $\phi = ydx + zdy + xydz$일 때, $\displaystyle\int_\alpha \phi$를 계산하시오. [2점]

[해 설]

(1) $\alpha'(t) = (2, 2t, t^2)$, $\alpha''(t) = (0, 2, 2t)$, $\alpha'''(t) = (0, 0, 2)$이므로 α의 $t=0$에서의 비꼬임(torsion)은
$\tau(0) = \dfrac{\langle \alpha' \times \alpha'', \alpha''' \rangle}{\|\alpha' \times \alpha''\|^2}\bigg|_{t=0}$
$\qquad = \dfrac{\langle (2,0,0) \times (0,2,0), (0,0,2)\rangle}{\|(2,0,0)\times(0,2,0)\|^2}$
$\qquad = \dfrac{8}{16} = \dfrac{1}{2}$.

(2) $\alpha(t) = (x(t), y(t), z(t))$라 하면
$$x(t) = 2t,\ y(t) = t^2,\ z(t) = \dfrac{1}{3}t^3$$
이다. 이제
$$dx = x'(t)dt = 2dt,\ dy = y'(t)dt = 2tdt,$$
$$dz = z'(t)dt = t^2 dt$$
이므로 적분값을 구하면
$\displaystyle\int_\alpha \phi = \int_\alpha ydx + zdy + xydz$
$\quad = \displaystyle\int_{-1}^1 t^2 \cdot 2dt + \dfrac{1}{3}t^3 \cdot 2tdt + 2t \cdot t^2 \cdot t^2 dt$
$\quad = \displaystyle\int_{-1}^1 \left(2t^2 + \dfrac{2}{3}t^4 + 2t^5\right)dt = \dfrac{8}{5}$.

95년시행기출

평가영역	곡선의 국소적이론
평가내용 요소	열률의 공식(임의속력곡선)

다음 곡선의 이차 곡률(Second curvature, torsion)을 구하면?
$$\vec{X} = (\cos t)\vec{e_1} + (\sin t)\vec{e_2} + 3t\vec{e_3}$$
(단, $\vec{e_1} = (1,0,0)$, $\vec{e_2} = (0,1,0)$, $\vec{e_3} = (0,0,1)$)

① $\dfrac{3}{10}$ ② $\dfrac{3}{5}$ ③ 1 ④ 3

[정 답] ①

[해 설]

$\vec{X} = (\cos t, \sin t, 3t)$에 대하여

$$X' = (-\sin t, \cos t, 3),$$
$$X'' = (-\cos t, -\sin t, 0),$$
$$X''' = (\sin t, -\cos t, 0)$$

이므로
$$X' \times X'' = (3\sin t, -3\cos t, 1),$$
$$\|X' \times X''\| = \sqrt{10},$$
$$\langle X' \times X'', X''' \rangle = 3.$$

따라서 구하는 열률은 $\tau = \dfrac{\langle X' \times X'', X''' \rangle}{\|X' \times X''\|^2} = \dfrac{3}{10}$.

08년 시행기출

평가영역	곡선
평가내용 요소	곡률과 열률

실수 전체의 집합을 $\mathbb{R}$라 하자. 3차원 유클리드 공간에 놓인 정칙 곡선 $\alpha : \mathbb{R} \to \mathbb{R}^3$에 대하여 곡선 $\beta : \mathbb{R} \to \mathbb{R}^3$을
$$\beta(t) = 2\alpha(-2t)$$
로 정의하자. $t=0$일 때 α의 비틀림(열률, torsion)을 $\tau(0)$이라 하면 $t=0$일 때 β의 비틀림은? [2점]
(단, 모든 점에서 α의 곡률과 비틀림은 모두 양수이다.)

① $\dfrac{1}{2}\tau(0)$ ② $-\dfrac{1}{2}\tau(0)$ ③ $-2\tau(0)$ ④ $\tau(0)$
⑤ $-\tau(0)$

[정답] ①
[해설]
$$\tau = \dfrac{\langle \beta' \times \beta'', \beta''' \rangle}{\|\beta' \times \beta''\|^2}\bigg|_{t=0}$$
$$= \dfrac{(-2)^6 \cdot 2^3}{((-2)^3 \cdot 2^2)^2} \cdot \dfrac{\langle \alpha'(0) \times \alpha''(0), \alpha'''(0) \rangle}{\|\alpha'(0) \times \alpha''(0)\|^2}$$
$$= \dfrac{1}{2}\tau(0).$$

18년 시행기출

평가영역	곡선론
평가내용 요소	임의 속력곡선의 곡률과 열률

3차원 유클리드 공간 $\mathbb{R}^3$에서 곡선 C가
$$C = \{(x, y, z) \in \mathbb{R}^3 | y = x^3 - ax + a, z = x - 1\}$$
일 때, 이 곡선의 비틀림률(열률, 꼬임률, torsion) τ를 구하시오. 또한 점 $(1, 1, 0)$에서 곡선 C의 곡률(curvature)이 3이 되도록 하는 a의 값을 구하시오. (단, a는 상수이다.) [2점]

[해설]
곡선 C의 매개화를 $\gamma(t) = (t, t^3 - at + a, t-1)$ $(t \in \mathbb{R})$라 하자. 그러면
$$\gamma'(t) = (1, 3t^2 - a, 1), \ \gamma''(t) = (0, 6t, 0),$$
$$\gamma'''(t) = (0, 6, 0),$$
$$\gamma'(t) \times \gamma''(t) = (-6t, 0, 6t).$$

(i) 임의의 실수 t에 대하여
$$<\gamma'(t) \times \gamma''(t), \gamma'''(t)> = 0$$
이므로 $\tau \equiv 0$.

(ii) $\gamma(1) = (1, 1, 0)$에 대하여
$$3 = \kappa = \dfrac{\|\gamma'(1) \times \gamma''(1)\|}{\|\gamma'(1)\|^3} = \dfrac{6\sqrt{2}}{\sqrt{2 + (3-a)^2}^3}$$
이므로 $a = 3$.

14년 시행기출

평가영역	곡선의 국소적 이론
평가내용 요소	곡선의 합동, 임의 속력곡선의 곡률과 열률의 계산공식, 곡선의 기본정리

좌표공간 $\mathbb{R}^3$에서 두 곡선
$$\alpha(t) = (2t, t^2, at^3), \ \beta(t) = (t, bt, t^2)$$
이 합동이 되도록 하는 두 상수 a, b에 대하여 $a^2 + b^2$의 값을 구하시오. [2점]

[해설] α, β : 합동
$\Rightarrow \exists F : \mathbb{R}^3 \to \mathbb{R}^3$: 등장사상
$\quad\quad$ s.t. $\beta(t) = F(\alpha(t))$ $(t \in \mathbb{R})$.
$\Rightarrow F = A \circ T$ ($\exists A$: 직교변환, $\exists T$: 평행이동).
따라서 $\kappa_\alpha(t) = \kappa_\beta(t)$ $(\forall t \in \mathbb{R})$,
$\tau_\alpha(t) = \det(A)\tau_\beta(t) = (\pm 1)\tau_\beta(t)$ $(\forall t \in \mathbb{R})$.

$$\Rightarrow \kappa_\alpha = \frac{\|\alpha' \times \alpha''\|}{\|\alpha'\|^3}$$
$$= \frac{(36a^2t^4 + 144a^2t^2 + 16)^{1/2}}{(4 + 4t^2 + 9a^2t^4)^{3/2}}$$
$$\|$$
$$\kappa_\beta = \frac{\|\beta' \times \beta''\|}{\|\beta'\|^3} = \frac{2(b^2+1)^{1/2}}{(1+b^2+4t^2)^{3/2}} \ (\forall t \in \mathbb{R})$$
$$\cdots\cdots ①$$
$$\tau_\alpha = \frac{<\alpha' \times \alpha'', \alpha'''>}{\|\alpha' \times \alpha''\|^2}$$
$$= \frac{24a}{(36a^2t^4 + 144a^2t^2 + 16)}$$
$$\|$$
$$\pm\tau_\beta = \pm \frac{<\beta' \times \beta'', \beta'''>}{\|\beta' \times \beta''\|^2} = 0 \cdots\cdots ②.$$

②에 의해 $a=0$, ①에 의해 $b^2 = 3$이므로 $a^2 + b^2 = 3$.

12년시행기출

평가영역	곡선의 국소적 이론
평가내용 요소	곡선의 곡률과 열률, $\mathbb{R}^3$의 등장사상

좌표공간에서 두 단위속력곡선
$$\alpha(t) = \left(3\cos\frac{t}{5}, 3\sin\frac{t}{5}, \frac{4}{5}t\right),$$
$$\beta(t) = \left(3\cos\frac{t}{5}, 3\sin\frac{t}{5}, -\frac{4}{5}t\right)$$
에 대하여 옳은 것만을 <보기>에서 있는 대로 고른 것은? [2점]

< 보 기 >

ㄱ. 곡선 α의 곡률(curvature) κ_α와 곡선 β의 곡률 κ_β에 대하여 $\kappa_\alpha = \kappa_\beta$이다.

ㄴ. 곡선 α의 열률(꼬임률, 비틀림률, torsion) τ_α와 곡선 β의 열률 τ_β에 대하여 $\tau_\alpha = -\tau_\beta$이다.

ㄷ. $\beta(t) = L(\alpha(t))$이고 L을 나타내는 행렬의 행렬식이 1인 직교변환(orthogonal transformation) L이 존재한다.

① ㄴ ② ㄷ ③ ㄱ, ㄴ ④ ㄴ, ㄷ ⑤ ㄱ, ㄴ, ㄷ

[정 답] ③
[해 설]

(i) ㉠ $A := \begin{pmatrix} 1 & 0 & 0 \\ 0 & 1 & 0 \\ 0 & 0 & -1 \end{pmatrix}$에 대하여

$A : \mathbb{R}^3 \to \mathbb{R}^3$ (선형변환), $AA^T = A^T A = I_3$
(즉, A : 직교 행렬).

㉡ $\beta(t) = \begin{pmatrix} 3\cos(t/5) \\ 3\sin(t/5) \\ (-4/5)t \end{pmatrix} = \begin{pmatrix} 1 & 0 & 0 \\ 0 & 1 & 0 \\ 0 & 0 & -1 \end{pmatrix} \begin{pmatrix} 3\cos(t/5) \\ 3\sin(t/5) \\ (4/5)t \end{pmatrix}$

$= \begin{pmatrix} 1 & 0 & 0 \\ 0 & 1 & 0 \\ 0 & 0 & -1 \end{pmatrix} \alpha(t) = A\alpha(t) (t \in \mathbb{R})$.

(ii) ㄱ. ◯
($\because$) 직교변환은 등장사상이고 등장사상은 곡률을 보존하므로 $\kappa_\alpha = \kappa_\beta$.

ㄴ. ◯
($\because$) $\tau_\beta = \det(A)\tau_\alpha = (-1)\tau_\alpha = -\tau_\alpha$.

ㄷ. ×
($\because$) $\exists L : \mathbb{R}^3 \to \mathbb{R}^3$ (선형사상)
s.t. $\beta(t) = L(\alpha(t)) (\forall t \in \mathbb{R})$, $\det(L) = 1$
$\Rightarrow \tau_\beta = \det(L)\tau_\alpha = \tau_\alpha$
$\Rightarrow$ ㄴ에 의해 $-\tau_\alpha = \tau_\beta = \tau_\alpha$가 되어 $\tau_\alpha \equiv 0$.
그러나 α는 평면곡선이 아니므로 모순이다.

19년시행기출

평가영역	곡선론
평가내용 요소	임의속력곡선의 비틀림률

3차원 유클리드 공간 $\mathbb{R}^3$에서 곡선
$$\gamma(t) = (2t - \cos t, t + \sin t, 2t + 1) \ (0 < t < 2\pi)$$
위의 점 $\gamma(t_0)$에서의 접벡터(tangent vector)가 벡터 $(6, 2, 4)$와 평행하다. t_0의 값과 $t = t_0$일 때 곡선 γ의 비틀림률(열률, 꼬임률, torsion)을 각각 구하시오. [2점]

[정 답] $t_0 = \frac{\pi}{2}$, $\tau(t_0) = -\frac{2}{13}$.

[해 설]
(i) $\gamma'(t_0)$
$= (2 + \sin t_0, 1 + \cos t_0, 2) \| (6, 2, 4)$ 이므로 $t_0 = \frac{\pi}{2}$.

(ii) $t_0 = \frac{\pi}{2}$에서

$\gamma'(t_0) = (2+\sin t_0, 1+\cos t_0, 2) = (3, 1, 2)$,
$\gamma''(t_0) = (\cos t_0, -\sin t_0, 0) = (0, -1, 0)$,
$\gamma'''(t_0) = (-\sin t_0, -\cos t_0, 0) = (-1, 0, 0)$,
$\gamma'(t_0) \times \gamma''(t_0) = \begin{vmatrix} i & j & k \\ 3 & 1 & 2 \\ 0 & -1 & 0 \end{vmatrix} = (2, 0, -3)$.

따라서
$$\tau(t_0) = \frac{\langle \gamma'(t_0) \times \gamma''(t_0), \gamma'''(t_0) \rangle}{\|\gamma'(t_0) \times \gamma''(t_0)\|^2} = -\frac{2}{13}.$$

11년시행기출

평가영역	곡선
평가내용 요소	미분량과 곡선의 기하학적 성질

3차원 공간 $\mathbb{R}^3$에 놓여있는 정규곡선(정칙곡선, regular curve) C에 대하여 옳은 것만을 <보기>에서 있는 대로 고른 것은? [2점]

<보기>
ㄱ. C 위의 모든 점에서 곡률(curvature)이 0이면 C는 직선이거나 직선의 일부이다.
ㄴ. C 위의 모든 점에서 열률(비틀림률, 꼬임률, torsion)이 정의되고 그 값이 0이면 C는 적당한 평면에 놓여 있다.
ㄷ. C 위의 모든 점에서 곡률이 양의 상수로 일정하면 C는 원이거나 원의 일부이다.

① ㄱ ② ㄷ ③ ㄱ, ㄴ ④ ㄱ, ㄷ ⑤ ㄱ, ㄴ, ㄷ

[정답] ③

[해설] ㄱ. ○
($\because$) $\kappa(s) = \|T'(s)\| = 0 (\forall s)$
$\Rightarrow T'(s) = 0 (\forall s) \Rightarrow T(s) = a (\exists a \in \mathbb{R}^3)$
$\Rightarrow \alpha(s) = as + b (\exists b \in \mathbb{R}^3)$
$\Rightarrow \alpha$: b를 지나고 a에 평행한 직선

ㄴ. ○
($\because$) 고정된 $s_0 (\in \mathbb{R})$에 대하여
$$f(s) := \langle \beta(s) - \beta(s_0), B(s_0) \rangle$$
라 할 때
(i) $f'(s) \equiv 0 (\forall s)$
($\because$) $B'(s) = -\tau(s)N(s) = 0N(s) = 0 (\forall s)$이므로
$B(s)$:상수, 따라서 $B(s) = B(s_0) (\forall s)$, ⋯ ①

$f'(s) = \langle \beta(s) - \beta(s_0), B(s_0) \rangle'$
$= \langle (\beta(s) - \beta(s_0))', B(s_0) \rangle$
$\quad + \langle \beta(s) - \beta(s_0), B'(s_0) \rangle$
$= \langle \beta'(s), B(s_0) \rangle$
$= \langle T(s), B(s) \rangle \ (\because ①)$
$= 0 (\forall s)$.

그러므로 f는 상수함수이다.
(ii) $f(s_0) = \langle \beta(s_0) - \beta(s_0), B(s_0) \rangle = \langle 0, B(s_0) \rangle = 0$,

(i)과 (ii)에 의해 $f \equiv 0$,
그러므로 β는 $\beta(s_0)$를 지나고 $B(s_0) (=$상수$)$에 수직인 평면에 놓인 곡선이다.

ㄷ. × ($\because$) 반례 : $\alpha(t) = (\cos t, \sin t, t)$

(i) $\kappa = \dfrac{\|\alpha'(t) \times \alpha''(t)\|}{\|\alpha'(t)\|^3} = \dfrac{1}{2} =$ 상수 > 0,

(ii) $\tau = \dfrac{\langle \alpha'(t) \times \alpha''(t), \alpha'''(t) \rangle}{\|\alpha'(t) \times \alpha''(t)\|^2} = \dfrac{1}{2} \neq 0$

이므로 C는 평면곡선이 아니므로 원 혹은 원의 일부가 아니다.

02년시행기출

평가영역	곡선의 국소적 이론
평가내용 요소	곡률, 열률

다음 곡선의 곡률(curvature)과 열률(torsion, 비꼬임률)을 구하고, 두 값을 모두 이용하여 곡선의 종류가 무엇인지 쓰시오. [5점]

$$\mathbf{x}(\theta) = (\cos\theta - 2, \cos\theta + 2, \sqrt{2}\sin\theta)$$
(단, $0 \leq \theta < 2\pi$)

[해설]
$\mathbf{x}(\theta) = (\cos\theta - 2, \cos\theta + 2, \sqrt{2}\sin\theta)$,
$\mathbf{x}'(\theta) = (-\sin\theta, -\sin\theta, \sqrt{2}\cos\theta)$,
$\mathbf{x}''(\theta) = (-\cos\theta, -\cos\theta, -\sqrt{2}\sin\theta)$,
$\mathbf{x}'''(\theta) = (\sin\theta, \sin\theta, -\sqrt{2}\cos\theta)$,
$\mathbf{x}'(\theta) \times \mathbf{x}''(\theta) = (\sqrt{2}, -\sqrt{2}, 0)$,
$\langle \mathbf{x}'(\theta) \times \mathbf{x}''(\theta), \mathbf{x}'''(\theta) \rangle = 0$
이다. 이제 공식을 이용하여 곡률과 열률을 계산하면

$$\kappa = \frac{\|\mathbf{x}'(\theta) \times \mathbf{x}''(\theta)\|}{\|\mathbf{x}'(\theta)\|^3} = \frac{1}{\sqrt{2}},$$
$$\tau = \frac{\langle \mathbf{x}'(\theta) \times \mathbf{x}''(\theta), \mathbf{x}'''(\theta)\rangle}{\|\mathbf{x}'(\theta) \times \mathbf{x}''(\theta)\|^2} = 0.$$

따라서 주어진 곡선은 반지름이 $\sqrt{2}\left(=\frac{1}{\kappa}\right)$인 원 혹은 원의 일부이다.

04년시행기출

평가영역	곡선의 국소적 이론
평가내용 요소	곡률, 주법선벡터

호의 길이 s로 나타낸 매개변수 곡선 $\alpha : [a, b] \to \mathbb{R}^3$가 $\kappa(s) \neq 0$이고

$$\alpha(s) + \frac{1}{\kappa(s)} N(s)$$

가 고정된 점이면, α는 원의 일부임을 보이시오.
(단, $\kappa(s)$는 $\alpha(s)$의 곡률(curvature)이고, $N(s)$는 주법선벡터(principal normal vector)이다.) [3점]

[해 설] $\alpha(s) + \frac{1}{\kappa(s)} N(s) = c$(상수벡터)라 두고 양변을 미분하면

$$\begin{aligned}
0 &= T(s) + \left(\frac{1}{\kappa(s)}\right)' N(s) + \left(\frac{1}{\kappa(s)}\right) N'(s) \\
&= T(s) + \left(-\frac{\kappa'(s)}{\kappa(s)^2}\right) N(s) \\
&\quad + \left(\frac{1}{\kappa(s)}\right)(-\kappa(s) T(s) + \tau(s) B(s)) \\
&= \left(-\frac{\kappa'(s)}{\kappa(s)^2}\right) N(s) + \frac{\tau(s)}{\kappa(s)} B(s)
\end{aligned}$$

(($\because$) 프레네-세레정리에 의해).

$N(s)$와 $B(s)$는 정규직교이므로 각 계수는 모두 상수 0이 된다. 따라서

$$-\frac{\kappa'(s)}{(\kappa(s))^2} = 0, \quad \frac{\tau(s)}{\kappa(s)} = 0$$

이다. 그러므로 $\kappa(s)$는 상수이고 $\tau(s) = 0$가 되어 $\alpha(s)$는 원의 일부를 나타낸다.

20년시행기출

평가영역	곡선
평가내용 요소	곡선의 곡률과 열률, 미분량과 곡선의 기하학적 성질

3차원 유클리드 공간 $\mathbb{R}^3$에서 구
$$M = \{(x, y, z) \in \mathbb{R}^3 \mid x^2 + y^2 + z^2 = 1\}$$
위에 단위속력곡선(arc-length parametrized curve) $\gamma : [0, 1] \to M$이 있다. 각 $s \in [0, 1]$에 대하여 점 $\gamma(s)$에서의 γ의 종법선벡터(binormal vector)를 $B(s)$, 점 $\gamma(s)$에서의 M의 법선벡터(normal vector)를 $n(s)$라 하자.

모든 $s \in [0, 1]$에 대하여 $B(s) \cdot n(s) = \frac{1}{2}$을 만족할 때, $\gamma(s)$의 비틀림률(열률, 꼬임률, torsion) $a(s)$와 곡률(curvature) $b(s)$를 구하시오. [2점]

[해 설] (1) 구에서 M의 법선벡터 $n(s) = \gamma(s)$이므로 주어진 식의 양변을 미분하면
$$0 = -\tau N \cdot n + B \cdot T = -\tau N \cdot \gamma$$
이므로 $a(s) = \tau \equiv 0$.

(2) $\gamma(s)$는 구면곡선인 동시에 평면곡선이므로 원이다.
$$\frac{1}{2} = B(s) \cdot n(s) = \cos\theta$$
이므로 $\gamma(s)$의 반지름은
$$\sqrt{1 - \cos^2\theta} = \sqrt{1 - (1/2)^2} = \frac{\sqrt{3}}{2}$$
가 되어 기하학적 방법에 의해
$$b(s) = \frac{1}{\sqrt{3}/2} = \frac{2}{\sqrt{3}}.$$

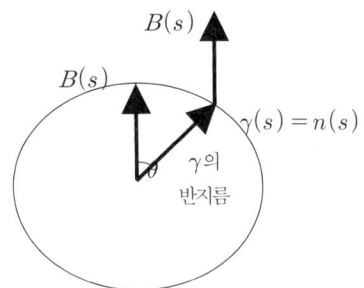

05년시행기출

평가영역	곡면의 국소적 이론
평가내용 요소	접평면, 교선의 방정식

3차원 유클리드공간 $\mathbb{R}^3$에 있는 곡면 $\mathbf{x}(\theta, \phi)$를 다음과 같이 정의하자.
$$\mathbf{x}(\theta, \phi) = ((2+\sin\phi)\cos\theta, (2+\sin\phi)\sin\theta, \cos\phi)$$
이때, 곡면 위의 점 $\mathbf{x}(0,0)$에서의 접평면(tangent plane)의 방정식을 구하고, 그 접평면과 곡면 $\mathbf{x}(\theta, \phi)$의 교선의 방정식을 구하시오. [5점]
(단, $-\infty < \theta < \infty$, $-\infty < \phi < \infty$)

[해 설]
(i) $0 = \langle (x,y,z) - \mathbf{x}(0,0), \mathbf{x}_\theta \times \mathbf{x}_\phi|_{(0,0)} \rangle$
$= -2(z-1)$
에서 구하는 접평면의 방정식은 $z=1$.
(ii) 위의 식과 곡면의 방정식을 연립하여 풀면
$\cos\phi = z = 1$이므로 $\phi = 2n\pi (n \in \mathbb{Z})$.
따라서 구하는 교선의 방정식은
$(x,y,z) = (2\cos\theta, 2\sin\theta, 1) \ (-\infty < \theta < \infty)$.

09년시행기출

평가영역	곡면
평가내용 요소	구배벡터장, 접평면

3차원 유클리드 공간 $\mathbb{R}^3$에서 곡선 γ를 두 곡면
$S_1 = \{(x,y,z) \in \mathbb{R}^3 | x^2 - y^2 = 1, x > 0\}$,
$S_2 = \{(x,y,z) \in \mathbb{R}^3 | z = xy\}$
의 교선이라 하자. 이때 γ 위의 점 $q = (1,0,0)$에서의 γ의 접선벡터와 수직이고 점 q를 포함하는 평면에 속하는 점은? [2점]
① $(0,1,1)$ ② $(1,0,1)$ ③ $(1,1,1)$
④ $(1,-1,-1)$ ⑤ $(-1,1,-1)$

[정 답] ⑤

[해 설]
구하는 평면의 방정식은
$0 = \langle (0,-2,-2), (x,y,z) - (1,0,0) \rangle$
$= 0(x-1) + (-2)(y-0) + (-2)(z-0)$
$\Leftrightarrow y + z = 0$.

$S_1 : f(x,y,z) = 0 \quad S_2 : g(x,y,z) = 0$

$\nabla f \times \nabla g = \begin{vmatrix} i & j & k \\ 2x & -2y & 0 \\ -y & -x & 1 \end{vmatrix}_{(1,0,0)}$
$= (0, -2, -2)$

07년시행기출

평가영역	곡면의 국소적 이론
평가내용 요소	법벡터, 정사영

$\mathbb{R}$을 실수 집합이라 할 때, 곡면 $\mathbf{x} : \mathbb{R}^2 \to \mathbb{R}^3$,
$$\mathbf{x}(u,v) = \left(u - \frac{u^3}{3} + uv^2, v - \frac{v^3}{3} + u^2 v, u^2 - v^2\right)$$
에 대하여 다음 물음에 답하시오. [4점]
(1) 곡면 위의 점 $\mathbf{x}(1,1)$에서의 법벡터(normal vector) $\vec{n}$을 구하시오.
(2) 위 (1)에서 구한 법벡터 $\vec{n}$과 $\vec{n}$을 xy-평면에 정사영(projection)한 벡터가 이루는 각을 α라 할 때, $\cos\alpha$를 구하시오.

[해 설]
(1) $\mathbf{x}_u = (1 - u^2 + v^2, 2uv, 2u)$,
$\mathbf{x}_v = (2uv, 1 + u^2 - v^2, -2v)$이므로
$\mathbf{x}_u(1,1) \times \mathbf{x}_v(1,1) = \begin{vmatrix} i & j & k \\ 1 & 2 & 2 \\ 2 & 1 & -2 \end{vmatrix}$
$= (-6, 6, -3)$.
따라서 $\mathbf{x}(1,1)$에서의 단위법벡터는
$\vec{n} = \frac{\mathbf{x}_u(1,1) \times \mathbf{x}_v(1,1)}{\|\mathbf{x}_u(1,1) \times \mathbf{x}_v(1,1)\|} = \left(-\frac{2}{3}, \frac{2}{3}, -\frac{1}{3}\right)$.
(2) $\vec{n}$을 xy-평면에 정사영한 벡터를 $\vec{m}$이라고 하면
$\vec{m} = \left(-\frac{2}{3}, \frac{2}{3}, 0\right)$.
$\langle \vec{n}, \vec{m} \rangle = \frac{8}{9}$, $\|\vec{n}\| = 1$, $\|\vec{m}\| = \frac{2\sqrt{2}}{3}$이므로
$\cos\alpha = \frac{\langle \vec{n}, \vec{m} \rangle}{\|\vec{n}\|\|\vec{m}\|} = \frac{2\sqrt{2}}{3}$.

04년시행기출

평가영역	곡면의 국소적 이론
평가내용 요소	곡면의 넓이

개집합(open set) $D \subseteq \mathbb{R}^2$에 대하여 미분가능한 함수
$$z = f(x, y) : D \to \mathbb{R}$$
의 그래프로 이루어지는 곡면 G의 법선과 z축과의 사잇각을 θ라 할 때 다음을 보이시오.
$$\iint_G \cos^2 \frac{\theta}{2} dS = \frac{1}{2} S(G) + \frac{1}{2} A(D)$$
(단, $S(G)$는 곡면의 겉넓이, $A(D)$는 영역 D의 넓이로 둘 다 유한이고, $dS = \sec\theta\, dA$이다.) [3점]

[해 설] $\cos^2 \frac{\theta}{2} = \frac{1}{2} + \frac{1}{2}\cos\theta$ 이다.

따라서 $\iint_G \cos^2 \frac{\theta}{2} dS = \iint_G \left(\frac{1}{2} + \frac{1}{2}\cos\theta \right) dS$

$= \iint_G \frac{1}{2} dS + \iint_D \frac{1}{2} \cos\theta \sec\theta\, dA$

$= \iint_G \frac{1}{2} dS + \iint_D \frac{1}{2} dA$

$= \frac{1}{2} A(S) + \frac{1}{2} A(D)$.

16년시행기출

평가영역	곡면의 대역적 이론
평가내용 요소	매개변수표현, 측지곡률

3차원 유클리드 공간 $\mathbb{R}^3$에서 곡선 γ를 두 곡면
$$S_1 = \{(x, y, z) \in \mathbb{R}^3 | x^2 + y^2 + z^2 = 4, z > 0\},$$
$$S_2 = \{(x, y, z) \in \mathbb{R}^3 | (x-1)^2 + y^2 = 1, z > 0\}$$
의 교선이라 하자. 아래 그림에서의 각 $\theta(0 < \theta < 2\pi)$를 매개변수로 하는 곡선 $\gamma : (0, 2\pi) \to \mathbb{R}^3$의 매개변수표현 (parametrized representation) $\gamma(\theta)$를 하나 구하시오. 또한 곡면 S_1 위에 놓인 곡선으로서 γ의 점 $(0, 0, 2)$에서의 측지곡률(geodesic curvature)의 절댓값을 풀이 과정과 함께 쓰시오. [4점]

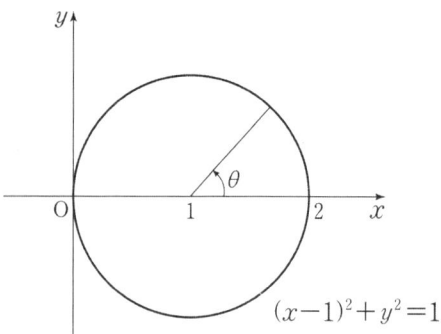

$(x-1)^2 + y^2 = 1$

[해 설] (i) γ의 매개변수표현의 계산
점 $(x, y, z) \in S_2$의 매개변수표현은
$$(x, y, z) = (1 + \cos\theta, \sin\theta, z).$$
이를 S_1의 음함수 표현에 대입하여 정리하면
$$\gamma(\theta) = (1 + \cos\theta, \sin\theta, \sqrt{2 - 2\cos\theta})$$
$$= (1 + \cos\theta, \sin\theta, 2\sin\frac{\theta}{2}).$$

(ii) 측지곡률의 계산
$\gamma(\pi) = (0, 0, 2)$에서 $\gamma'(\pi) = (0, -1, 0)$.
$\gamma''(\pi) = (1, 0, -\frac{1}{2})$ 이므로

㉠ $\kappa = \dfrac{\|\gamma'(\pi) \times \gamma''(\pi)\|}{\|\gamma'(\pi)\|^3} = \dfrac{\sqrt{5}}{2}$.

㉡ $B = \dfrac{\gamma'(\pi) \times \gamma''(\pi)}{\|\gamma'(\pi) \times \gamma''(\pi)\|} = \dfrac{1}{\sqrt{5}}(1, 0, 2)$.

㉢ $g(x, y, z) = x^2 + y^2 + z^2 - 4$에 대하여 $(0, 0, 2)$에서 S_1의 단위법벡터는
$$U = \pm \left. \frac{\nabla g}{\|\nabla g\|} \right|_{(0, 0, 2)}$$
$$= \pm \left. \frac{(2x, 2y, 2z)}{\|(2x, 2y, 2z)\|} \right|_{(0, 0, 2)} = (0, 0, \pm 1).$$

따라서 구하는 측지곡률의 절댓값 $|\kappa_g| = \kappa |<B, U>| = 1$.

09년시행기출

평가영역	곡면
평가내용 요소	측지곡률, $\kappa_g = \kappa \langle B, U \rangle$

3차원 유클리드 공간 $\mathbb{R}^3$에서 두 곡면
$$S = \{(x, y, z) \in \mathbb{R}^3 \mid z^2 - x^2 - y^2 = 2\},$$
$$P = \{(x, y, z) \in \mathbb{R}^3 \mid z = 2\}$$
의 교선을 α라 하자. 이때 곡면 S 위에 놓인 곡선으로서 α의 측지곡률(geodesic curvature)의 절댓값은? [2점]

① 0 ② $\dfrac{1}{\sqrt{5}}$ ③ $\dfrac{1}{2}$ ④ $\dfrac{1}{\sqrt{3}}$ ⑤ $\dfrac{1}{\sqrt{2}}$

[정 답] ④

[해 설(Ⅰ)]

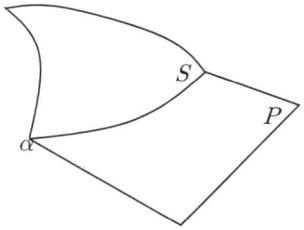

(i) $S \cap P = \{(x, y, z) \in \mathbb{R}^3$
$\qquad \mid z^2 - x^2 - y^2 - 2 = 0, \ z = 2\}$
$\qquad = \{(\sqrt{2}\cos t, \sqrt{2}\sin t, 2) \mid t \in \mathbb{R}\}$

이므로
$$\alpha(t) = (\sqrt{2}\cos t, \sqrt{2}\sin t, 2) \quad (t \in \mathbb{R})$$
이다. 또한 $\alpha(t)$의 단위속력을 갖는 재매개화는
$$\beta(s) = \left(\sqrt{2}\cos\left(\frac{s}{\sqrt{2}}\right), \sqrt{2}\sin\left(\frac{s}{\sqrt{2}}\right), 2\right)$$
$$(s \in \mathbb{R}).$$

(ⅱ) $g(x, y, z) = z^2 - x^2 - y^2$에 대하여
$$U_{\beta(s)} = \pm \left.\frac{\nabla g}{\|\nabla g\|}\right|_{\beta(s)}$$
$$= \pm \left.\frac{(-x, -y, z)}{\sqrt{x^2 + y^2 + z^2}}\right|_{\beta(s)}$$
$$= \pm \frac{1}{\sqrt{3}}\left(\cos\left(\frac{s}{\sqrt{2}}\right), \sin\left(\frac{s}{\sqrt{2}}\right), -\sqrt{2}\right).$$

$\beta'(s) = \left(-\sin\left(\dfrac{s}{\sqrt{2}}\right), \cos\left(\dfrac{s}{\sqrt{2}}\right), 0\right),$

$\beta''(s) = -\dfrac{1}{\sqrt{2}}\left(\cos\left(\dfrac{s}{\sqrt{2}}\right), \sin\left(\dfrac{s}{\sqrt{2}}\right), 0\right),$

$\kappa_g = \langle \beta''(s), V \rangle = \langle \beta''(s), U \times \beta'(s) \rangle$

$= \begin{vmatrix} \beta''(s) \\ U \\ \beta'(s) \end{vmatrix}$

$= \pm \dfrac{1}{\sqrt{6}} \begin{vmatrix} \cos\left(\dfrac{s}{\sqrt{2}}\right) & \sin\left(\dfrac{s}{\sqrt{2}}\right) & 0 \\ \cos\left(\dfrac{s}{\sqrt{2}}\right) & \sin\left(\dfrac{s}{\sqrt{2}}\right) & -\sqrt{2} \\ \sin\left(\dfrac{s}{\sqrt{2}}\right) & -\cos\left(\dfrac{s}{\sqrt{2}}\right) & 0 \end{vmatrix}$

$= \pm \dfrac{1}{\sqrt{3}}. \quad \therefore \ |\kappa_g| = \dfrac{1}{\sqrt{3}}.$

[해 설(Ⅱ)]

(i) 해설(Ⅰ)에 의해
$$\alpha(t) = (\sqrt{2}\cos t, \sqrt{2}\sin t, 2) \quad (t \in \mathbb{R})$$
이다.

$\alpha'(t) = (-\sqrt{2}\sin t, \sqrt{2}\cos t, 0),$
$\alpha''(t) = (-\sqrt{2}\cos t, -\sqrt{2}\sin t, 0),$
$\alpha'''(t) = (\sqrt{2}\sin t, -\sqrt{2}\cos t, 0),$
$\alpha'(t) \times \alpha''(t) = (0, 0, 2),$
$\kappa = \dfrac{\|\alpha'(t) \times \alpha''(t)\|}{\|\alpha'(t)\|^3} = \dfrac{1}{\sqrt{2}},$
$B = \dfrac{\alpha'(t) \times \alpha''(t)}{\|\alpha'(t) \times \alpha''(t)\|} = (0, 0, 1).$

(ⅱ) $g(x, y, z) = z^2 - x^2 - y^2$에 대하여
$$U_{\beta(s)} = \pm \left.\frac{\nabla g}{\|\nabla g\|}\right|_{\alpha(t)}$$
$$= \pm \left.\frac{(-x, -y, z)}{\sqrt{x^2 + y^2 + z^2}}\right|_{\alpha(t)}$$
$$= \pm \frac{1}{\sqrt{3}}(\cos t, \sin t, -\sqrt{2}).$$

$\therefore \ \kappa_g = \kappa \langle B, U \rangle = \pm \dfrac{1}{\sqrt{3}}.$

$\therefore \ |\kappa_g| = \dfrac{1}{\sqrt{3}}.$

08년시행모의평가

평가영역	곡면
평가내용 요소	법곡률, 오일러의 공식

정칙곡면(regular surface) M의 점 p에서의 주곡률방향(principal-direction)이 u_1, u_2이고 이에 대응하는 주곡률(principal curvature)이 각각 1과 $\frac{1}{3}$이다. 점 p에서의 단위접벡터(unit tangent vector) v가 u_1과 이루는 각이 $\frac{\pi}{3}$일 때, v방향의 법곡률(normal curvature)은? [2점]

① $\frac{1}{2}$ ② $\frac{1}{3}$ ③ $\frac{1}{4}$ ④ $\frac{1}{5}$ ⑤ $\frac{1}{6}$

[정 답] ①

[해 설] 오일러의 공식에 의해 v방향의 법곡률은
$$\kappa_n = 1 \cdot \cos^2(\pi/3) + \frac{1}{3} \cdot \sin^2(\pi/3)$$
$$= \frac{1}{4} + \frac{1}{4} = \frac{1}{2}.$$

17년시행기출

평가영역	곡면의 대역적 이론
평가내용 요소	주곡률, 법곡률, 오일러의 공식

곡면
$$X(u,v) = \left(u\cos v, u\sin v, \frac{1}{u}\right) \quad (u>0, -\pi < v < \pi)$$
위의 점 $p=(1,0,1)$에서 주곡률(principal curvature) κ_1, κ_2 ($\kappa_1 > \kappa_2$)의 값을 풀이 과정과 함께 쓰시오. 또한 점 p에서 단위접벡터(unit tangent vector) $w = \frac{1}{\sqrt{3}}(1,1,-1)$ 방향으로의 법곡률(normal curvature)을 풀이 과정과 함께 쓰시오. [4점]

[해 설]
(1) (i) $p=(1,0,1)=\mathbf{x}(1,0)$에서

㉠ $\mathbf{x}_u = \left(\cos v, \sin v, -\frac{1}{u^2}\right)\big|_{(u,v)=(1,0)}$
$= (1, 0, -1)$,

$\mathbf{x}_v = (-u\sin v, u\cos v, 0)\big|_{(u,v)=(1,0)}$
$= (0, 1, 0)$,

$\mathbf{x}_{uu} = \left(0, 0, \frac{2}{u^3}\right)\big|_{(u,v)=(1,0)} = (0, 0, 2)$,

$\mathbf{x}_{uv} = (-\sin v, \cos v, 0)\big|_{(u,v)=(1,0)}$
$= (0, 1, 0)$,

$\mathbf{x}_{vv} = (-u\cos v, -u\sin v, 0)\big|_{(u,v)=(1,0)}$
$= (-1, 0, 0)$,

$\mathbf{x}_u \times \mathbf{x}_v = (1, 0, 1)$이므로 단위법벡터는 U
$= \frac{1}{\sqrt{2}}(1, 0, 1)$이다.

㉡ 제1기본계수, 제2기본계수 E, F, G, l, m, n을 구하면
$E = \langle \mathbf{x}_u, \mathbf{x}_u \rangle = 2$, $F = \langle \mathbf{x}_u, \mathbf{x}_v \rangle = 0$,
$G = \langle \mathbf{x}_v, \mathbf{x}_v \rangle = 1$, $l = \langle \mathbf{x}_{uu}, U \rangle = \sqrt{2}$,
$m = \langle \mathbf{x}_{uv}, U \rangle = 0$, $n = \langle \mathbf{x}_{vv}, U \rangle = -\frac{1}{\sqrt{2}}$.

(ii) 점 p에서의 모양연산자 S_p의 행렬은
$$[S_p] = \begin{pmatrix} E & F \\ F & G \end{pmatrix}^{-1} \begin{pmatrix} l & m \\ m & n \end{pmatrix} = \frac{1}{\sqrt{2}} \begin{pmatrix} 1 & 0 \\ 0 & -1 \end{pmatrix}$$
이다. 따라서, p에서의 주곡률은 $[S_p]$의 고유치이므로 $\kappa_1 = \frac{1}{\sqrt{2}}, \kappa_2 = -\frac{1}{\sqrt{2}}$이다.

(2) (i) p에서의 주방향은 $[S_p]$의 고유벡터이므로
$$\mathbf{e}_1 = \frac{1\mathbf{x}_u + 0\mathbf{x}_v}{\|1\mathbf{x}_u + 0\mathbf{x}_v\|} = \frac{1}{\sqrt{2}}(1, 0, -1),$$
$$\mathbf{e}_2 = \frac{0\mathbf{x}_u + 1\mathbf{x}_v}{\|0\mathbf{x}_u + 1\mathbf{x}_v\|} = (0, 1, 0)$$이다.

(ii) w와 $\mathbf{e}_1$이 이루는 각을 θ라 할 때
$$\cos\theta = \langle w, \mathbf{e}_1 \rangle = \frac{\sqrt{6}}{3}, \quad \sin\theta = \langle w, \mathbf{e}_2 \rangle = \frac{\sqrt{3}}{3}$$
이므로 오일러의 공식에 의해 w방향으로의 법곡률은
$$\kappa_n = \kappa_1 \cos^2\theta + \kappa_2 \sin^2\theta = \frac{\sqrt{2}}{6}.$$

19년시행기출

평가영역	곡면의 국소적 이론
평가내용 요소	평균곡률, 제1, 2 기본계수

3차원 유클리드 공간 $\mathbb{R}^3$에서 곡면 $x(u, v) = (u^2+v, u-v^2, uv)$ 위의 $u=1, v=2$인 점 P에서 접평면(tangent plane)의 방정식을 구하시오. 또한 점 P에서 곡면 x의 평균곡률(mean curvature) H의 값을 풀이 과정과 함께 쓰시오. [4점]

[정 답] 접평면의 방정식 : $x-z=1$, $H=\dfrac{\sqrt{2}}{18}$.

[해 설]
(i) 점 $p=x(1,2)=(3,-3,2)$에서
$x_u=(2,1,2), x_v=(1,-4,1)$,
$x_u \times x_v = (9, 0, -9)$,
$x_{uu}=(2,0,0), x_{uv}=(0,0,1)$,
$x_{vv}=(0,-2,0)$.
$U = \dfrac{x_u \times x_v}{\|x_u \times x_v\|} = \dfrac{1}{\sqrt{2}}(1, 0, -1)$.
따라서 제1, 2 기본계수는
$(E, F, G, l, m, n) = (9, 0, 18, \sqrt{2}, -1/\sqrt{2}, 0)$.

(ii) ⓐ p에서의 접평면의 방정식은
$0 = <(x, y, z) - x(1, 2), U(1, 2)>$
$= \dfrac{1}{\sqrt{2}}(x-z-1)$.
따라서 $x-z=1$이다.

ⓑ p에서의 평균곡률은
$$H = \frac{1}{2}\frac{En+Gl-2Fm}{EG-F^2} = \frac{\sqrt{2}}{18}.$$

18년시행기출(정

평가영역	곡면의 국소적 이론 3.5
평가내용 요소	단위법벡터, 제1, 제2 기본계수와 가우스곡률

3차원 유클리드 공간 $\mathbb{R}^3$에서 곡면 $M: z=\dfrac{1}{4}(x^4+y^4)$과 평면 $H: x+y-z=d$가 한 점 p에서 접할 때, 상수 d의 값을 구하시오. 또한 접점 p에서 곡면 M의 가우스곡률(Gaussian curvature) K의 값을 풀이 과정과 함께 쓰시오.

[4점]
[해 설]
(i) $f(x, y, z) = \dfrac{1}{4}(x^4+y^4) - z$이라 하고, $U_1(p)$, $U_2(p)$를 각각 곡면 M, H에서의 단위법벡터라 할 때
$U_1(p) = \dfrac{(x^3, y^3, -1)}{\|(x^3, y^3, -1)\|}$,
$U_2(p) = (1, 1, -1)$.
점 p에서 M과 H가 접하므로 $(x^3, y^3, -1)$과 $(1, 1, -1)$은 평행하다.
따라서 $x=y=1$, $z=\dfrac{1}{2}$, $d=1+1-\dfrac{1}{2}=\dfrac{3}{2}$.

(ii) 곡면 M의 고유조각사상을
$$x(u, v) = \left(u, v, \frac{1}{4}(u^4+v^4)\right)$$
라 하고 $p=x(1,1)$에서의 M의 제 1기본계수와 제 2기본계수를 구하면
$E=2, F=1, G=2,$
$l=\sqrt{3}, m=0, n=\sqrt{3}.$
따라서 점 p에서 곡면 M의 가우스곡률은 $K = \dfrac{ln-m^2}{EG-F^2}$
$=1$.

03년시행기출

평가영역	곡선의 국소적 이론
평가내용 요소	곡선과 평면의 사잇각

곡선 $x(t)=(3t, 3t^2, 2t^3)$위의 모든 점에서 단위접선벡터(unit tangent vector)와 평면 $x+z=0$이 이루는 각을 구하시오. [5점]

[해 설]
곡선의 단위접선벡터는
$$\beta(t) = \frac{x'(t)}{\|x'(t)\|} = \frac{(3, 6t, 6t^2)}{3(2t^2+1)}.$$
$g(x, y, z) = x+z$라 두면 평면위의 점 (x, y, z)에서의 법벡터는
$$\nabla g(x, y, z) = (1, 0, 1).$$
따라서 단위접선벡터 $\beta(t)$와 평면의 사잇각을 θ라 할 때
$1 = <\beta(t), \nabla g(x, y, z)>$

$$= \|\beta(t)\| \|\nabla g(x, y, z)\| \cos(\pi/2 - \theta)$$
$$= 1 \cdot \sqrt{2} \cos(\pi/2 - \theta)$$

이다. 그러므로 $\theta = \dfrac{\pi}{4}$.

14년시행기출

평가영역	곡면의 대역적 이론
평가내용 요소	주곡률, 평균곡률, 가우스곡률, 오일러공식

곡면
$$M = \{(x, y, z) \in \mathbb{R}^3 \mid 4x = (y^2 + z^2)^2\}$$

위의 점 $p = \left(\dfrac{1}{4}u^4, u, 0\right) (u > 0)$에서 접평면(tangent plane)을 $T_p(M) = \{v_p \in \mathbb{R}^3 \mid v_p$는 p에서의 곡면 M의 접벡터$\}$라 하고 이 점에서의 주곡률(principal curvature)을 각각 $\kappa_1(u)$, $\kappa_2(u)$라 하자.

또 $T_p(M)$에 속하는 두 개의 단위접벡터(unit tangent vector) w_p와 $(0, 0, 1)_p$가 이루는 각이 $\dfrac{\pi}{6}$라고 하자. 점 p에서 곡면 M의 가우스 곡률 $K(u)$를 풀이 과정과 함께 쓰고, w_p방향으로의 법곡률(normal curvature) $\kappa_n(w_p)$를 $a\kappa_1(u) + b\kappa_2(u)(a, b$는 상수)로 나타낼 때 ab의 값을 풀이 과정과 함께 쓰시오. [5점]

[해 설] (ⅰ) M의 고유조각사상은
$$\mathbf{x}(u, v) = \left(\dfrac{1}{4}(u^4 + v^4 + 2u^2v^2), u, v\right)$$
$$((u, v) \in D = \mathbb{R}^2).$$

㉠ $p = \left(\dfrac{1}{4}u^4, u, 0\right) (= \mathbf{x}(u, 0))$에서

$\mathbf{x}_u = (u^3, 1, 0)$, $\mathbf{x}_v = (0, 0, 1) (= v_p)$,
$\mathbf{x}_{uu} = (3u^2, 0, 0)$, $\mathbf{x}_{uv} = (0, 0, 0)$,
$\mathbf{x}_{vv} = (u^2, 0, 0)$, $\mathbf{x}_u \times \mathbf{x}_v = (1, -u^3, 0)$,

$$U = \dfrac{\mathbf{x}_u \times \mathbf{x}_v}{\|\mathbf{x}_u \times \mathbf{x}_v\|} = \dfrac{1}{\sqrt{1+u^6}}(1, -u^3, 0).$$

(E, F, G, l, m, n)
$= \left(u^6 + 1, 0, 1, \dfrac{3u^2}{\sqrt{1+u^6}}, 0, \dfrac{u^2}{\sqrt{1+u^6}}\right)$.

㉡ $K(u) = \dfrac{ln - m^2}{EG - F^2} = \dfrac{3u^4}{(1+u^6)^2}$.

(ⅱ) p에서의 M의 모양연산자 S_p의 행렬은

㉠ $[S_p] = \begin{pmatrix} E & F \\ F & G \end{pmatrix}^{-1} \begin{pmatrix} l & m \\ m & n \end{pmatrix}$

$= \dfrac{u^2}{(1+u^6)^{3/2}} \begin{pmatrix} 3 & 0 \\ 0 & 1+u^6 \end{pmatrix}$

는 대각행렬이므로 고유벡터가 $\begin{pmatrix} 1 \\ 0 \end{pmatrix}$, $\begin{pmatrix} 0 \\ 1 \end{pmatrix}$. 따라서 $[S_p]$의 고유벡터는

$e_i = 1\mathbf{x}_u + 0\mathbf{x}_v = \mathbf{x}_u$, $e_j = 0\mathbf{x}_u + 1\mathbf{x}_v = (0, 0, 1)$.
$(i, j \in \{1, 2\}, i \neq j)$

㉡ θ와 ϕ를 각각 e_i, e_j와 v_p의 사잇각이라 할 때
$$\theta = \dfrac{\pi}{3}, \phi = \dfrac{\pi}{6}.$$

따라서 오일러의 공식에 의해
$$\kappa_n(w_p) = \cos^2\theta \, \kappa_i(p) + \cos^2\phi \, \kappa_j(p)$$
$$= \dfrac{1}{4}\kappa_i(p) + \dfrac{3}{4}\kappa_j(p)$$
$$= a\kappa_1(p) + b\kappa_2(p).$$

$\therefore ab = \dfrac{1}{4} \cdot \dfrac{3}{4} = \dfrac{3}{16}$.

12년시행기출

평가영역	곡면의 국소적이론
평가내용 요소	원환면의 고유조각사상, 법곡률, 1,2 기본계수

좌표공간 원환면(torus)
$$T = \{(x, y, z) \mid (\sqrt{x^2+y^2} - 2)^2 + z^2 = 1\}$$
과 평면 $P = \{(x, y, z) \mid y + z = 0\}$이 있다. 원환면 T와 평면 P의 교집합에 놓여있는 단위속력곡선
$$\alpha : (-1, 1) \to T \cap P$$
가 $\alpha(0) = (1, 0, 0)$을 만족시킬 때, 점 $(1, 0, 0)$에서 곡선 α의 원환면 T에 대한 법곡률(normal curvature)의 절댓값은? [2점]

① 0 ② $\dfrac{1}{3}$ ③ $\dfrac{2}{3}$ ④ 1 ⑤ $\dfrac{4}{3}$

[정 답] ①

[해 설] (i) $(\sqrt{x^2+y^2}-2)^2+z^2=1$
$\Leftrightarrow \cos u = \sqrt{x^2+y^2}-2$
$\Leftrightarrow x^2+y^2 = (2+\cos u)^2$
$\Leftrightarrow \begin{cases} x=(2+\cos u)\cos v \\ y=(2+\cos u)\sin v \end{cases}$
$\Leftrightarrow \begin{cases} x=(2+\cos u)\cos v \\ y=(2+\cos u)\sin v \\ z=\sin u \end{cases}$

따라서 $\mathbf{x}(u,v)$
$=((2+\cos u)\cos v, (2+\cos u)\sin v, \sin u)$ 는 T의 고유조각사상이 된다.

(ii) ① $p=\alpha(0)=\mathbf{x}(\pi,0)$에서
$$\mathbf{x}_u=(0,0,-1),\ \mathbf{x}_v=(0,1,0),$$
$$(E,F,G,l,m,n)=(1,0,1,1,0,-1).$$

② $p=\alpha(0)=\mathbf{x}(\pi,0)$에서
$g(x,y,z)=(\sqrt{x^2+y^2}-2)^2+z^2-1$에 대하여
$$(\nabla g)(p)=(-2,0,0),$$
$h(x,y,z)=y+z$에 대하여 $(\nabla h)(p)=(0,1,1).$

· $\alpha'(0) = \dfrac{\nabla g \times \nabla h}{\|\nabla g \times \nabla h\|}\bigg|_p = \dfrac{(0,2,-2)}{\|\nabla g \times \nabla h\|}$
$= \left(0, \dfrac{1}{\sqrt{2}}, -\dfrac{1}{\sqrt{2}}\right).$

· $\left(0,\dfrac{1}{\sqrt{2}},-\dfrac{1}{\sqrt{2}}\right) = \alpha'(0) = \dfrac{du}{dt}\mathbf{x}_u + \dfrac{dv}{dt}\mathbf{x}_v$
$= \left(0, \dfrac{dv}{dt}, -\dfrac{du}{dt}\right)$

이므로 $\left(\dfrac{du}{dt},\dfrac{dv}{dt}\right) = \left(\dfrac{1}{\sqrt{2}}, \dfrac{1}{\sqrt{2}}\right).$

③ $\kappa_n = \dfrac{\text{II}}{\text{I}}$

$= \dfrac{1\cdot\left(\dfrac{1}{\sqrt{2}}\right)^2 + 2\cdot 0\cdot\left(\dfrac{1}{\sqrt{2}}\right)^2 + (-1)\cdot\left(\dfrac{1}{\sqrt{2}}\right)^2}{1\cdot\left(\dfrac{1}{\sqrt{2}}\right)^2 + 2\cdot 0\cdot\left(\dfrac{1}{\sqrt{2}}\right)^2 + 1\cdot\left(\dfrac{1}{\sqrt{2}}\right)^2} = 0.$

10년시행기출

평가영역	곡면
평가내용 요소	회전면, 가우스곡률, 거리동형

현수선(catenary) $y=2\cosh\left(\dfrac{x}{2}\right)$를 x축을 중심으로 회전시켜 생기는 회전면 M의 가우스곡률(Gaussian curvature)을 K라고 할 때, <보기>에서 옳은 것만을 모두 고른 것은? [2점]
(단, $\cosh t = \dfrac{e^t+e^{-t}}{2}$ 이다.)

<보 기>
ㄱ. $K(p)>0$인 점 p가 존재한다.
ㄴ. K의 최솟값은 $-\dfrac{1}{4}$이다.
ㄷ. M은 평면과 거리동형(isometric)이다.

① ㄱ ② ㄴ ③ ㄷ ④ ㄱ,ㄴ ⑤ ㄴ,ㄷ

[정 답] ②

[해 설] $M:\mathbf{x}(u,v)$
$= \left(u, 2\cosh\left(\dfrac{u}{2}\right)\cos v, 2\cosh\left(\dfrac{u}{2}\right)\sin v\right),$

$\mathbf{x}_u = \left(1, \sinh\left(\dfrac{u}{2}\right)\cos v, \sinh\left(\dfrac{u}{2}\right)\sin v\right),$

$\mathbf{x}_v = \left(0, -2\cosh\left(\dfrac{u}{2}\right)\sin v, 2\cosh\left(\dfrac{u}{2}\right)\cos v\right),$

$\mathbf{x}_{uu} = \left(0, \dfrac{1}{2}\cosh\left(\dfrac{u}{2}\right)\cos v, \dfrac{1}{2}\cosh\left(\dfrac{u}{2}\right)\sin v\right),$

$\mathbf{x}_{uv} = \left(0, -\sinh\left(\dfrac{u}{2}\right)\sin v, \sinh\left(\dfrac{u}{2}\right)\cos v\right),$

$\mathbf{x}_{vv} = \left(0, -2\cosh\left(\dfrac{u}{2}\right)\cos v, -2\cosh\left(\dfrac{u}{2}\right)\sin v\right),$

$\mathbf{x}_u \times \mathbf{x}_v$
$= \left(2\cosh\left(\dfrac{u}{2}\right)\sinh\left(\dfrac{u}{2}\right), -2\cosh\left(\dfrac{u}{2}\right)\cos v,\right.$
$\left.-2\cosh\left(\dfrac{u}{2}\right)\sin v\right),$

$\|\mathbf{x}_u \times \mathbf{x}_v\| = 2\cosh^2\left(\dfrac{u}{2}\right),$

$\therefore U = \dfrac{\mathbf{x}_u \times \mathbf{x}_v}{\|\mathbf{x}_u \times \mathbf{x}_v\|}$
$= \dfrac{1}{\cosh\left(\dfrac{u}{2}\right)}\left(\sinh\left(\dfrac{u}{2}\right), -\cos v, -\sin v\right).$

$E = \langle \mathbf{x}_u, \mathbf{x}_u \rangle = 1+\sinh^2\left(\dfrac{u}{2}\right) = \cosh^2\left(\dfrac{u}{2}\right),$

$F = \langle \mathbf{x}_u, \mathbf{x}_v \rangle = 0,$

$$G = \langle \mathbf{x}_v, \mathbf{x}_v \rangle = 4\cosh^2\left(\frac{u}{2}\right),$$

$$l = \langle \mathbf{x}_{uu}, U \rangle = -\frac{1}{2}, \ m = \langle \mathbf{x}_{uv}, U \rangle = 0,$$

$$n = \langle \mathbf{x}_{vv}, U \rangle = 2.$$

ㄱ. ×

(∵) 가우스곡률은

$$K = \frac{ln - m^2}{EG - F^2} = \frac{-1}{4\cosh^2\left(\frac{u}{2}\right)\left\{1 + \sinh^2\left(\frac{u}{2}\right)\right\}}$$

$$= \frac{-1}{4\cosh^4\left(\frac{u}{2}\right)} < 0.$$

ㄴ. ○

(∵) $\cosh\left(\dfrac{u}{2}\right) = \dfrac{e^{\frac{u}{2}} + e^{-\frac{u}{2}}}{2} \geq 1$ ((∵) 산술평균과 기하평균의 비교)이므로 $\cosh^4\left(\dfrac{u}{2}\right) \geq 1$이 성립한다. 그러므로

$$K = \frac{-1}{4\cosh^4\left(\frac{u}{2}\right)} \geq -\frac{1}{4}$$

이므로 K의 최솟값은 $-\dfrac{1}{4}$이다. (단, 등호는 $u = 0$일 때, $K = -\dfrac{1}{4}$.)

ㄷ. ×

(∵) 평면의 가우스곡률은 0이므로 평면과 회전면은 거리동형이 아니다.

99년시행기출

평가영역	곡면의 국소적 이론
평가내용 요소	법곡률

반지름의 길이가 r인 원 $\alpha(s)$가 어떤 곡면 위에서 측지선(geodesic)일 때 이 원의 법곡률(normal curvature) κ_n을 구하시오. [5점]
(여기에서 s는 호의 길이이고, 법곡률 κ_n은 $\alpha''(s)$의 법성분(normal component)이다.)

[해 설] $\alpha(s)$의 법곡률벡터와 측지곡률벡터를 각각 κ_n, κ_g라 두면

$$\alpha''(s) = \kappa_n(s) + \kappa_g(s).$$

$\alpha(s)$는 측지선이므로 $\kappa_g(s) = 0$, $\alpha(s)$는 반지름 r인 원이므로

$$\|\alpha''(s)\| = \frac{1}{r}$$

이다. 따라서 $|\kappa_n| = \|\kappa_n\| = \|\alpha''(s)\| = \dfrac{1}{r}$이고 $\kappa_n = \pm\dfrac{1}{r}$이다.

15년시행기출

평가영역	곡면의 대역적 이론
평가내용 요소	측지선, 주곡률

그림과 같이 3차원 유클리드 공간에 밑면이 반지름의 길이가 1인 원이고 모선의 길이가 4인 원뿔이 있다. 이 원뿔의 옆면에 있는 점 p와 밑면에 있는 점 q는 같은 모선 위에 있고, 선분 pq의 길이는 1이다. 점 q에서 출발하여 원뿔의 옆면을 돌아 점 p를 지나는 측지선(geodesic) γ에 대하여 점 p에서 원뿔의 옆면의 주곡률(principal curvature)을 각각 κ_1, κ_2라 하고, 점 p에서 측지선 γ의 곡률(curvature)을 κ라 하자.
κ_1, κ_2의 값을 구하고, 이를 이용하여 κ의 값을 풀이 과정과 함께 쓰시오. [4점]

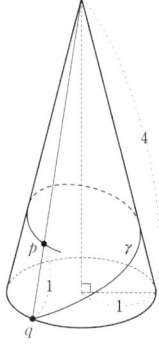

[해 설] (ⅰ) 원뿔은 회전면이므로 주곡선은 위도선과 경도선이다.

㉠ $\kappa_1 = \dfrac{\sqrt{15}}{3}$

(∵) 위도선은 반지름이 $\dfrac{3}{4}$인 원이고, 위도선의 곡률벡터와 원뿔의 단위법벡터의 사잇각을 α라 하면

$$\kappa_1 = \frac{4}{3}\cos\alpha = \frac{4}{3}\cdot\frac{\sqrt{15}}{4} = \frac{\sqrt{15}}{3}.$$

ⓒ $\kappa_2 = 0$

($\because$) 경도선은 직선($\because$모선)이므로 $\kappa_2 = 0$이다.

(ⅱ) 측지선 γ와 위도선이 이루는 각을 θ라 하면 $\cos\theta = \frac{4}{5}$
이므로 오일러 공식에 의해 점 p에서 γ에 대한 법곡률 κ_n은

$$\kappa_n = \kappa_1 \cos^2\theta + \kappa_2 \sin^2\theta = \frac{\sqrt{15}}{3}\cdot\frac{16}{25}$$
$$= \frac{16\sqrt{15}}{75}.$$

γ는 측지선이므로 $\kappa_g = 0$이 되어 $\kappa = |\kappa_n| = \frac{16\sqrt{15}}{75}$이다.

98년시행 추가임용기출

평가영역	곡면의 대역적 이론
평가내용 요소	가우스곡률

3차원 유클리드공간 E^3의 폐곡면 M에는 가우스곡률 K가 양수가 되는 점이 항상 존재함을 증명하시오. [5점]

[해 설]

(ⅰ) $h: M \to \mathbb{R}$, $h(p) = \|p\|^2$ ($p \in M$)이라 할 때 h는 컴팩트집합 M에서 연속이므로

$$\exists p \in M \text{ s.t.}$$
$$\sup_{q \in M} h(q) = h(p) = \|p\|^2 =: r^2 (r > 0)$$
$\Rightarrow M \subset \{(x,y,z) \in \mathbb{R}^3 \mid x^2+y^2+z^2 \leq r^2\}$, M은 $S^2(r)$에 접한다.
$\Rightarrow U(p) \perp T_p M = T_p S^2(r)$가 되어 $U(p) = \pm\frac{1}{r}p$.

(ⅱ) $K(p) > 0$

($\because$) ㉠ $v_p \in T_p M$, $\|v_p\| = 1$
$\Rightarrow \exists \alpha : (-\varepsilon, \varepsilon) \to M$ 단위속력곡선 s.t.
$$\alpha(0) = p,\ \alpha'(0) = v_p$$
$\Rightarrow h \circ \alpha : (-\varepsilon, \varepsilon) \to \mathbb{R}$,
$$(h \circ \alpha)(t) = <\alpha(t), \alpha(t)> (t \in (-\varepsilon, \varepsilon))$$
$\Rightarrow 0 \geq (h \circ \alpha)''(0)$
(($\because$) $s = 0$에서 $(h \cdot \alpha)(s)$는 최댓값을 갖는다.)
$= 2(<\alpha'(0), \alpha'(0)> + <\alpha(0), \alpha''(0)>)$
(($\because$) M과 $S^2(r)$은 p에서 접하므로

$U(p) \perp T_p M = T_p S^2(r)$
$\therefore U(p) = \pm\frac{1}{r}p = \pm\frac{1}{r}\alpha(0))$
$= 2(1 \pm r\kappa_n(v_p))$
$\Rightarrow -\frac{1}{r} \geq \pm\kappa_n(v_p)$
(즉, $-\frac{1}{r} \geq \pm\kappa_n(v_p)(\forall v_p \in T_p M)$,
$$\frac{1}{r} \leq \kappa_n(v_p)(\forall v_p \in T_p M))$$

ⓒ ㉠에 의해
$$\kappa_2(p) \leq \kappa_1(p) \leq -\frac{1}{r} \text{ 혹은 } \frac{1}{r} \leq \kappa_2(p) \leq \kappa_1(p).$$
$\therefore K(p) = \kappa_1(p)\kappa_2(p) \geq \frac{1}{r^2} > 0.$

11년시행기출

평가영역	곡면
평가내용 요소	곡면의 등장사상, 가우스곡률, 평균곡률

2차원 유클리드 공간 $\mathbb{R}^2$에서 3차원 공간 $\mathbb{R}^3$ 상의 매끄러운 곡면(smooth surface) S 위로의 등장사상(등거리사상, isometry)

$$f : \mathbb{R}^2 \to S$$

가 존재할 때, 옳은 것만을 <보기>에서 있는 대로 고른 것은? [2점]

<보 기>

ㄱ. f의 역사상 f^{-1}도 등장사상이다.

ㄴ. S의 모든 점에서 가우스 곡률(Gaussian curvature)이 0이다.

ㄷ. S의 모든 점에서 평균곡률(mean curvature)이 0이다.

① ㄱ ② ㄴ ③ ㄷ ④ ㄱ, ㄴ ⑤ ㄱ, ㄴ, ㄷ

[정 답] ④

[해 설] ㄱ. ○ ($\because$) f, f^{-1}는 미분가능하고 전단사이다. 따라서 f^{-1}, $(f^{-1})^{-1} = f$도 미분가능하고 전단사이다.
※ 정의29-1(1) ① (등장사상의 정의)

ㄴ. ○
($\because$) 가우스의 위대한 정리 (클리닉 전공수학 정리43 (1))
$\mathbb{R}^2$의 모든 점에서 가우스곡률은 0이고 가우스 곡률은 등장사

상에 의해 변하지 않으므로 S의 모든 점에서 가우스 곡률도 0이다.

ㄷ. × (∵) $y=x^2$: $(0,0,0)$에서 $H\neq 0$.

08년시행기출

평가영역	곡면
평가내용 요소	외각에 대한 가우스-보네 정리, 선직면, 주곡선, 점근곡선, 측지삼각형

다음은 3차원 유클리드 공간에 놓인 곡면
$$M: X(u,v)=(u,v,u^3+2v),$$
$$(-\infty<u<\infty, -\infty<v<\infty)$$
위의 측지삼각형(geodesic triangle)의 내각의 합을 구하는 과정이다. (가), (나), (다), (라)에 알맞은 것은? [2점]

곡면 M은 yz평면 위의 직선 $l_0: x=0, z=2y$를 xz평면 위의 곡선 $C: y=0$, (가) 을 따라 평행이동시킴으로써 얻어진다. 곡면 M의 각 점 p에 대하여 p을 지나면서 l_0와 평행인 직선을 단위속력을 갖도록 매개화한 곡선을 $l_p = l_p(t)$라 하면 l_p는 M의 점근곡선이고, 동시에 (나) 이 된다.

따라서 모든 점에서 M의 가우스곡률 (Gaussian-curvature) K는 (다) 를 만족한다. 곡면 M의 임의의 측지삼각형 $\triangle$에 대하여 가우스-보네(Gauss-Bonnet)의 공식을 적용하면
$$\iint_\triangle KdA = (\triangle\text{의 내각의 합}) - \pi$$
이므로, 곡면 M의 모든 측지삼각형의 내각의 합은 (라)

<도움말>
- 점근곡선(asymptotic curve): 곡선 위의 각 점에서 접선방향의 법곡률(normal curvature)이 0이 되는 곡면 위의 정칙곡선.
- 주요곡선(principal curve): 곡선 위의 각 점에서 접선방향의 법곡률이 주요곡률(principal curvature)이 되는 곡면위의 정칙곡선
- 측지선(geodesic) : 곡선 위의 각 점에서 측지곡률(geodesic curvature)이 0이고, 일정한 속력을 갖는 곡면 위의 정칙곡선.

	(가)	(나)	(다)	(라)
①	$z=x^3$	측지선	$K\geq 0$	π보다 크다.
②	$z=x^{\frac{1}{3}}$	주요곡선	$K=0$	π이다.
③	$z=x^{\frac{1}{3}}$	측지선	$K\leq 0$	π보다 작다.
④	$z=x^3$	주요곡선	$K\leq 0$	π보다 작다.
⑤	$z=x^3$	주요곡선	$K=0$	π이다.

[정 답] ⑤

[해 설] (i) 곡면 M은 $x^3+2y-z=0$에 의해 표현된다. 따라서 M의 xz평면과의 교선은 $z=x^3$이고 yz평면과의 교선은 $z=2y$이다.

그러므로 M은 직선 $z=2y$를 $z=x^3$을 따라 평행이동하여 얻어진다.

(ii) $l_p = l_p(t)$는 M의 점근곡선인 동시에 주곡선이다.
(∵)
$l_0(t)=(0,t,2t)(t\in\mathbb{R})$을 $p=X(u,v)$만큼 평행이동하면 매개화함수가
$l_p(t)=(0,t,2t)+X(u,v)$
$=(u,v+t,u^3+2v+2t)(t\in\mathbb{R})$.
따라서
$$U(t):=U(l_p(t))=\left.\frac{X_u\times X_v}{\|X_u\times X_v\|}\right|_{(u,v+t)}$$
$$=\frac{1}{\sqrt{9u^4+5}}(-3u^2,-2,1)(t\in\mathbb{R})$$
는 t에 대한 상수벡터가 되어 $U'(t)=0(t\in\mathbb{R})$. 따라서
$U'(t)\|l_p'(t)(\forall t\in\mathbb{R})$, $U'(t)\perp l_p'(t)(\forall t\in\mathbb{R})$.
따라서 $l_p=l_p(t)$는 M의 점근곡선((∵) 클리닉 전공수학 정리 34 (2))인 동시에 주곡선((∵) 클리닉 전공수학 정리 34 (1) ① 로드리게스)이다.

(ⅲ) (ⅱ)에 의해 각 $t\in\mathbb{R}$에 대하여
$$0=\kappa_n(l_p{'}(t))=\kappa_1(l_p(t))$$
혹은 $0=\kappa_n(l_p{'}(t))=\kappa_2(l_p(t))$.
따라서 각 점 $p\in M$에서 가우스의 곡률은
$$K(p)=\kappa_1(p)\kappa_2(p)=0.$$
그러므로 가우스-보네의 공식에 의해 $0=\iint_\Delta KdA=(\Delta$의 내각의 합$)-\pi$ 가 되어 측지삼각형 Δ의 내각의 합은 π이다.

13년시행기출

평가영역	곡면의 대역적이론
평가내용 요소	외각에 대한 가우스-보네정리

3차원 유클리드 공간 $\mathbb{R}^3$에 놓인 곡면
$$M: X(u,v)=\left(u\cos v,\, u\sin v,\, \frac{1}{2}u^2\right)$$
$$(u\geq 0,\ 0\leq v\leq 2\pi)$$
에 포함되는 영역
$$S=\{X(u,v)\,|\,0\leq u\leq 1,\, 0\leq v\leq \pi\}$$
가 있다. S의 경계(boundary) ∂S의 측지곡률을 κ_g라 할 때, ∂S의 측지곡률합(전측지곡률, total geodesic curvature) $\int_{\partial S}\kappa_g ds$의 절댓값을 구하시오. (단, s는 호의 길이를 나타내는 매개변수이다.) [2점]

> ○ 도움말
> 정칙곡선(정규곡선, regular curve) $\alpha_1, \alpha_2, \cdots, \alpha_n$들로 이루어진 조각별 정칙곡선(piecewise regular curve) α의 측지곡률합은
> $$\int_\alpha \kappa_g ds=\sum_{i=1}^n\int_{\alpha_i}\kappa_g ds$$
> 로 정의된다.

[해 설]
(i) 제1 기본계수와 제2 기본계수를 구하면
$$E=1+u^2,\ F=0,\ G=u^2,$$
$$l=\frac{1}{\sqrt{u^2+1}},\ m=0,\ n=\frac{u^2}{\sqrt{u^2+1}}.$$
따라서 $\iint_S KdM$

$$=\int_0^1\int_0^\pi \frac{ln-m^2}{EG-F^2}\sqrt{EG-F^2}\,dv\,du$$
$$=\int_0^1\int_0^\pi u(1+u^2)^{-\frac{3}{2}}dv\,du\ =\pi\left(1-\frac{1}{\sqrt{2}}\right).$$

(ⅱ) 각 좌표함수의 편미분을 구하면
$$X_u=(\cos v,\sin v,u),\ X_v=(-u\sin v,u\cos v,0)$$
이므로 $<X_u,X_v>=0$이다. 따라서 u-매개곡선과 v-매개곡선은 서로 수직이므로

꼭짓점 $X(1,0)$에서의 외각은 $\epsilon_1=\frac{\pi}{2}$.

꼭짓점 $X(1,\pi)$에서의 외각은 $\epsilon_2=\frac{\pi}{2}$.

꼭짓점 $X(\{0\}\times[0,\pi])=\{(0,0,0)\}$이므로
$$X(0,0)=X(0,\pi)=(0,0,0),$$
두 곡선 $X([0,1]\times\{0\})$와 $X([0,1]\times\{\pi\})$는 서로 평행하다. 그러므로 꼭짓점 $X(0,0)=X(0,\pi)$에서의 외각은 $\epsilon_3=0$.

(ⅲ) 이제 외각에 대한 가우스-보네 정리에 의해
$$\int_{\partial S}\kappa_g ds=2\pi-\iint_S KdS-\sum_{i=1}^3\epsilon_i$$
$$=2\pi-\pi\left(1-\frac{1}{\sqrt{2}}\right)-\left(\frac{\pi}{2}+\frac{\pi}{2}+0\right)=\frac{\pi}{\sqrt{2}}.$$

20년시행기출

평가영역	곡면의 대역적 이론
평가내용 요소	법단면과 모선의 측지곡률, 외각에 대한 가우스-보네정리

3차원 유클리드 공간 $\mathbb{R}^3$에서 곡선
$$\gamma(u)=(0,u^4-2u^2+5,u)\ (u\in\mathbb{R})$$
를 z축을 중심으로 360°회전시켜 얻은 회전체를 M이라 하고, M의 가우스 곡률(Gaussian curvature)를 K라 하자. 영역
$$S=\{(x,y,z)\in M\,|-1\leq z\leq 1\}$$
에 대하여 $\iint_S KdA$의 값을 풀이과정과 함께 쓰시오. [4점]

[해 설] (i) S상의 세 곡선
$$C_1=\{(x,y,z)\in S\,|\,z=1\},$$
$$C_2=\{(x,y,z)\in S\,|\,z=-1\},$$

$C_3 = \{(x, y, z) \in S \mid x > 0, y = 0\}$
이라 하자. $f(u) = u^4 - 2u^2 + 5$에 대하여 C_1, C_2는 반지름이 $4(=f(1)=f(-1))$인 원이므로 C_1, C_2에서 $\kappa = \dfrac{1}{4}$이다. 또한 $f'(1) = f'(-1) = 0$이므로 C_1, C_2의 각 점에서 곡면 M의 단위법벡터는 z축과 수직이 되어 C_1, C_2는 M의 법단면(normal section)이 되어
$\kappa = |\kappa_n|$, $\kappa_g^2 = \kappa^2 - \kappa_n^2 = 0$(즉, $\kappa_g = 0 (\forall p \in C_1 \cup C_2)$).
S상의 모선인 C_3는 측지선이므로 각 점에서 $\kappa_g = 0$. 따라서 $\text{Bd}(S) = C_1 + C_3 + C_2 - C_3$가 되어 $\displaystyle\int_{\text{Bd}(S)} \kappa_g ds = 0$.

(ii) $\text{Bd}(S) = C_1 + C_3 + C_2 - C_3$에서 $\displaystyle\sum_{i=1}^{4} \epsilon_i = 2\pi$이므로 외각에 관한 가우스-보네 정리에 의해
$$\iint_S K dA = 2\pi - \int_{\text{Bd}(S)} \kappa_g ds - \sum_{i=1}^{4} \epsilon_i$$
$$= 2\pi - 0 - 2\pi = 0.$$

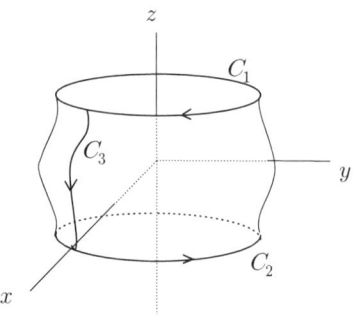

96년시행기출

평가영역	곡면의 대역적 이론
평가내용 요소	Gauss-Bonnet 정리, 가우스곡률

토러스(Torus) $S^1 \times S^1$위에서 정의된 가우스곡률 K가 0이 되는 점이 적어도 하나 존재함을 증명하여라. [4점]

[해 설] $S^1 \times S^1$의 오일러 표수는 $\chi(S^1 \times S^1) = 0$이고, 가우스-보네 정리에 의해 $\displaystyle\iint_{S^1 \times S^1} K dA = 2\pi \chi(S^1 \times S^1)$이다. 따라서
$$\iint_{S^1 \times S^1} K dA = 2\pi \chi(S^1 \times S^1) = 0,$$

$K : S^1 \times S^1 \to \mathbb{R}$ 은 연속이므로 중간치정리에 의해
$$\exists p \in S^1 \times S^1 \ s.t. \ K(p) = 0.$$

96년시행모의평가기출(p.125 유제14)

평가영역	곡면의 대역적 이론
평가내용 요소	Gauss-Bonnet 정리

타원면 $E : \dfrac{x^2}{a^2} + \dfrac{y^2}{b^2} + \dfrac{z^2}{c^2} = 1$의 가우스 곡률을 K라 할 때 $\displaystyle\iint_E K dA$를 구하시오. [4점]

[해 설] 오일러의 다면체정리에 의해 볼록다면체 E의 오일러 표수는 $\chi(E) = 2$. Gauss-Bonnet정리에 의하여 $\displaystyle\iint_E K dA = 2\pi \chi(E)$.

따라서 E의 전가우스곡률은 $\displaystyle\iint_E K dA = 2\pi \chi(E)$ $= 2\pi \cdot 2 = 4\pi$.

연습문제

1. 곡선의 국소적 이론
1.1 곡선의 매개화 1.2 곡선의 벡터장

1. 주어진 정칙곡선 α의 단위속력을 갖는 재매개화를 구하시오.

1-1 $\alpha : (-1, \infty) \to \mathbb{R}^3$,
$$\alpha(t) = \left(\frac{1}{2}t^2 + t,\ \frac{\sqrt{3}}{2}t^2,\ \frac{1}{9}(6t+3)^{3/2} \right)$$

1-2 $\alpha : (-1, \infty) \to \mathbb{R}^3$,
$$\alpha(t) = \left(\frac{1}{2}t^2,\ \frac{2\sqrt{2}}{3}(t-4)^{\frac{3}{2}},\ 3t \right)$$

2. yz평면과 정칙곡선
$$\alpha(t) = (t, t^2, t^3)\ (t \in \mathbb{R})$$
의 각 점에서의 접선과의 공통부분을 정칙곡선 $\beta = \beta(t)\ (t \in \mathbb{R})$이라 하자. 한 점 $p = (0, -1, -2)$에서의 β의 곡률 κ와 열률 τ의 합 $\kappa + \tau$을 구하시오.

1.4 미분량의 정의

3. 아래에서 정의하는 두 실수 a와 b에 대하여 $a+b$를 구하시오.

< a와 b의 정의 >
(가) 정칙곡선
$$\alpha(t) = (2\cos t, \sin t, 0)\ (t \in \mathbb{R})$$
의 곡률의 최댓값과 최솟값의 곱을 a라 한다.
(나) 정칙곡선 $\alpha : (-\infty, \infty) \to \mathbb{R}^3$에 대하여
$$\beta(t) = b\alpha(3t)\ (t \in (-\infty, \infty))$$
이라 정의하자. 이때 α의 $t=0$에서의 열률 τ_α와 β의 열률 τ_β가 서로 같기 위한 양의 실수를 b라 한다.

4. 3차원 유클리드 공간상의 두 곡선
$$\alpha(t) = (t, t^2, 2-t^2),$$
$$\beta(t) = (t^2, 2-t, 2t^2-1)\ (t \in \mathbb{R})$$
이 있다. 점 $P(1,1,1)$에서 곡선 $\alpha(t)$와 $\beta(t)$의 두 접촉평면이 이루는 각을 θ라 할 때 $|\cos\theta|$의 값을 구하시오.

5. 3차원 유클리드공간 상의 정칙곡선
$$\alpha(t) = \left(t, 2t, \frac{1}{2}t^2 \right)(t \in \mathbb{R})$$
에 대하여 $t=1$에서 $\alpha(t)$의 주법선벡터를 N이라 하자. N을 법벡터로 하는 평면과 직선
$$y = z - ax = 0$$
이 이루는 각을 θ라 할 때 $\sin\theta = \dfrac{2}{\sqrt{15}}$이라 할 때 양의 실수 a의 값을 구하시오.

1.5 미분량의 계산

6. 단위속력곡선
$$\alpha : I = (-\infty, \infty) \to \mathbb{R}^3$$
가 C^∞-함수이고 곡률이 $\kappa(t) \neq 0 (\forall t \in I)$이라 하자. 만약 각 점에서 주법벡터가
$$\mathbf{N}(t) = c(t)\alpha(t)(\forall t \in I)$$
의 꼴로 나타난다면 곡선 α의 기하학적 형태를 곡률과 열률을 관련지어 묘사하시오.
(단, $c : I \to \mathbb{R}$는 C^∞-함수이다.)

7. 단위속력곡선 $\alpha=\alpha(s)(s\in I=(a,b))$가
$$T(0)=(0,1,0),\ B(0)=(0,0,1)$$
이고 $\tau=\sqrt{3}\kappa>0(\forall s\in I)$을 만족한다. 그러면 곡선 α의 단위접벡터
$$T(s)(s\in I=(a,b))$$
는 s에 상관없이 상수단위벡터 u와 일정한 사잇각 θ를 가짐을 보이고 u와 θ를 각각 구하시오.

1.6 등장사상과 곡선의 기본정리

8. 함수
$$F:\mathbb{R}^3\to\mathbb{R}^3$$
가 $\|F(x)-F(y)\|=\|x-y\|(\forall x,y\in\mathbb{R}^3)$을 만족한다. 두 정칙곡선
$$\alpha=\alpha(t)(t\in\mathbb{R}),\ \beta=\beta(t)(t\in\mathbb{R})$$
와 F에 관한 다음의 물음에 답하시오.

8-1 $F(0)=0$이라면 F는 선형사상임을 보이시오.

8-2 두 정칙곡선
$$\beta_1=\beta_1(t)(t\in\mathbb{R}),\ \beta_2=\beta_2(t)(t\in\mathbb{R})$$
가 모두 α의 단위속력을 갖는 재매개화이면 적당한 실수상수 t_0에 대하여
$$\beta_2(t)=\beta_1(t+t_0)(t\in\mathbb{R})$$
이거나
$$\beta_2(t)=\beta_1(-t+t_0)(t\in\mathbb{R})$$
임을 보이시오.

1.7 미분량과 곡선의 기하학적 성질

9. 다음의 물음에 답하시오.

9-1 정칙곡선 $\alpha(t)$의 모든 접선이 고정된 한 점 $p\in\mathbb{R}^3$를 지나면 $\alpha(t)$는 p를 지나는 하나의 직선임을 보이시오.
(단, $\alpha=\alpha(t)$는 C^2-함수에 의해 매개화되어 있다.)

9-2 정칙곡선 $\alpha(t)$의 모든 법평면이 고정된 한 점 $p\in\mathbb{R}^3$를 지나면 $\alpha(t)$는 p를 중심으로 하는 하나의 구면상의 곡선임을 보이시오.

10. 실수 상수 a에 대하여 정칙곡선 α가
$$\alpha(t)=(1-t,\ at^3+t^2,\ 2t^2)\ (-\infty<t<\infty)$$
와 같이 정의되어 있다. 이때 α가 하나의 평면에 놓이기 위한 a의 값을 구하시오.

11. 정칙곡선 $\alpha=\alpha(t)(t\in\mathbb{R})$가 아래의 <성질>을 만족한다고 할 때, 정칙곡선 상의 임의의 점 (x,y,z)가 만족하는 식을 구하시오.

< 성 질 >
(가) 임의의 $t\in\mathbb{R}$에 대하여 $\alpha'(t)\times\alpha''(t)$는 $\alpha'''(t)$는 서로 수직하다.
(나) $\alpha(0)=(1,1,1)$, $\alpha'(0)=(1,0,1)$, $\alpha''(0)=(0,-1,1)$.

12. 단위속력 곡선 β가 $(0, 1, 0)$을 지나고 그 점에서 곡률벡터가
$$\beta''(s) = (\sqrt{2}, 0, \sqrt{2})$$
이라 할 때 β를 대원으로 하는 구면의 중심을 구하시오.
(단, 반지름 r인 구면상에서 반지름이 r인 원을 **대원**이라 한다.)

13. 실수인 양의 상수 a에 대하여 다음 정칙곡선
$$\alpha(t) = (t^2+2, at, t^3+1) \quad (-\infty < t < \infty)$$
의 접벡터는 상수 단위벡터 $u (\in \mathbb{R}^3)$와 일정한 각 θ를 이룬다고 할 때 a, u, θ를 구하시오. (단, $-\pi/2 < \theta < \pi/2$)

14. 단위속력을 갖는 곡선 C의 매개화함수
$$\beta = \beta(s) : (0, \infty) = I \to \mathbb{R}^3$$
가 다음 세 조건을 만족한다. 이때, $\beta = \beta(s)$의 곡률함수 $\kappa = \kappa(s)$를 s의 식으로 나타내시오.

(가) $\kappa(s) > 0 \ (\forall s \in I)$
(나) β의 열률은 임의의 $s \in I$ 에 대하여
$$\tau(s) = 2s + 3.$$
(다) 상수단위벡터 u가 존재하여
$$\langle \beta'(s), u \rangle = \frac{\sqrt{3}}{2} (\forall s \in I).$$

2. 곡선의 대역적 이론
2.2 공간곡선의 대역적 이론

15. 다음의 세 조건 (i), (ii), (iii)을 만족하는 정칙곡선 α의 전곡률과 전열률을 구하시오.

(i) α의 단위접벡터 T는 상수단위벡터 e와 $\frac{\pi}{3}$의 일정한 사잇각을 갖는다.
(ii) α의 열률은 $\tau \equiv \sqrt{3}$로서 일정하다.
(iii) α의 길이는 4이다.

3. 곡면의 국소적 이론
3.1 접벡터와 공변미분

16. 3차원 유클리드 공간 $\mathbb{R}^3$에서 곡선 α을 두 곡면
$$S_1 = \{(x, y, z) \in \mathbb{R}^3 \mid x^2 - y + z^2 = 4\},$$
$$S_2 = \{(x, y, z) \in \mathbb{R}^3 \mid x^2 + y^2 + z = 2\}$$
의 교선이라고 하자. 점 $P = (\sqrt{2}, -1, -1)$에서 곡선 α의 접선과 xy평면이 이루는 각을 θ라 할 때 $\sin^2\theta$의 값을 구하시오.

3.4 미분량의 정의

17. 곡면 $M = \left\{(x, y, z) \in \mathbb{R}^3 \;\middle|\; x^2 + z^2 = \frac{1}{2}\right\}$ 상의 단위속력곡선
$$\beta : (-\infty, \infty) \to \mathbb{R}^3, \ \beta(s) = \frac{1}{\sqrt{2}}(\sin s, s, \cos s)$$
에 대하여 점 $p = \left(\frac{1}{\sqrt{2}}, \frac{\pi}{2\sqrt{2}}, 0\right)$에서 β의 법곡률벡터 κ_n과 측지곡률벡터 κ_g를 구하시오.

18. 고유조각사상을
$$\mathbf{x} : \mathbb{R}^2 \to \mathbb{R}^3, \quad \mathbf{x}(u,v) = (u, v, uv+2v)$$
로 갖는 단순곡면 M에 대하여 다음 물음에 답하시오.

18-1 M상의 곡선 $\alpha(t) = (t, -t, -2t-t^2)$의 점 $\alpha(0) = (0,0,0)$에서의 측지곡률 κ_g과 측지곡률벡터 $\boldsymbol{\kappa}_g$을 구하시오.

18-2 M상의 곡선 $\alpha(t) = \mathbf{x}(t^5, 2t^3+t)$의 점 $\alpha(0) = (0,0,0)$에서의 법곡률 κ_n과 법곡률벡터 $\boldsymbol{\kappa}_n$을 구하시오.

3.5 미분량의 계산

19. 곡면 M의 고유조각사상이
$$\mathbf{x} : \mathbb{R}^2 \to \mathbb{R}^3, \quad \mathbf{x}(u,v) = (u+v, u-v, uv)$$
일 때 $\mathbf{x}(1,1)$에서 M의 평균곡률 H와 가우스곡률 K를 각각 구하시오.

20. 곡면 M의 고유조각사상이
$$\mathbf{x}(u,v) = (u, v, u^2+v^3) \quad ((u,v) \in \mathbb{R}^2)$$
일 때 M상의 포물점의 집합은 하나의 정칙곡선을 이룬다.
이 곡선을 C라 할 때 C의 매개화 함수 $\alpha(t)$를 하나 구하고, α의 각 점에서의 곡률 κ의 최댓값과 열률 τ를 각각 구하시오.

21. 곡면 M은 고유조각사상
$$\mathbf{x}(u,v) = (u, \cosh(u)\cos v, \cosh(u)\sin v)$$
에 의해 매개화된다고 할 때 다음의 물음에 답하시오.
(단, $(u,v) \in \mathbb{R} \times (0, 2\pi)$)

21-1 M의 모든 점에서 가우스곡률 K의 범위가
$$-1 \leq K < 0$$
임을 보이시오.

21-2 M의 모든 점에서 평균곡률은
$$H = 0$$
임을 보이시오.

22. 곡면
$$M = \{(x,y,z) \in \mathbb{R}^3 \mid xy - z = 0\}$$
에 대한 다음의 물음에 답하시오.

22-1 곡면 M의 가우스 곡률 K가 항상 음수임을 보이시오.

22-2 곡면 M의 한 점 $P = (1, 2, 2)$에서의 접평면과 M이 교차하는 곡선은 직선임을 보이시오.

23. 곡면 M상의 임의의 점 (x,y,z)에서의 단위 법벡터장이
$$U(x,y,z) = \frac{1}{\sqrt{x^2+y^2+z^2}}(x, y, -z) \in T_p\mathbb{R}^3$$
이고, M상의 단위속력곡선 $\alpha(s)$가 $\alpha'(0) = \frac{1}{\sqrt{2}}(1, 1, 0)$을 만족할 때 $\alpha(0) = (0, 0, 1)$에서의 법곡률을 구하시오.

24. 곡면 $M = \{(x, y, z) \in \mathbb{R}^3 \mid z = 2xy\}$ 위의 곡선 α 가
$$\alpha(t) = (\cos t, \sin t, \sin 2t) \ (-\pi < t < \pi)$$
와 같이 매개화될 때 점 $\alpha(0)$에서의 법곡률의 제곱 κ_n^2, 측지곡률의 제곱 κ_g^2을 구하시오.

25. 두 곡면
$$M = \{(x, y, z) \in \mathbb{R}^3 \mid x + 2y - z^2 = 0\},$$
$$N = \{(x, y, z) \in \mathbb{R}^3 \mid 2x^2 - y + z = 0\}$$
의 교선의 호장에 의한 재매개화를 $\beta = \beta(s)$라 할 때, $\beta(s_0) = (0, 0, 0)$에서의 M상의 법곡률 κ_n에 대하여 κ_n^2의 값을 구하시오.

26. 곡면
$$M = \{(x, y, z) \in \mathbb{R}^3 \mid x^2 + y - z = 0\}$$
와 평면
$$N = \{(x, y, z) \in \mathbb{R}^3 \mid z = 0\}$$
의 교선을 정칙곡선 $\alpha = \alpha(s) (s \in \mathbb{R})$이라 하자. α의 점 $\alpha(0) = (0, 0, 0)$에서의 M, N의 법곡률을 각각 a, b라 할 때 $a^2 + b^2$의 값을 구하시오.
(단, α의 점 $\alpha(0)$에서의 단위접벡터 T의 x좌표와 단위법벡터 U의 y좌표는 모두 양의 실수이다.)

27. 곡면 M위의 점 P에서의 주방향이
$$v = \frac{1}{\sqrt{2}}(1, 0, 1), \ w = (0, 1, 0)$$
이고 v, w에 대한 주곡률이 각각 $\kappa_1 = 2$, $\kappa_2 = -1$ 이다. 이때, P를 지나가는 M상의 정칙곡선 $\alpha = \alpha(t)(t \in \mathbb{R})$가
$$\alpha(0) = P, \ \alpha'(0) = (1, 1, 1)$$
일 때 P에서의 α에 대한 법곡률 κ_n을 구하시오.

28. 고유조각사상이 $\mathbf{x} = \mathbf{x}(u, v)$로 나타나는 곡면 M 상의 한 점 P에서 다음을 만족한다.
① $\mathbf{x}_u = (0, 0, 1)$, $\mathbf{x}_v = (1, 0, 0)$
② $\mathbf{x}_{uu} = (0, 2, -1)$, $\mathbf{x}_{uv} = (-3, 0, 1)$,
$\mathbf{x}_{vv} = (1, -2, 0)$
이때, 점 P에서의 주곡률 κ_1, κ_2와 각각의 주곡률을 법곡률로 갖는 두 곡선에 대한 주방향을 각각 구하시오.

3.6 미분량과 곡면의 기하학적 성질

29. 곡면
$$S = \{(x, y, z) \in \mathbb{R}^3 \mid x^2 + y^2 + z^2 = 4\}$$
상의 단위속력곡선
$$\alpha = \alpha(t) \ (t \in I)$$
에 관한 다음의 물음에 답하시오. (단, I는 개구간이다.)

29-1 α의 각 점 $\alpha(t)$에서 S의 단위법벡터는 $U = \pm \frac{1}{2}\alpha(t) \ (t \in I)$의 꼴로 나타남을 보이시오.

29-2 α의 측지곡률이 일정하면 α는 하나의 평면곡선임을 보이시오.

29-3 α의 곡률은 항상 $\kappa \geq \frac{1}{2}$임을 보이시오.

[도움말] $\langle \alpha''(t), \alpha(t) \rangle = -1 \ (t \in I)$
(($\because$) $2 = \langle \alpha(t), \alpha(t) \rangle$의 양변을 미분하면
$$0 = \langle \alpha'(t), \alpha(t) \rangle,$$
이 식의 양변을 미분하면
$$0 = \langle \alpha''(t), \alpha(t) \rangle + \langle \alpha'(t), \alpha'(t) \rangle$$
$$= \langle \alpha''(t), \alpha(t) \rangle + 1 \ (\because \alpha : 단위속력곡선)$$
이므로 $\langle \alpha''(t), \alpha(t) \rangle = -1$.)

30. 곡면 M의 고유조각사상이
$$\mathbf{x}: \mathbb{R}^2 \to \mathbb{R}^3, \mathbf{x}(u,v) = (u, v, 2uv+1)$$
일 때 다음의 물음에 답하시오.

30-1 M 상의 모든 점이 쌍곡점임을 보이시오.

30-2 M 상의 정칙곡선
$$\alpha(t) = (t, t^2, 2t^3+1) \ (t \in \mathbb{R})$$
의 법곡률이 $\kappa_n(\alpha(t)) = 0$ 를 만족하는 점 $\alpha(t)$ 를 모두 구하시오.

4. 곡면의 대역적 이론
4.2 측지선, 주곡선, 점근곡선

31. 3차원 유클리드공간상의 토러스
$$\mathbf{x}(u,v) = ((3+\cos u)\cos v, (3+\cos u)\sin v, \sin u)$$
$$(0 < u < 2\pi, 0 < v < 2\pi)$$
의 점 $(3, 0, 1)$ 을 지나는 점근곡선 $\alpha(t)$ 를 하나 구하시오.

[도움말] 기하학적인 방법으로 토러스상의 점근곡선을 찾는다.

32. 고유조각사상을 $\mathbf{x}: \mathbb{R}^2 \to \mathbb{R}^3$, $\mathbf{x}(u,v) = (u, v, 1-u^2-v^2)$ 로 갖는 곡면 M 상의 곡선 $\alpha(t) = \mathbf{x}(t, -t) \ (t \in \mathbb{R})$ 는 곡면 M 의 측지선이 됨을 보이시오.

33. 곡면 $M = \{(x,y,z) \in \mathbb{R}^3 \mid x^2 + y^2 = 3^2\}$ 상의 곡선
$$\alpha(t) = (3\cos t, 3\sin t, 4t) \ (t \in \mathbb{R})$$
는 곡면 M 의 측지선이 됨을 보이시오.

34. 곡면
$$M = \{(x, y, z) \in \mathbb{R}^3 \mid x^2 + y^2 = 1\}$$
상의 점 $P(1, 0, 0)$ 에서 $Q(0, 1, \pi/2)$ 로의 측지선의 단위속력을 갖는 매개화함수를 하나 구성하고 이를 이용하여 P 와 Q 의 M 상의 최단거리를 구하시오.

35. 유클리드공간 $\mathbb{R}^3$ 의 곡면 M 은
$$\mathbf{x}(u,v) = (u, (u^2+1)\cos v, (u^2+1)\sin v) \ ((u,v) \in \mathbb{R} \times (0, 2\pi))$$
로 매개화되어 있다. M 에 관한 다음의 물음에 답하시오.

35-1 곡선 M 의 주곡선을 하나 구하시오.

35-2 M 상의 모든 점 $p \in M$ 에서는 점근방향이 존재함을 보이시오.

36. 곡면 M 의 고유조각사상이
$$\mathbf{x}: D = (0, \infty) \times (0, 2\pi) \to \mathbb{R}^3,$$
$$\mathbf{x}(u,v) = (u\cos v, u\sin v, \ln u) \ ((u,v) \in D)$$
이다. M 상의 점근선의 매개화함수를 구하시오.

4.3 Gauss-Bonnet 정리

37. 3차원 유클리드공간 $\mathbb{R}^3$ 상의 곡면 M의 고유조각사상
$$\mathbf{x}(u,v) = (\cos u \cos v, \cos u \sin v, \sin u)$$
에 대한 다음의 물음에 답하시오.

37-1 M 상의 두 점 $P = \mathbf{x}\left(0, \frac{\pi}{2}\right)$, $Q = \mathbf{x}\left(\frac{\pi}{4}, \frac{\pi}{4}\right)$ 에서의 두 접평면의 사잇각 θ에 대하여 $\cos^2\theta$의 값을 구하시오.

37-2 M 상의 세 점
$$A = (1, 0, 0),\ B = (-1/\sqrt{2}, 1/\sqrt{2}, 0),$$
$$C = (0, 0, 1)$$
을 꼭지점으로 하는 측지삼각형 $\triangle ABC$의 세 내각의 합을 구하시오.

37-3 두 점 $A = (1, 0, 0)$와 $B = (1/\sqrt{2}, 1/\sqrt{2}, 0)$를 잇는 M 상의 가장 짧은 측지선의 길이를 구하시오.

38. 곡면 M의 고유조각사상 $\mathbf{x} = \mathbf{x}(u,v)\,(u>0,\ v>0)$가
$$\langle \mathbf{x}_u, \mathbf{x}_u \rangle = 2u,\ \langle \mathbf{x}_u, \mathbf{x}_v \rangle = 0,\ \langle \mathbf{x}_v, \mathbf{x}_v \rangle = v,$$
$$\langle \mathbf{x}_{uu}, U \rangle = 2v,\ \langle \mathbf{x}_{uv}, U \rangle = 0,\ \langle \mathbf{x}_{vv}, U \rangle = 2u$$
를 만족한다. 이때, 넓이가 1이고 세 내각이 각각 $\frac{\pi}{2}, \frac{\pi}{3}, \frac{\pi}{2}$인 삼각형의 전측지곡률을 구하시오. (단, U는 곡면 M의 단위법벡터이다.)

39. 정칙곡면 M이 다음의 두 조건 (가), (나)를 만족한다고 할 때 M상의 면적이 3인 측지삼각형의 세 내각의 합을 구하시오.

> (가) 임의의 $p \in M$에 대하여 $\kappa_1(p) = \kappa_2(p)$이다.
> (나) 적당한 $p \in M$에서의 한 접벡터 $v_p \in T_pM$ 에 대하여 $\kappa_n(v_p) = \frac{1}{2}$이다.

40. 곡면 $M = \{(x,y,z) \in \mathbb{R}^3 \mid x^2 + y^2 + z^2 = 9\}$과 $N = \{(x,y,z) \in \mathbb{R}^3 \mid z = \sqrt{5}\}$일 때 교선 $C = M \cap N$이라 하자.
M상의 곡선 C의 전측지곡률의 절댓값을 구하시오.

41. 3차원 유클리드공간 $\mathbb{R}^3$에 놓인 곡면
$$\mathbf{x}(u,v) = (u+v,\ u^2 + 2uv,\ u^3 + 3u^2v)$$
$$(-\infty < u, v < \infty)$$
위의 측지삼각형의 내각의 합 α를 구하시오.

42. 곡면
$$N = \left\{ (x,y,z) \in \mathbb{R}^3 \,\Big|\, x^6 + \frac{y^2}{4} + \frac{z^{14}}{9} = 1 \right\}$$
과 단위구면
$$S^2 = \{(x,y,z) \in \mathbb{R}^3 \mid x^2 + y^2 + z^2 = 1\}$$
에 대하여 다음 물음에 답하시오.

42-1 N에서 S^2로의 위상동형사상을 증명없이 하나 구성하시오.

42-2 아래 그림과 같은 구면 M 위의 한 점 P에서의 가우스 곡률과 같은 부호를 갖는 점이 곡면 N 위에도 적어도 하나 존재함을 보이시오.

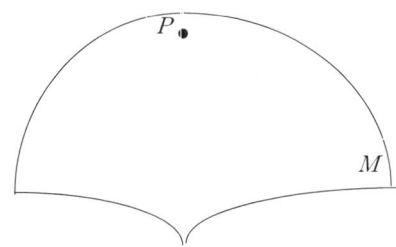

43. 교차하는 두 개의 토러스의 바깥쪽 면을 나타내는 아래 그림과 같은 곡면 M이 있다. M의 전 가우스곡률
$$\iint_M K dM$$
의 값을 구하시오. (단, K는 M상의 가우스곡률이다.)
[도움말] 이러한 곡면 M을 이중원환면(double trous)이라 한다.

$M:$

연습문제 해설

1	평가영역	재매개화
	평가내용요소	재매개화

1-1 $\beta(s) = \alpha(t(s))$

$= \Big(\frac{1}{2}(\sqrt{s+1}-1)^2 + (\sqrt{s+1}-1),$

$\frac{\sqrt{3}}{2}(\sqrt{s+1}-1)^2, \frac{1}{9}(6(\sqrt{s+1}-1)+3)^{3/2}\Big).$

$t > -1$일 때

$\alpha'(t) = (t+1, \sqrt{3}t, (6t+3)^{1/2}), \|\alpha'(t)\| = 2(t+1)$

이므로 호장함수는 $s : (-1, \infty) \to \mathbb{R}$은

$$s(t) = \int_0^t \|\alpha'(u)\| du = t^2 + 2t$$

이고, $t = t(s) = \sqrt{s+1} - 1$이다.

따라서 α의 호장에 의한 재매개화는

$\beta(s) = \alpha(t(s))$

$= \Big(\frac{1}{2}(\sqrt{s+1}-1)^2 + (\sqrt{s+1}-1),$

$\frac{\sqrt{3}}{2}(\sqrt{s+1}-1)^2, \frac{1}{9}(6(\sqrt{s+1}-1)+3)^{3/2}\Big)$

이고, 이때, β는 단위속력곡선이다.

1-2 $\beta(s) = \alpha(t(s))$

$= \Big(\frac{1}{2}(\sqrt{2s+1}-1)^2, \frac{2\sqrt{2}}{3}(\sqrt{2s+1}-5)^{3/2}$

$, 3(\sqrt{2s+1}-1)\Big).$

$t > -1$일 때

$\alpha'(t) = (t, \sqrt{2}(t-4)^{1/2}, 3), \|\alpha'(t)\| = t+1$

이므로 호장함수는 $s : (-1, \infty) \to \mathbb{R}$은

$s(t) = \int_0^t \|\alpha'(u)\| du = \frac{1}{2}t^2 + t$

이고 $t = t(s) = \sqrt{2s+1} - 1$이다.

(※호장함수 확인 필요)

따라서 α의 호장에 의한 재매개화는

$\beta(s) = \alpha(t(s))$

$= \Big(\frac{1}{2}(\sqrt{(2s+1)}-1)^2, \frac{2\sqrt{2}}{3}(\sqrt{2s+1}-5)^{3/2},$

$3(\sqrt{2s}+1-1)\Big)$

이고, 이때, β는 단위속력곡선이다.

2	평가영역	곡선의 벡터장
	평가내용요소	접선의 방정식, 임의속력곡선의 곡률, 열률 공식

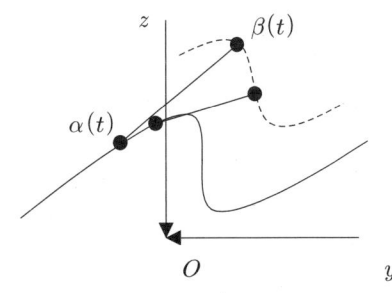

(i) $\tau = 0$.

($\because$) β : 평면곡선

(ii) $\kappa = \dfrac{3}{20\sqrt{10}}$.

($\because$) ① $\alpha(t) + k\alpha'(t) = (t, t^2, t^3) + k(1, 2t, 3t^2)$

$= (t+k, t^2+2kt, t^3+3kt^2)$

$= (0, a, b)$.

즉, $k = -t$이다.

$\therefore \beta(t) = (0, -t^2, -2t^3)$ 이다.

② $\beta'(1) = (0, -2t, -6t^2)|_{t=1} = (0, -2, -6)$,

$\beta''(1) = (0, -2, -12t)|_{t=1} = (0, -2, -12)$,

$\beta'(1) \times \beta''(1) = (12, 0, 0)$이다.

$\therefore \kappa = \dfrac{\|\beta'(1) \times \beta''(1)\|}{\|\beta'(1)\|^3} = \dfrac{\|(12, 0, 0)\|}{\|(0, -2, -6)\|^3}$

$= \dfrac{3}{20\sqrt{10}}$.

$\therefore \kappa + \tau = \dfrac{3}{20\sqrt{10}}$.

3	평가영역	곡선의 미분량
	평가내용요소	곡선의 미분량, 임의속력곡선의 곡률, 열률 공식

(ⅰ) (가)에 의해서
$\alpha'(t) = (-2\sin t, \cos t, 0)$,
$\alpha''(t) = (-2\cos t, -\sin t, 0)$,
$\alpha'(t) \times \alpha''(t) = (0, 0, 2)$이므로
$$\kappa(t) = \frac{\|\alpha' \times \alpha''\|}{\|\alpha'\|^3} = \frac{2}{(3\sin^2 t + 1)^{3/2}}.$$

∴ $\max \kappa(t) = 2$, $\min \kappa(t) = \frac{1}{4}$.

∴ $a = 2 \times \frac{1}{4} = \frac{1}{2}$.

(ⅱ) (나)에 의해서
$\beta'(t) = 3b\alpha'(3t)$, $\beta''(t) = 3^2 b\alpha''(3t)$,
$\beta'''(t) = 3^3 b\alpha'''(3t)$.

$\tau_\alpha(0) = \frac{\langle \alpha'(0) \times \alpha''(0), \alpha'''(0) \rangle}{\|\alpha'(0) \times \alpha''(0)\|^2}$,

$\tau_\beta(0) = \frac{\langle \beta'(0) \times \beta''(0), \beta'''(0) \rangle}{\|\beta'(0) \times \beta''(0)\|^2}$

$= \frac{3^6 \cdot b^3 \langle \alpha'(0) \times \alpha''(0), \alpha'''(0) \rangle}{3^6 \cdot b^4 \|\alpha'(0) \times \alpha''(0)\|^2}$

$= \frac{1}{b} \tau_\alpha(0)$.

∴ $\tau_\alpha(0) = \tau_\beta(0) \Leftrightarrow b = 1$.

∴ $a + b = \frac{3}{2}$.

4	평가영역	접촉평면
	평가내용요소	접촉평면

(ⅰ) $\alpha'(1) = (1, 2, -2)$, $\alpha''(1) = (0, 2, -2)$ 이므로
$\mathbf{a} \equiv \alpha'(1) \times \alpha''(1) = (0, 2, 2) = 2(0, 1, 1)$.

(ⅱ) $\beta'(1) = (2, -1, 4)$, $\beta''(1) = (2, 0, 4)$ 이므로
$\mathbf{b} \equiv \beta'(1) \times \beta''(1) = (-4, 0, 2) = -2(2, 0, -1)$.

∴ $|\cos\theta| = \left|\frac{\langle \mathbf{a}, \mathbf{b} \rangle}{\|\mathbf{a}\|\|\mathbf{b}\|}\right|$

$= \frac{2 \cdot 2}{2\sqrt{2} \cdot 2\sqrt{5}} = \frac{1}{\sqrt{10}}$.

5	평가영역	전직평면
	평가내용요소	전직평면, 법평면

(ⅰ) $\alpha'(1) = (1, 2, t)|_{t=1} = (1, 2, 1)$,

$\alpha''(1) = (0, 0, 1)|_{t=1} = (0, 0, 1)$,
$\alpha' \times \alpha'' = (2, -1, 0)$.

$B = \frac{\alpha'(1) \times \alpha''(1)}{\|\alpha'(1) \times \alpha''(1)\|} = \frac{1}{\sqrt{5}}(2, -1, 0)$,

$T = \frac{\alpha'(1)}{\|\alpha'(1)\|} = \frac{1}{\sqrt{6}}(1, 2, 1)$.

∴ $N = B \times T = \frac{1}{\sqrt{30}}(-1, -2, 5) =: \mathbf{u}$.

(ⅱ) $y = z - ax = 0$
$\Leftrightarrow (x, y, z) = (t, 0, at)(t \in \mathbb{R}) =: \beta(t)$.
$\beta'(t) = (1, 0, a) =: \mathbf{v}$라 하자.

∴ $\frac{2}{\sqrt{15}} = \sin\theta$

$= \cos\left(\frac{\pi}{2} - \theta\right)$

$= \frac{\langle \mathbf{u}, \mathbf{v} \rangle}{\|\mathbf{u}\|\|\mathbf{v}\|}$

$= \frac{-1 + 5a}{\sqrt{30}\sqrt{1+a^2}}$.

∴ $(-1 + 5a)^2 = 8(1 + a^2)$
$\Leftrightarrow (17a + 7)(a - 1) = 0$.

∴ $a = 1$.

6	평가영역	Frenet-Serret 정리
	평가내용요소	Frenet-Serret 정리, 곡면의 기하학적 성질

$N(t) = c(t)\alpha(t)$ ($\forall t \in I$)
⇒ 양변을 미분하면 프레네-세레의 정리에 의해
$-\kappa(t)T(t) + \tau(t)B(t) = N'(t)$
$= c'(t)\alpha(t) + c(t)\alpha'(t)$
$= \frac{c'(t)}{c(t)}N(t) + c(t)T(t)$

⇒ 양변을 비교하면
$\tau(t) \equiv 0$, $c'(t) \equiv 0$, $\kappa(t) = -c(t)$ ($\forall t \in I$)
⇒ $c(t) \equiv c$(상수)이고 $\kappa(t) \equiv -c \neq 0$(상수)이다.
∴ $\alpha = \alpha(t)$: 원 혹은 원의 일부.

7	평가영역	Frenet-Serret 정리
	평가내용요소	Frenet-Serret 정리

(i) ① θ의 계산

$$\sqrt{3}=\frac{\tau}{\kappa}=\cot\theta \text{ 라 두면 } \theta=\frac{\pi}{6}.$$

② u의 계산

$$u=\cos\theta T(0)+\sin\theta B(0)=\left(0,\frac{\sqrt{3}}{2},\frac{1}{2}\right).$$

(ii) ① $u(s)=\cos\theta T(s)+\sin\theta B(s)$ $(s\in I)$라 할 때

$$\begin{aligned}u'(s)&=\cos\theta T'(s)+\sin\theta B'(s)\\&=\cos\theta(\kappa N(s))+\sin\theta(-\tau N(s))\\&=(\cos\theta\kappa-\sin\theta\tau)N(s)\equiv 0.\end{aligned}$$

$\therefore u(s)=:u$ (상수벡터).

② $\langle u, T(s)\rangle$

$$\begin{aligned}&=\cos\theta\langle T(s), T(s)\rangle+\sin\theta\langle B(s), T(s)\rangle\\&=\cos\theta\\&=\frac{\sqrt{3}}{2}\ (\forall s\in I).\end{aligned}$$

8	평가영역	등장사상
	평가내용요소	등장사상, 재매개화

8-1 $e_1=(1,0,0)$, $e_2=(0,1,0)$, $e_3=(0,0,1)$에 대하여

(i) $\|e_i-e_j\|^2=\langle e_i-e_j, e_i-e_j\rangle$
$$=\|e_i\|^2-2\langle e_i, e_j\rangle+\|e_j\|^2 \text{이고}$$

$\|F(e_i)-F(e_j)\|^2$
$$=\|F(e_i)\|^2-2\langle F(e_i), F(e_j)\rangle+\|F(e_j)\|^2$$
$$=\|e_i\|^2-2\langle F(e_i), F(e_j)\rangle+\|e_j\|^2.$$

가정에 의해서 $\|F(e_i)-F(e_j)\|=\|e_i-e_j\|$이므로

$$\langle F(e_i), F(e_j)\rangle=\langle e_i, e_j\rangle=\begin{cases}1 & i=j\\ 0 & i\neq j.\end{cases}$$

(ii) 임의의 $a=(a_1, a_2, a_3)\in\mathbb{R}^3$에 대하여

$$\begin{aligned}F(a)&=\langle F(a), F(e_1)\rangle F(e_1)+\langle F(a), F(e_2)\rangle F(e_2)\\&\qquad+\langle F(a), F(e_3)\rangle F(e_3)\\&=\langle a, e_1\rangle F(e_1)+\langle a, e_2\rangle F(e_2)+\langle a, e_3\rangle F(e_3)\\&=a_1F(e_1)+a_2F(e_2)+a_3F(e_3)\\&=\sum_{i=1}^{3}a_iF(e_i).\end{aligned}$$

(iii) $\alpha, \beta\in\mathbb{R}$, $a=(a_1, a_2, a_3)\in\mathbb{R}^3$, $b=(b_1, b_2, b_3)\in\mathbb{R}^3$에 대하여

$$\begin{aligned}F(\alpha a+\beta b)&=\sum_{i=1}^{3}(\alpha a_i+\beta b_i)F(e_i)\\&=\alpha\sum_{i=1}^{3}a_iF(e_i)+\beta\sum_{i=1}^{3}b_iF(e_i)\\&=\alpha F(a)+\beta F(b).\end{aligned}$$

8-2

(i) $\exists h_1$: 미분가능$(h_1'\neq 0)$ s.t.
$$\beta_1=\alpha\circ h_1 : \text{단위속력}$$

$\exists h_2$: 미분가능$(h_2'\neq 0)$ s.t.
$$\beta_2=\alpha\circ h_2 : \text{단위속력}$$

$\Rightarrow \beta_2=\alpha\circ h_2=\alpha\circ h_1\circ h_1^{-1}\circ h_2$
$$=\beta_1\circ(h_1^{-1}\circ h_2)$$

$\Rightarrow 1=\|\beta_2'\|$
$$=\|\beta_1'(h_1^{-1}\circ h_2)\|\|(h_1^{-1}\circ h_2)'\|$$
$$=\|(h_1^{-1}\circ h_2)'\|$$

$\Rightarrow |(h_1^{-1}\circ h_2)'|=1$

$\Rightarrow h_1^{-1}\circ h_2$는 연속이므로
$$(h_1^{-1}\circ h_2)(t)=t+t_0 \text{ 혹은}$$
$$(h_1^{-1}\circ h_2)(t)=-t+t_0\ (\exists t_0=\text{상수}).$$

$\therefore \beta_2(t)=\beta_1((h_1^{-1}\circ h_2)(t))=\beta_1(t+t_0)$

혹은 $\beta_2(t)=\beta_1(-t+t_0).$

9	평가영역	곡선의 기하학적 성질
	평가내용요소	곡선의 기하학적 성질

9-1 α의 단위속력을 갖는 재매개화를 β라 할 때

(i) $p=\beta(s)+k(s)\beta'(s)\ (\forall s)$ … ㉡

$\Rightarrow$ 양변을 s에 대하여 미분하면
$$0=\beta'(s)+(k'(s)\beta'(s)+k(s)\beta''(s))$$

$\Rightarrow$ 양변에 $\beta''(s)$를 내적하면
$$\begin{aligned}0&=\langle\beta''(s), 0\rangle\\&=\langle\beta''(s), \beta'(s)\rangle+k'(s)\langle\beta''(s), \beta'(s)\rangle\\&\qquad+k(s)\langle\beta''(s), \beta''(s)\rangle\\&=k(s)\kappa^2(s)\ (\forall s). \cdots ㉠\end{aligned}$$

(ii) $\exists s_0 \in \mathbb{R}$ s.t. $\kappa(s_0) > 0$
$\Rightarrow \alpha = \alpha(s)$는 C^2함수이므로 $\kappa = \kappa(s)$는 연속이고
$\exists \delta > 0$ s.t. $\kappa(s) > 0$ ($\forall s \in (s_0 - \delta, s_0 + \delta)$)
$\Rightarrow$ ㉠에 의해 $k(s) = 0$ ($\forall s \in (s_0 - \delta, s_0 + \delta)$)
$\Rightarrow$ ㉡에 의해 $p = \beta(s)$ ($\forall s \in (s_0 - \delta, s_0 + \delta)$)
$\Rightarrow 0 = \beta'(s)$ ($\forall s \in (s_0 - \delta, s_0 + \delta)$)가 되어 정칙곡선의 정의에 모순이다.

9-2 $\alpha(t)$에서의 법평면이 p를 지나므로 $\alpha(t) - p$와 $\alpha'(t)$는 수직이다.
즉,
$$\langle \alpha(t) - p, \alpha'(t) \rangle = 0$$
이다.
$f(t) = \|\alpha(t) - p\|^2 = \langle \alpha(t) - p, \alpha(t) - p \rangle$라 두고 양변을 미분하면
$$f'(t) = 2\langle \alpha(t) - p, \alpha'(t) \rangle = 0$$
이므로 $\|\alpha(t) - p\|^2 = f(t) = c$(단, c는 실수상수)이다. 따라서 α는 p를 중심으로 하고 반지름이 $\sqrt{c}$인 구면 위의 곡선이다.

10	평가영역	미분량과 곡선의 기하학적 성질
	평가내용요소	미분량과 곡선의 기하학적 성질

α : 평면곡선
$\Leftrightarrow 0 = \tau = \dfrac{\langle \alpha'(t) \times \alpha''(t), \alpha'''(t) \rangle}{\|\alpha'(t) \times \alpha''(t)\|^2}$
$\Leftrightarrow 0 = \langle \alpha'(t) \times \alpha''(t), \alpha'''(t) \rangle = 24a$
$\Leftrightarrow a = 0$.

11	평가영역	미분량과 곡선의 기하학적 성질
	평가내용요소	미분량과 곡선의 기하학적 성질

(i) $\tau = \dfrac{\langle \alpha' \times \alpha'', \alpha''' \rangle}{\|\alpha' \times \alpha''\|^2} = 0$이므로
($\because (\alpha' \times \alpha'') \perp \alpha'''$) $\alpha = \alpha(t)$는 평면곡선이다.
(ii) $\alpha(0) = (1, 1, 1)$을 지나고 $\alpha'(0) \times \alpha''(0) = (1, -1, -1)$에 수직인 평면은
$0 = \langle (x-1, y-1, z-1), (1, -1, -1) \rangle$
$= (x-1) + (-1)(y-1) + (-1)(z-1)$
$= x - y - z + 1$.
따라서 $x - y - z = -1$이다.

12	평가영역	곡선의 기하학적 성질
	평가내용요소	곡률중심

(i) β : 단위속력 곡선 s.t. $\kappa \equiv$ 상수 > 0, $\tau \equiv 0$
(ii) $\kappa = \|\beta''(0)\| = 2$이고,
$N = \dfrac{\beta''(0)}{\|\beta''(0)\|} = \dfrac{1}{2}(\sqrt{2}, 0, \sqrt{2})$이므로 구면의 중심은 $(0, 1, 0) + \dfrac{1}{\kappa} N = \left(\dfrac{\sqrt{2}}{4}, 1, \dfrac{\sqrt{2}}{4}\right)$이다.

13	평가영역	주면나선
	평가내용요소	주면나선

(i) $\alpha'(t) = (2t, a, 3t^2)$, $\alpha''(t) = (2, 0, 6t)$,
$\alpha'''(t) = (0, 0, 6)$,
$\alpha'(t) \times \alpha''(t) = (6at, -6t^2, -2a)$,
$\langle \alpha'(t) \times \alpha''(t), \alpha'''(t) \rangle = -12a$
이므로
$\dfrac{\tau}{\kappa} = \dfrac{\langle \alpha'(t) \times \alpha''(t), \alpha'''(t) \rangle}{\|\alpha'(t) \times \alpha''(t)\|^2} \cdot \dfrac{\|\alpha'(t)\|^3}{\|\alpha'(t) \times \alpha''(t)\|}$
$= -\dfrac{3a}{2} \cdot \dfrac{(9t^4 + 4t^2 + a^2)^{3/2}}{(9t^4 + 9a^2t^2 + a^2)^{3/2}}$ 이다.

(ii) α : 주면나선 $\Leftrightarrow \dfrac{\tau}{\kappa} =$ 일정
$\Leftrightarrow \left.\dfrac{\tau}{\kappa}\right|_{\alpha(0)} = \left.\dfrac{\tau}{\kappa}\right|_{\alpha(1)}$
$\Leftrightarrow a = 0$ or $a = \pm \dfrac{2}{3}$.

(iii) $0 < a$이므로 $a = \dfrac{2}{3}$이다.

$\therefore \cot \theta = \dfrac{\tau}{\kappa} = -1$이므로 $\theta = -\dfrac{\pi}{4}$.

(iv) $t = 0$일 때
$$T = (0, 1, 0), \quad B = (0, 0, -1).$$
이므로 $u = \cos \theta \cdot T + \sin \theta \cdot B$
$= \cos\left(-\dfrac{\pi}{4}\right) \cdot (0, 1, 0) + \sin\left(-\dfrac{\pi}{4}\right) \cdot (0, 0, -1)$
$= \left(0, \dfrac{1}{\sqrt{2}}, \dfrac{1}{\sqrt{2}}\right)$.

연습문제 해설

14	평가영역	주면나선
	평가내용요소	주면나선, 곡률함수

$\beta'(s)$와 u의 사잇각을 θ라고 하면
조건 (다)에 의해서
$$\cos\theta = \frac{\langle \beta'(s), u \rangle}{\|\beta'(s)\|\|u\|} = \langle \beta'(s), u \rangle = \frac{\sqrt{3}}{2}$$
이므로 $\theta = \frac{\pi}{6}$ 이다.

$\frac{\tau}{\kappa} = \cot\theta$ 이므로
$$\sqrt{3} = \cot\left(\frac{\pi}{6}\right) = \frac{\tau(s)}{\kappa(s)} = \frac{2s+3}{\kappa(s)}((\forall s \in I).$$
따라서 $\kappa(s) = \frac{2s+3}{\sqrt{3}} (\forall s \in I)$.

15	평가영역	전곡률, 전열률
	평가내용요소	전곡률, 전열률

(i)과 (ii)에 의해서
$$\frac{1}{\sqrt{3}} = \cot\left(\frac{\pi}{3}\right) = \frac{\tau}{\kappa} = \frac{\sqrt{3}}{\kappa}$$
이므로 $\kappa \equiv 3$.
따라서 α의 전곡률은
$$\int \kappa\,ds = 3 \times (\alpha\text{의 길이}) = 12.$$
(ii)에 의해서 α의 전열률은 $\int \tau\,ds = \sqrt{3} \times (\alpha$의 길이$) = 4\sqrt{3}$.

16	평가영역	곡면의 법벡터
	평가내용요소	곡면의 법벡터

$f(x,y,z) = x^2 - y + z^2$,
$g(x,y,z) = x^2 + y^2 + z$에 대하여

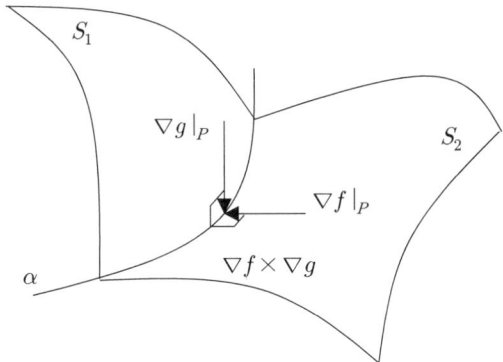

$\nabla f|_P = (2x, -1, 2z)|_P = (2\sqrt{2}, -1, -2)$,
$\nabla g|_P = (2x, 2y, 1)|_P = (2\sqrt{2}, -2, 1)$.
따라서 α의 점 P에서의 접벡터는
$\nabla f|_P \times \nabla g|_P = (-5, -6\sqrt{2}, -2\sqrt{2}) =: \mathbf{u}$

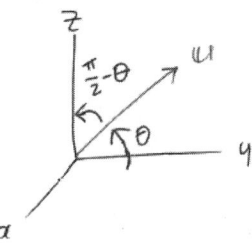

$e_3 = (0, 0, 1)$: xy평면의 법벡터이므로
$$\therefore \sin^2\theta = \cos^2\left(\frac{\pi}{2} - \theta\right)$$
$$= \left(\frac{\langle u, e_3 \rangle}{\|u\|\|e_3\|}\right)^2 = \left(\frac{-2\sqrt{2}}{\sqrt{105}}\right)^2 = \frac{8}{105}.$$

17	평가영역	법곡률벡터, 측지곡률벡터
	평가내용요소	법곡률벡터, 측지곡률벡터, $\kappa_n = \langle \beta''(s), U \rangle$

$f(x,y,z) = x^2 + z^2$이라 두면, $P = \left(\frac{1}{\sqrt{2}}, \frac{\pi}{2\sqrt{2}}, 0\right)$
에서
$$\nabla f|_P = \left(\frac{\partial f}{\partial x}, \frac{\partial f}{\partial y}, \frac{\partial f}{\partial z}\right)\bigg|_P$$
$$= (2x, 0, 2z)|_P$$
$$= (\sqrt{2}, 0, 0)$$
이므로
$U = \pm \left.\frac{\nabla f}{\|\nabla f\|}\right|_P = (\pm 1, 0, 0)$이다.

(i) $\left(\dfrac{1}{\sqrt{2}}, \dfrac{\pi}{2\sqrt{2}}, 0\right) = \beta(s) = \dfrac{1}{\sqrt{2}}(\sin s, s, \cos s)$

에서 $s = \dfrac{\pi}{2}$ 이다.

따라서 P에서

$\kappa_n = <\beta''(s), U>|_{s=\pi/2} = \mp \dfrac{1}{\sqrt{2}}$ 이므로

$\kappa_n = \kappa_n U = \mp \dfrac{1}{\sqrt{2}}(\pm 1, 0, 0) = \left(-\dfrac{1}{\sqrt{2}}, 0, 0\right)$.

(ii) $\beta'\left(\dfrac{\pi}{2}\right) = \dfrac{1}{\sqrt{2}}(\cos s, 1, -\sin s)\big|_{s=\pi/2}$

$= \dfrac{1}{\sqrt{2}}(0, 1, -1)$,

$V = U \times \beta'(s)|_{s=\pi/2} = \pm \dfrac{1}{\sqrt{2}}(0, 1, 1)$.

$\therefore \kappa_g = <\beta''(s), V>|_{s=\pi/2} = 0$ 이므로

$\kappa_g = \kappa_g V = 0$.

18	평가영역	법곡률(벡터), 측지곡률(벡터)
	평가내용요소	법곡률(벡터), 측지곡률(벡터)

18-1 $\kappa_g = -\dfrac{\sqrt{30}}{45}$, $\kappa_g = -\dfrac{1}{45}(5, 1, 2)$

($\because$) $\alpha(0) = \mathbf{x}(0, 0)$ 에서

$\mathbf{x}_u(0, 0) = (1, 0, 0)$, $\mathbf{x}_v(0, 0) = (0, 1, 2)$,

$\mathbf{x}_u(0, 0) \times \mathbf{x}_v(0, 0) = (0, -2, 1)$,

$\mathbf{x}_{uu}(0, 0) = (0, 0, 0)$, $\mathbf{x}_{uv}(0, 0) = (0, 0, 1)$,

$\mathbf{x}_{vv}(0, 0) = (0, 0, 0)$,

$U = \dfrac{\mathbf{x}_u(0, 0) \times \mathbf{x}_v(0, 0)}{\|\mathbf{x}_u(0, 0) \times \mathbf{x}_v(0, 0)\|} = \dfrac{1}{\sqrt{5}}(0, -2, 1)$ 이다.

$\alpha'(0) = (1, -1, -2)$, $\alpha''(0) = (0, 0, -2)$,

$\alpha'(0) \times \alpha''(0) = (2, 2, 0)$ 이므로

$T = \dfrac{\alpha'(0)}{\|\alpha'(0)\|} = \dfrac{1}{\sqrt{6}}(1, -1, -2)$,

$\kappa = \dfrac{\|\alpha'(0) \times \alpha''(0)\|}{\|\alpha'(0)\|^3} = \dfrac{1}{3\sqrt{3}}$,

$B = \dfrac{\alpha'(0) \times \alpha''(0)}{\|\alpha'(0) \times \alpha''(0)\|} = \dfrac{1}{\sqrt{2}}(1, 1, 0)$,

$V = U \times T = \dfrac{1}{\sqrt{30}}(5, 1, 2)$.

$\therefore \kappa_g = \kappa <B, U> = -\dfrac{\sqrt{30}}{45}$,

$\kappa_g = \kappa_g V = -\dfrac{1}{45}(5, 1, 2)$.

18-2 $\kappa_n = 0$, $\kappa_n = (0, 0, 0)$

($\because$) $\alpha(0) = \mathbf{x}(0, 0)$ 에서

$E = <\mathbf{x}_u, \mathbf{x}_u> = 1$, $F = <\mathbf{x}_u, \mathbf{x}_v> = 0$,

$G = <\mathbf{x}_v, \mathbf{x}_v> = 5$, $l = <\mathbf{x}_{uu}, U> = 0$,

$m = <\mathbf{x}_{uv}, U> = \dfrac{1}{\sqrt{5}}$, $n = <\mathbf{x}_{vv}, U> = 0$

이고

$u(t) = t^5$, $v(t) = 2t^3 + t$ 이므로

$\dfrac{du}{dt}\bigg|_{t=0} = 0$, $\dfrac{dv}{dt}\bigg|_{t=0} = 1$.

$\therefore \kappa_n = \dfrac{\text{II}}{\text{I}}$

$= \dfrac{l(du/dt)^2 + 2m(du/dt)(dv/dt) + n(dv/dt)^2}{E(du/dt)^2 + 2F(du/dt)(dv/dt) + G(dv/dt)^2}$

$= 0$,

$\kappa_n = \kappa_n U = (0, 0, 0)$.

19	평가영역	평균곡률, 가우스곡률
	평가내용요소	평균곡률, 가우스곡률의 계산, 타원점

$\mathbf{x}(1, 1)$ 에서 제 1, 2 기본계수를 구해보면

$\mathbf{x}_u(1, 1) = (1, 1, 1)$, $\mathbf{x}_v(1, 1) = (1, -1, 1)$,

$\mathbf{x}_{uu}(1, 1) = (0, 0, 0)$, $\mathbf{x}_{uv}(1, 1) = (0, 0, 1)$,

$\mathbf{x}_{vv}(1, 1) = (0, 0, 0)$,

$U = \dfrac{\mathbf{x}_u \times \mathbf{x}_v}{\|\mathbf{x}_u \times \mathbf{x}_v\|} = \dfrac{1}{\sqrt{2}}(1, 0, -1)$ 이므로

$E = <\mathbf{x}_u, \mathbf{x}_u> = 3$, $F = <\mathbf{x}_u, \mathbf{x}_v> = 1$,

$G = <\mathbf{x}_v, \mathbf{x}_v> = 3$, $l = <\mathbf{x}_{uu}, U> = 0$,

$m = <\mathbf{x}_{uv}, U> = -\dfrac{1}{\sqrt{2}}$, $n = <\mathbf{x}_{vv}, U> = 0$ 이다.

따라서 $H = \dfrac{1}{2} \dfrac{En + Gl - 2Fm}{EG - F^2} = \dfrac{1}{8\sqrt{2}}$,

$K = \dfrac{ln - m^2}{EG - F^2} = -\dfrac{1}{16}$.

20	평가영역	포물점
	평가내용요소	매개화 곡선, 곡률, 열률

(i) $\mathbf{x}_u=(1, 0, 2u)$, $\mathbf{x}_v=(0, 1, 3v^2)$,
$\mathbf{x}_u \times \mathbf{x}_v = (-2u, -3v^2, 1)$,
$U = \dfrac{1}{\sqrt{4u^2+9v^4+1}}(-2u, -3v^2, 1)$,
$\mathbf{x}_{uu}=(0, 0, 2)$, $\mathbf{x}_{uv}=(0, 0, 0)$, $\mathbf{x}_{vv}=(0, 0, 6v)$,
$l = \dfrac{2}{\sqrt{4u^2+9v^4+1}}$, $m=0$, $n=\dfrac{6v}{\sqrt{4u^2+9v^4+1}}$

이다. 따라서 $ln - m^2 = \dfrac{12v}{4u^2+9v^4+1}$.

(ii) $p = \mathbf{x}(u, v)$: 포물점
$\Leftrightarrow 0 = ln - m^2$. $0 \neq (l, n, m)$
$\Leftrightarrow v = 0$
$\Leftrightarrow \mathbf{x}(u, 0) = (u, 0, u^2)$

이므로 $\alpha(t) = \mathbf{x}(t, 0) = (t, 0, t^2)$ $(t \in \mathbb{R})$이다.
㉠ α는 평면곡선 $y=0$상의 곡선이므로 $\tau \equiv 0$.
㉡ $\kappa(t) = \dfrac{\|\alpha' \times \alpha''\|}{\|\alpha'\|^3} = \dfrac{2}{(1+4t^2)^{3/2}}$ 이므로
$$\max\{\kappa(t) \mid t \in \mathbb{R}\} = 2.$$

21	평가영역	가우스곡률, 평균곡률
	평가내용요소	가우스곡률, 평균곡률, 현수면

곡면 M은 회전면 이므로
생성곡선 $\alpha(u) = (\phi(u), h(u), 0)$, $\phi(u) = u$, $h(u) = \cosh(u)$에 대한 x축을 중심으로 한 회전면은
$$\mathbf{x}(u, v) = (\phi(u), h(u)\cos v, h(u)\sin v)$$
$$((u, v) \in \mathbb{R} \times (0, 2\pi)).$$

회전면 M의 대한 미분계수는
$\mathbf{x}_u = (\phi', h'\cos v, h'\sin v)$,
$\mathbf{x}_v = (0, -h\sin v, h\cos v)$,
$U = \dfrac{\mathbf{x}_u \times \mathbf{x}_v}{\|\mathbf{x}_u \times \mathbf{x}_v\|}$
$= \dfrac{1}{\sqrt{(h')^2+(\phi')^2}}(h', -\phi'\cos v, -\phi'\sin v)$,
$\mathbf{x}_{uu} = (\phi'', h''\cos v, h''\sin v)$,
$\mathbf{x}_{uv} = (0, -h'\sin v, h'\cos v)$,
$\mathbf{x}_{vv} = (0, -h\cos v, -h\sin v)$,

(E, F, G, l, m, n)
$= \left((\phi')^2+(h')^2, 0, h^2, \dfrac{\phi''h'-\phi'h''}{\sqrt{(h')^2+(\phi')^2}}, 0, \dfrac{\phi'h}{\sqrt{(h')^2+(\phi')^2}}\right)$

21-1 $K = \dfrac{ln-m^2}{EG-F^2} = \dfrac{-1}{\cosh^4(u)}$ 이므로
$$-1 \leq K < 0.$$

21-2 $H = \dfrac{En+Gl-2Fm}{2(EG-F^2)}$
$= \dfrac{\cosh^2(u) - \cosh^2(u)}{2\cosh^4(u)} \equiv 0 \, (\forall u \in \mathbb{R})$.

22	평가영역	1,2 기본계수
	평가내용요소	가우스곡률, 법평면과 곡면의 교선

22-1 곡면 M의 고유조각사상
$$\mathbf{x}(u, v) = (u, v, uv) \, ((u, v) \in \mathbb{R}^2)$$
에 대하여
$\mathbf{x}_u(u, v) = (1, 0, v)$, $\mathbf{x}_v(u, v) = (0, 1, u)$,
$\mathbf{x}_u \times \mathbf{x}_v(-v, -u, 1)$, $\mathbf{x}_{uu}(u, v) = (0, 0, 0)$,
$\mathbf{x}_{uv}(u, v) = (0, 0, 1)$, $\mathbf{x}_{vv}(u, v) = (0, 0, 0)$,
$U(u, v) = \dfrac{(-v, -u, 1)}{\sqrt{u^2+v^2+1}}$.
$E = \langle \mathbf{x}_u, \mathbf{x}_u \rangle = 1+v^2$, $F = \langle \mathbf{x}_u, \mathbf{x}_v \rangle = uv$,
$G = \langle \mathbf{x}_v, \mathbf{x}_v \rangle = 1+u^2$, $l = \langle \mathbf{x}_{uu}, U \rangle = 0$,
$m = \langle \mathbf{x}_{uv}, U \rangle = \dfrac{1}{\sqrt{u^2+v^2+1}}$, $n = \langle \mathbf{x}_{vv}, U \rangle = 0$
$\therefore K = \dfrac{ln-m^2}{EG-F^2} = -\dfrac{1}{(u^2+v^2+1)^2} < 0$.

22-2 $P = (1, 2, 2)$에서의 접평면은
$0 = \langle (2, 1, -1), (x-1, y-2, z-2) \rangle$
$= 2(x-1) + (y-2) - (z-2)$.
$xy = z$와 연립하면
$0 = 2x + y - xy - 2 = -(x-1)(y-2)$
$\Leftrightarrow x = 1$ or $y = 2$.

(i) $x = 1$인 경우
$y = z$이므로 $\alpha(t) = (1, t, t)$ $(t \in \mathbb{R})$: 직선이다.

(ii) $y = 2$인 경우
$z = 2x$이므로 $\alpha(t) = (t, 2, 2t)$ $(t \in \mathbb{R})$: 직선이다.

23	평가영역	법곡률
	평가내용요소	법곡률, 공변미분, $\kappa_n = -\langle dU_p(T), T\rangle$

(i) $dU_p(T) = \dfrac{d}{dt}U(\alpha(0)+tT)\big|_{t=0}$

$\qquad = \dfrac{d}{dt}\left(\dfrac{1}{\sqrt{1+t^2}}\left(\dfrac{1}{\sqrt{2}}t, \dfrac{1}{\sqrt{2}}t, -1\right)\right)\bigg|_{t=0}$

$\qquad = \left(\dfrac{1}{\sqrt{2}}, \dfrac{1}{\sqrt{2}}, 0\right).$

(ii) $\kappa_n = -\langle dU_p(T), T\rangle$

$\qquad = -\left\langle \left(\dfrac{1}{\sqrt{2}}, \dfrac{1}{\sqrt{2}}, 0\right), \left(\dfrac{1}{\sqrt{2}}, \dfrac{1}{\sqrt{2}}, 0\right)\right\rangle$

$\qquad = -1.$

24	평가영역	법곡률, 측지곡률
	평가내용요소	법곡률, 측지곡률, $\kappa^2 = \kappa_n^2 + \kappa_g^2$, $\kappa_n = \kappa\langle N, U\rangle$, $\kappa_g = \kappa\langle B, U\rangle$

(i) $\alpha'(0) = (0, 1, 2)$, $\alpha''(0) = (-1, 0, 0)$,
$\alpha'(0) \times \alpha''(0) = (0, -2, 1)$, $\|\alpha'(0)\| = \sqrt{5}$,
$\|\alpha'(0) \times \alpha''(0)\| = \sqrt{5}$ 이므로
$\alpha(0)$에서의 곡률은
$$\kappa = \dfrac{\|\alpha'(0) \times \alpha''(0)\|}{\|\alpha'(0)\|^3} = \dfrac{1}{5}.$$

(ii) $g(x, y, z) = 2xy - z$라 두자.

$T = \dfrac{\alpha'(0)}{\|\alpha'(0)\|} = \dfrac{1}{\sqrt{5}}(0, 1, 2)$,

$B = \dfrac{\alpha'(0) \times \alpha''(0)}{\|\alpha'(0) \times \alpha''(0)\|} = \dfrac{1}{\sqrt{5}}(0, -2, 1)$,

$N = B \times T = (-1, 0, 0)$이고

$U = \pm \dfrac{\nabla g}{\|\nabla g\|}\bigg|_{\alpha(0)=(1,0,0)} = \pm \dfrac{1}{\sqrt{5}}(0, 2, -1)$ 이다.

따라서
$\kappa_n = \kappa\langle N, U\rangle$
$\qquad = \dfrac{1}{5}\left\langle (-1, 0, 0), \pm \dfrac{1}{\sqrt{5}}(0, 2, -1)\right\rangle = 0$,

$\kappa_g = \kappa\langle B, U\rangle$
$\qquad = \dfrac{1}{5}\left\langle \dfrac{1}{\sqrt{5}}(0, -2, 1), \pm \dfrac{1}{\sqrt{5}}(0, 2, -1)\right\rangle = \pm\dfrac{1}{5}.$

$\qquad \therefore \kappa_n^2 = 0, \ \kappa_g^2 = \kappa^2 - \kappa_n^2 = \dfrac{1}{25}.$

[다른 방법]
$$\kappa_n = \dfrac{\langle \alpha''(0), U(\alpha(0))\rangle}{\langle \alpha'(0), \alpha'(0)\rangle} = 0.$$

25	평가영역	법곡률
	평가내용요소	법곡률, $\kappa_n = -\dfrac{1}{\|\alpha'\|^2}\langle dU_p(\alpha'), \alpha'\rangle$

(i) $g(x, y, z) = x + 2y - z^2$, $h(x, y, z) = 2x^2 - y + z$ 라 하자.

$\alpha' = \nabla g \times \nabla h\big|_{(0,0,0)}$
$\qquad = (1, 2, -2z) \times (4x, -1, 1)\big|_{(0,0,0)}$
$\qquad = (2, -1, -1)$ (즉, $\beta' = \dfrac{\alpha'}{\|\alpha'\|}$).

(ii) $(x, y, z) \in M$에서의 단위법벡터는
$$U = \pm \dfrac{\nabla g}{\|\nabla g\|} = \pm \dfrac{(1, 2, -2z)}{\sqrt{5+4z^2}}.$$

따라서
$dU_p(\alpha') = \dfrac{d}{dt}U((0,0,0) + t(2, -1, -1))\bigg|_{t=0}$

$\qquad = \dfrac{d}{dt}\left(\pm \dfrac{1}{\sqrt{5+4t^2}}(1, 2, 2t)\right)\bigg|_{t=0}$

$\qquad = \pm \left(0, 0, \dfrac{2}{\sqrt{5}}\right).$

$\therefore \kappa_n^2 = \left(-\dfrac{1}{\|\alpha'\|^2}\langle dU_p(\alpha'), \alpha'\rangle\right)^2$

$\qquad = \left(-\dfrac{1}{\sqrt{6}^2}\left\langle \left(0, 0, \dfrac{2}{\sqrt{5}}\right), (2, -1, -1)\right\rangle\right)^2$

$\qquad = \dfrac{1}{45}.$

26	평가영역	법곡률
	평가내용요소	법곡률, 공변미분, $\kappa_n = -\langle dU_p(T), T\rangle$

(i) a^2를 먼저 구하여 보자.
$g(x, y, z) = x^2 + y - z$, $h(x, y, z) = z$라 하면 점 $\alpha(0) = (0, 0, 0)$에서

$\nabla g \times \nabla h = \begin{vmatrix} i & j & k \\ 2x & 1 & -1 \\ 0 & 0 & 1 \end{vmatrix}_{(0,0,0)} = (1, 0, 0),$

$$T = \pm \left.\frac{\nabla g \times \nabla h}{\|\nabla g \times \nabla h\|}\right|_{(0,0,0)} = \pm(1, 0, 0)$$

이고, 가정에 의해 $T = (1, 0, 0)$이다.

$$U = \pm \frac{\nabla g}{\|\nabla g\|} = \frac{\pm 1}{\sqrt{4x^2+2}}(2x, 1, -1)$$

이고, 가정에 의해 $U = \frac{1}{\sqrt{4x^2+2}}(2x, 1, -1)$이다.

$$dU_p(T) = \left.\frac{d}{dt}U((0,0,0)+tT)\right|_{t=0}$$
$$= (\sqrt{2}, 0, 0).$$
$$\kappa_n = -\langle dU_p(T), T\rangle$$
$$= -\langle(\sqrt{2}, 0, 0), (1, 0, 0)\rangle$$
$$= -\sqrt{2} = a.$$

∴ $a^2 = 2$.

(ii) b를 계산해 보면 평면상의 법곡률은 $b = 0$.

∴ $a^2 + b^2 = 2 + 0 = 2$.

27	평가영역	주곡률, 주방향
	평가내용요소	주곡률, 오일러의 공식

주방향이

$$e_1 = \frac{v}{\|v\|} = \frac{1}{\sqrt{2}}(1, 0, 1), \quad e_2 = \frac{w}{\|w\|} = (0, 1, 0)$$

이고, $T = \frac{\alpha'(0)}{\|\alpha'(0)\|} = \frac{1}{\sqrt{3}}(1, 1, 1)$이다.

오일러 공식에 의해
$$T = \cos\theta e_1 + \sin\theta e_2.$$

또한 $T = \langle T, e_1\rangle e_1 + \langle T, e_2\rangle e_2$
$$= \frac{2}{\sqrt{6}}e_1 + \frac{1}{\sqrt{3}}e_2.$$

∴ $\kappa_n = \kappa_1\cos^2\theta + \kappa_2\sin^2\theta$
$$= 2\left(\frac{2}{\sqrt{6}}\right)^2 + (-1)\left(\frac{1}{\sqrt{3}}\right)^2$$
$$= 1.$$

28	평가영역	주곡률, 주방향
	평가내용요소	주곡률, 주방향, $\kappa_n = \frac{\mathrm{II}}{\mathrm{I}}$

(i) $E = \langle\mathbf{x}_u, \mathbf{x}_u\rangle = 1$, $F = \langle\mathbf{x}_u, \mathbf{x}_v\rangle = 0$,
$G = \langle\mathbf{x}_v, \mathbf{x}_v\rangle = 1$, $l = \langle\mathbf{x}_{uu}, U\rangle = 2$,
$m = \langle\mathbf{x}_{uv}, U\rangle = 0$, $n = \langle\mathbf{x}_{vv}, U\rangle = -2$,

$$U = \frac{\mathbf{x}_u \times \mathbf{x}_v}{\|\mathbf{x}_u \times \mathbf{x}_v\|} = (0, 1, 0).$$

(ii) $\left.\frac{\mathrm{II}}{\mathrm{I}}\right|_{(du, dv) = (\cos\theta, \sin\theta)}$
$$= \frac{2\cos^2\theta + 2\cdot 0\cdot\cos\theta\sin\theta + (-2)\sin^2\theta}{1\cos^2\theta + 2\cdot 0\cdot\cos\theta\sin\theta + 1\sin^2\theta}$$

이므로
κ_1
$$= \max\left\{\left.\frac{\mathrm{II}}{\mathrm{I}}\right|_{(du, dv)=(\cos\theta, \sin\theta)} = 2\cos(2\theta) \,\Big|\, 0 \le \theta < \pi\right\}$$
$= 2. (\theta = 0, (du, dv) = (1, 0)),$

κ_2
$$= \min\left\{\left.\frac{\mathrm{II}}{\mathrm{I}}\right|_{(du, dv)=(\cos\theta, \sin\theta)} = 2\cos(2\theta) \,\Big|\, 0 \le \theta < \pi\right\}$$
$= -2. (\theta = \frac{\pi}{2}, (du, dv) = (0, 1)).$

∴ κ_1, κ_2에 대한 주방향 e_1, e_2는 각각
$$e_1 = \mathbf{x}_u \cdot 1 + \mathbf{x}_v \cdot 0 = (0, 0, 1),$$
$$e_2 = \mathbf{x}_u \cdot 0 + \mathbf{x}_v \cdot 1 = (1, 0, 0).$$

29	평가영역	곡면의 기하학적 성질
	평가내용요소	곡면의 기하학적 성질

29-1 $g(x, y, z) = x^2 + y^2 + z^2$에 대하여
$$U_{\alpha(t)} = \pm\left.\frac{\nabla g}{\|\nabla g\|}\right|_{\alpha(t)}$$
$$= \pm\left.\frac{(2x, 2y, 2z)}{\sqrt{4(x^2+y^2+z^2)}}\right|_{\alpha(t)}$$
$$= \pm\left.\frac{1}{2}(x, y, z)\right|_{\alpha(t)}$$
$$= \pm\frac{1}{2}\alpha(t) \,(t \in \mathbb{R}).$$

29-2 $\kappa_g \equiv c(\text{상수})$이라 할 때

(i) $\kappa^2 = \kappa_n{}^2 + \kappa_g{}^2 = \left(\pm\frac{1}{2}\right)^2 + c^2 \equiv (\text{상수})$.

(ii) $\tau \equiv 0$.

(∵) $c(\text{상수}) = \kappa_g$
$$= \kappa\langle B, U\rangle$$
$$= \pm\frac{\kappa}{2}\langle B, \alpha(t)\rangle \,((∵) \,29\text{-}1),$$

양변을 미분하면

$$0 = \pm \frac{\kappa}{2}(<B', \alpha(t)>+<B, \alpha'(t)>)$$
$$= \pm \frac{\kappa}{2}(<-\tau N, \alpha(t)>+<B, T>)$$
$$((\because) \text{ 프레네-세레의 정리})$$
$$= \mp \frac{\tau}{2}<\alpha''(t), \alpha(t)> \ ((\because) \alpha''(t) = \kappa N)$$
$$= \pm \frac{\tau}{2}((\because) \text{ 도움말}).$$
$$\therefore \ \tau \equiv 0.$$

29-3 $\kappa^2 = \kappa_n^{\ 2} + \kappa_g^{\ 2} \geq \kappa_n^{\ 2} = \left(\pm \frac{1}{2}\right)^2 = \frac{1}{4}.$

$\therefore \ \kappa \geq \frac{1}{2}.$

	평가영역	곡면의 기하학적 성질,
30	평가내용요소	법곡률, 곡면의 기하학적 성질, $\kappa_n = \frac{\text{II}}{\text{I}}$

30-1 $\alpha(0) = \mathbf{x}(0, 0)$에서의 제1, 2 기본계수는
$E = \langle \mathbf{x}_u, \mathbf{x}_u \rangle = 1, \ F = \langle \mathbf{x}_u, \mathbf{x}_v \rangle = 0,$
$G = \langle \mathbf{x}_v, \mathbf{x}_v \rangle = 1,$
$U = \frac{\mathbf{x}_u \times \mathbf{x}_v}{\|\mathbf{x}_u \times \mathbf{x}_v\|} = \frac{1}{\sqrt{4u^2 + 4v^2 + 1}}(-2v, -2u, 1),$
$l = \langle \mathbf{x}_{uu}, U \rangle = 0, m = \langle \mathbf{x}_{uv}, U \rangle = \frac{2}{\sqrt{4u^2 + 4v^2 + 1}},$
$n = \langle \mathbf{x}_{vv}, U \rangle = 0.$

$\therefore \ ln - m^2 = -\frac{2}{\sqrt{4u^2 + 4v^2 + 1}} < 0.$

즉, 모든 점이 쌍곡점이다.

30-2 (i) $(u, v) = (t, t^2)$에 대하여
$\left(\frac{du}{dt}, \frac{dv}{dt}\right) = (1, 2t)$이므로 $\alpha(0)$에서의 법곡률은
$$\kappa_n(\alpha(t)) = \frac{\text{II}}{\text{I}}$$
$$= \frac{l\left(\frac{du}{dt}\right)^2 + 2m\left(\frac{du}{dt}\right)\left(\frac{dv}{dt}\right) + n\left(\frac{dv}{dt}\right)^2}{E\left(\frac{du}{dt}\right)^2 + 2F\left(\frac{du}{dt}\right)\left(\frac{dv}{dt}\right) + G\left(\frac{dv}{dt}\right)^2}$$
$$= \frac{l \cdot 1^2 + 2m \cdot 1 \cdot 2t + n \cdot (2t)^2}{E \cdot 1^2 + 2F \cdot 1 \cdot 2t + G \cdot (2t)^2}$$
$$= \frac{8t}{2t^2 + 1} \cdot \frac{1}{36t^4 + 4t^2 + 1}.$$

$\kappa_n(\alpha(t)) = 0 \Leftrightarrow t = 0$이다.

$\therefore \ \kappa_n(\alpha(t)) = 0$를 만족하는 점 $\alpha(t)$는
$\alpha(0) = (0, 0, 1)$뿐이다.

	평가영역	점근곡선
31	평가내용요소	점근곡선, 기하학적 접근

$\alpha(t) = \mathbf{x}\left(\frac{\pi}{2}, t\right)$이다.

$(\because)$ 점 $(3, 0, 1)$을 지나는 점근곡선은 그림과 같다.

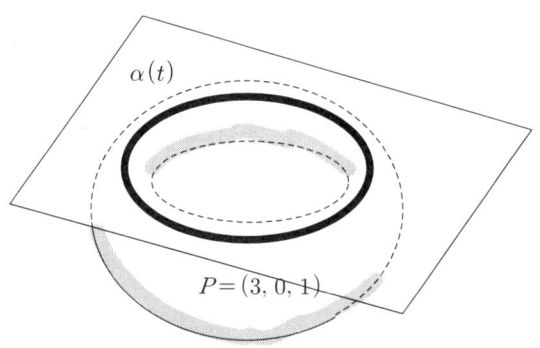

(i) $\alpha(t) = (3\cos t, 3\sin t, 1)$이고,
$\mathbf{x}_u\left(\frac{\pi}{2}, t\right) = (-\cos t, -\sin t, 0),$
$\mathbf{x}_v\left(\frac{\pi}{2}, t\right) = (-3\sin t, -3\cos t, 0)$
이므로 $U\left(\frac{\pi}{2}, t\right) = (0, 0, 1)$이다.

(ii) $\kappa_n(\alpha(t)) = -\langle dU_p(T), T \rangle$
$$= -\frac{1}{\|\alpha'(t)\|^2}\langle dU_p(\alpha'(t)), \alpha'(t) \rangle$$
$$= -\frac{1}{\|\alpha'(t)\|^2}\langle U'(t), \alpha'(t) \rangle = 0.$$

(단, $U(t) = U(\alpha(t))$.)

$\therefore$ 곡선 $\alpha(t)$는 점 $(3, 0, 1)$를 지나는 곡면 $\mathbf{x}$의 점근곡선이다.

32	평가영역	측지선
	평가내용요소	측지선, $\kappa_g = \kappa \langle B, U \rangle$

$\alpha(t) = \mathbf{x}(t, -t) = (t, -t, 1-2t^2)$ 에 대하여
$\alpha'(t) = (1, -1, -4t)$, $\alpha''(t) = (0, 0, -4)$
$\alpha'(t) \times \alpha''(t) = (4, 4, 0)$,
$B = \dfrac{\alpha'(t) \times \alpha''(t)}{\|\alpha'(t) \times \alpha''(t)\|} = \dfrac{1}{\sqrt{2}}(1, 1, 0)$,
$\mathbf{x}_u = (1, 0, -2u)$, $\mathbf{x}_v = (0, 1, -2v)$,
$\mathbf{x}_u \times \mathbf{x}_v = (2u, 2v, 1)$,
$U = \dfrac{(2u, 2v, 1)}{\sqrt{4u^2 + 4v^2 + 1}}\bigg|_{(t, -t)} = \dfrac{(2t, -2t, 1)}{\sqrt{8t^2+1}}$ 이므로
$\kappa_g = \kappa \langle B, U \rangle$
$= \kappa \cdot \dfrac{1}{\sqrt{2}} \cdot \dfrac{1}{\sqrt{8t^2+1}} \cdot \langle (1,1,0), (2t, -2t, 1) \rangle$
$= 0$.
따라서 $\alpha(t)$는 측지선이다.

33	평가영역	측지선
	평가내용요소	측지선

$g(x, y, z) = x^2 + y^2$ 이라 두자.
$U = \pm \dfrac{\nabla g}{\|\nabla g\|} = \pm \dfrac{(2x, 2y, 0)}{\sqrt{4x^2+4y^2}}\bigg|_{(x,y,z)=\alpha(t)}$
$= \pm(\cos t, \sin t, 0)$,
$\alpha'(t) = (-3\sin t, 3\cos t, 4)$,
$\alpha''(t) = (-3\cos t, -3\sin t, 0)$,
$\alpha'(t) \times \alpha''(t) = (12\sin t, -12\cos t, 9)$,
$B = \dfrac{\alpha'(t) \times \alpha''(t)}{\|\alpha'(t) \times \alpha''(t)\|} = \dfrac{1}{5}(4\sin t, -4\cos t, 3)$
이다. 따라서
$\kappa_g = \kappa \langle B, U \rangle$
$= \kappa \left\langle \left(\dfrac{4}{5}\sin t, -\dfrac{4}{5}\cos t, \dfrac{3}{5}\right), \pm(\cos t, \sin t, 0)\right\rangle$
$= \kappa \cdot 0$
$= 0$
가 되어 α는 곡면 M의 측지선이다.

34	평가영역	측지선
	평가내용요소	측지선, 최단거리

$\alpha(t) = (\cos t, \sin t, at)$ 라 두면 $\alpha(0) = (1, 0, 0)$이고

$\alpha\left(\dfrac{\pi}{2}\right) = \left(0, 1, \dfrac{\pi}{2}a\right) = \left(0, 1, \dfrac{\pi}{2}\right)$가 되어 $a = 1$이다.
$\alpha(t)$의 호의 길이에 의한 재매개화는
$$s(t) = \int_0^t \|\alpha'(u)\| du = \sqrt{2} t$$
이므로
$$\beta(s) = \left(\cos\left(\dfrac{s}{\sqrt{2}}\right), \sin\left(\dfrac{s}{\sqrt{2}}\right), \dfrac{s}{\sqrt{2}}\right)$$
이제 $\beta(s)$는 측지선이 되고 P에서 Q로의 최단거리는
$$\int_0^{\pi/\sqrt{2}} \|\beta'(s)\| ds = \dfrac{\pi}{\sqrt{2}}$$
이다.

35	평가영역	주곡선
	평가내용요소	주곡선, 점근방향, 회전면 공식

35-1 회전면에서 u, v-매개곡선은 주곡선이다.
따라서
$\alpha(t) = \mathbf{x}(1, t) = (1, 2\cos t, 2\sin t)$ $(0 < t < 2\pi)$
는 v-매개곡선이므로 M의 주곡선이다.

35-2 임의의 $p \in M$에서
$K(p) = \dfrac{\phi'(\phi''h' - \phi'h'')}{h((\phi')^2 + (h')^2)^2}$ $(\phi = u, h = u^2+1)$
$= \dfrac{-2}{h((\phi')^2 + (h')^2)^2} < 0$.
$\Rightarrow \exists v, w \in T_pM$ s.t.
$\kappa_n(v) = \kappa_1 > 0$, $\kappa_n(w) = \kappa_2 < 0$.
$\Rightarrow \kappa_n$: T_pM에서 연속이므로 $\exists T \in T_pM$ s.t.
$\kappa_n(T) = 0$
$\Rightarrow T$: p에서의 M의 점근방향이다.

36	평가영역	점근선
	평가내용요소	점근선

(i) $\mathbf{x}_u = \left(\cos v, \sin v, \dfrac{1}{u}\right)$,
$\mathbf{x}_v = (-u \sin v, u \cos v, 0)$,
$U = \dfrac{\mathbf{x}_u \times \mathbf{x}_v}{\|\mathbf{x}_u \times \mathbf{x}_v\|} = \dfrac{1}{\sqrt{1+u^2}}(-\cos v, -\sin v, u)$,
$\mathbf{x}_{uu} = \left(0, 0, -\dfrac{1}{u^2}\right)$, $\mathbf{x}_{uv} = (-\sin v, \cos v, 0)$,
$\mathbf{x}_{vv} = (-u\cos v, -u\sin v, 0)$ 이므로

$$(E, F, G, l, m, n)$$
$$= \left(1+\frac{1}{u^2}, 0, u^2, \frac{-1}{u\sqrt{1+u^2}}, 0, \frac{u}{\sqrt{1+u^2}}\right).$$

(ii) 점근방향을 확인하기 위해

$$0 = \kappa_n = \frac{\mathrm{II}}{\mathrm{I}} = \frac{l\left(\frac{du}{dt}\right)^2 + 2m\left(\frac{du}{dt}\right)\left(\frac{dv}{dt}\right) + l\left(\frac{dv}{dt}\right)^2}{E\left(\frac{du}{dt}\right)^2 + 2F\left(\frac{du}{dt}\right)\left(\frac{dv}{dt}\right) + G\left(\frac{dv}{dt}\right)^2}$$

$$\Leftrightarrow 0 = l\left(\frac{du}{dt}\right)^2 + 2m\left(\frac{du}{dt}\right)\left(\frac{dv}{dt}\right) + l\left(\frac{dv}{dt}\right)^2$$

$$= \frac{-1}{u\sqrt{1+u^2}}\left(\frac{du}{dt}\right)^2 + \frac{u}{\sqrt{1+u^2}}\left(\frac{dv}{dt}\right)^2$$

$$= -\frac{1}{\sqrt{1+u^2}}\left(\left(\frac{du}{dt}\right)^2 - u^2\left(\frac{dv}{dt}\right)^2\right)$$

$$\Leftrightarrow \left(\frac{du}{dt}\right)^2 = u^2\left(\frac{dv}{dt}\right)^2 \text{이므로}$$

$$\left(\frac{du}{dv}\right)^2 = \frac{(du/dt)^2}{(dv/dt)^2} = u^2$$

$$\Leftrightarrow \frac{dv}{du} = \pm\frac{1}{u} \text{이므로} \ v = \pm \ln u \ (u > 0, v > 0)$$

$$\Leftrightarrow (u(t), v(t)) = (t, \ln t)$$

∴ M상의 점근선의 매개화함수는

$$\alpha(t) = \mathbf{x}(u(t), v(t)) = (t\cos(\ln t), t\sin(\ln t), \ln t)$$
$$(0 < t < e^{2\pi}).$$

37	평가영역	국소적 가우스-보네 정리
	평가내용요소	국소적 가우스-보네 정리, 측지삼각형, 측지선

$\mathbf{x}(u, v)$에 대하여

$\|\mathbf{x}(u, v) - (0, 0, 0)\|^2$
$= \cos^2 u \cos^2 v + \cos^2 u \sin^2 v + \sin^2 u$
$= \cos^2 u (\cos^2 v + \sin^2 v) + \sin^2 u$
$= 1 (\forall (u, v)) \in \mathbb{R}^2)$

이므로 $\mathbf{x}(u, v)$: 반지름 1인 원점을 중심으로 하는 구면의 고유조각사상이다.

37-1 (i) 임의의 $P \in M$(구면)에 대하여

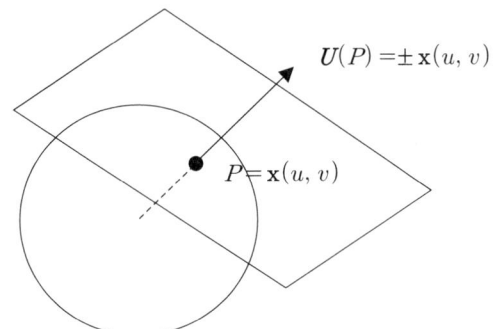

위의 그림과 같이 $U(P) = \pm P$이다.

(ii) $\cos^2 \theta = \left(\frac{\langle U(P), U(Q) \rangle}{\|U(P)\| \|U(Q)\|}\right)^2$
$= \langle P, Q \rangle^2$
$= \left\langle \mathbf{x}\left(0, \frac{\pi}{2}\right), \mathbf{x}\left(\frac{\pi}{4}, \frac{\pi}{4}\right) \right\rangle^2$
$= \frac{1}{4}.$

37-2 (∵) (i) $S^2(r)$에서

$K = \frac{1}{r^2}$이고, 측지선의 측지곡률 $\kappa_g = 0$이고,

($\triangle$의 넓이) $= \frac{3}{16} \times 4\pi = \frac{3}{4}\pi$이다.

(ii) 가우스-보네 정리에 의해서

$$\int_\triangle K dM + \int_{\partial \triangle} \kappa_g ds + (\varepsilon_1 + \varepsilon_2 + \varepsilon_3) = 2\pi$$

$$\Leftrightarrow \frac{3}{4}\pi \cdot 1^2 + 3\pi - (i_1 + i_2 + i_3) = 2\pi.$$

∴ $i_1 + i_2 + i_3 = \frac{7}{4}\pi.$

37-3 (A에서 B로의 최단거리) $= 2\pi \cdot 1 \times \frac{1}{8} = \frac{\pi}{4}$.

38	평가영역	가우스-보네 정리
	평가내용요소	가우스-보네 정리, 전측지곡률

외각에 대한 가우스-보네 정리에 의해
$$\iint_\triangle K dM + \int_{\partial \triangle} \kappa_g ds = (i_1 + i_2 + i_3) - \pi$$
$$= \frac{\pi}{2} + \frac{\pi}{3} + \frac{\pi}{2} - \pi$$
$$= \frac{\pi}{3}.$$

삼각형의 넓이가 1이므로 $\iint_\triangle dM = 1$이고,
$$K = \frac{ln - m^2}{EG - F^2} = \frac{4uv}{2uv} = 2$$

이므로
$$\iint_\triangle K dM = 2 \iint_\triangle dM = 2$$
이다.

따라서 $\int_{\partial \triangle} \kappa_g ds = \frac{\pi}{3} - 2$이다.

39	평가영역	가우스-보네 정리
	평가내용요소	배꼽점, 가우스-보네 정리

(i) $K(p) = \kappa_1(p) \cdot \kappa_2(p) > 0$이므로 p는 배꼽점이다. 따라서 모든 점이 배꼽점이므로 곡면 M은 반지름 $r = \frac{1}{\sqrt{\kappa}}$인 구면 혹은 그 일부이다.

(ii) 외각에 대한 가우스-보네 정리에 의해서
$$2\pi = \iint_\triangle K dM + \int_{\partial} \kappa_g ds + (\varepsilon_1 + \varepsilon_2 + \varepsilon_3)$$
$$= \iint_\triangle \frac{1}{2^2} dM + (3\pi - (i_1 + i_2 + i_3)).$$

$\therefore i_1 + i_2 + i_3 = \frac{1}{4} \cdot \triangle$의 면적 $+ \pi = \frac{3}{4} + \pi$.

40	평가영역	가우스-보네 정리
	평가내용요소	배꼽점, 가우스-보네 정리, $\kappa_n^2 + \kappa_g^2 = \kappa^2$

$C = \{(x, y, z) \in \mathbb{R}^3 \mid x^2 + y^2 = 4, z = \sqrt{5}\}$이므로 C는 반지름이 2인 원이다.

(i) 구면의 법곡률 $\kappa_n = \pm \frac{1}{3}$, 원의 곡률 $\kappa = \frac{1}{2}$이므로

$$\kappa_g = \pm \sqrt{\kappa^2 - \kappa_n^2} = \pm \sqrt{\left(\frac{1}{2}\right)^2 - \left(\pm \frac{1}{3}\right)^2} = \pm \frac{\sqrt{5}}{6}.$$

(ii) $\int_C \kappa_g ds = \pm \frac{\sqrt{5}}{6} \times C$의 길이
$$= \pm \frac{2\sqrt{5}}{3} \pi.$$

$\therefore M$상의 곡선 C의 전측지곡률의 절댓값은
$$\left| \int_C \kappa_g ds \right| = \frac{2\sqrt{5}}{3} \pi.$$

41	평가영역	가우스 보네 정리
	평가내용요소	접곡면, 선직면, 가우스 보네 정리

내각의 합 $\alpha = \pi$이다.
($\because$) (i) $\mathbf{x}(u, v) = (u, u^2, u^3) + v(1, 2u, 3u^2)$
$= \alpha(u) + v\alpha'(u)$이므로 $\mathbf{x}$: 접곡면이다.
$\therefore K \equiv 0$.

(ii) 측지삼각형의 내각을 i_1, i_2, i_3이고, 이에 대응되는 외각을 $\varepsilon_1, \varepsilon_2, \varepsilon_3$이라고 할 때
외각에 대한 가우스-보네 정리에 의해
$$\iint_\triangle K dM + \iint_{\partial \triangle} \kappa_g ds + (\varepsilon_1 + \varepsilon_2 + \varepsilon_3) = 2\pi.$$
따라서 $i_1 + i_2 + i_3 = \pi$이다.

42	평가영역	가우스-보네 정리
	평가내용요소	가우스-보네 정리, 위상동형

42-1 N에서 S^2로의 사상을
$$f : N \to S^2,$$
$$f(x, y, z) = \left(x^3, \frac{y}{2}, \frac{z^7}{3}\right) ((x, y, z) \in N)$$
이라 정의하면 f는 N에서 S^2로의 위상동형사상이 된다.

42-2 P는 M상의 타원점이므로 $K(P) > 0$이다. 이제 N상의 적당한 점 Q에 대하여 $K(Q) > 0$임을 보이자.
$N \approx S^2$이므로 $\chi(N) = \chi(S^2) = 2$이다. 가우스-보네 정리에 의해
$$\iint_N K dN = 2\pi \chi(N) = 2\pi \chi(S^2) = 4\pi > 0$$
이므로 $K(Q) > 0$인 점 $Q \in N$이 존재한다.

43	평가영역	가우스-보네 정리
	평가내용요소	가우스-보네 정리, 전가우스곡률

$M:$

$\approx$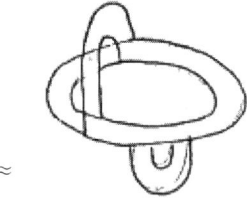

$\approx$  $\approx$

이므로 $\chi(M) = 2(1-h)$
$\qquad\qquad\quad = 2(1-3)$

따라서 가우스-보네 정리에 의해 $\int_M K dM$
$= 2\pi \chi(M) = -8\pi$.

찾 아 보 기

(1)
1차원단편 155

(2)
2차원단편 155

(C)
Cinf-함수 2
Ck-함수 2

(E)
Euler-Poincare의 지표 160
Euler의 표수 160

(F)
Frenet 표구장 20
Frenet-Serret's theorem 26

(G)
Gauss-Bonnet 정리 161

(L)
Lefschetz 160

(U)
u-매개변수곡선 74

(V)
v-매개변수곡선 74

(ㄱ)
가우스곡률 88
가우스곡률 방정식 151
가우스의 방정식 83, 149
가우스의 위대한 정리 153
가우스의 정리 157

가위적 15
가향곡면 130
같은 방향 14
거리동형 149
거리동형사상 149
경계 156
경사도 44
고유조각사상 68
곡률반경 20
곡률벡터장 20
곡률함수 20
곡면 68
곡면곡률의 계산공식 (Ⅰ) 91
곡면곡률의 계산공식 (Ⅱ) 102
곡면곡률의 계산공식 (Ⅲ) 104, 108
곡면의 곡률의 계산 112
곡면의 넓이 82
곡선 단편 155
공변미분 63
구면 120
구면곡선 44
구배벡터장 75
국소적 거리동형사상 149
국소적 등장사상 149
국소적으로 거리동형 149
국소적으로 등장적 149
그래디언트 61
극소곡면 88
기둥면의 구성 126
기본계수 82
기본형식 82, 83
꼭지점 155

(ㄴ)
나블라 75
내각 156
내적 10

(ㄷ)

다각형곡선 155
다른 방향 14
다변수함수의 연쇄율 56
단순곡면 68
단순폐 죠르단 호 155
단위법벡터장 74
단위속력곡선 4
단위접벡터장 20
단위종법선벡터장 20
단위주법선벡터장 20
델 75
동삼면체 20
듀팡의 지시곡선 118
등장사상 34, 149
등장사상의 기본성질 35
등장적 149

(ㄹ)
라이프니츠의 성질 12
로드리게스 134

(ㅁ)
매개변수로의 표현 3
매개변수표현의 예(Ⅰ)(곡면) 126
매개변수표현의 예(Ⅱ)(곡면) 124
면 159
모선 126
모양연산자 79, 98
몽쥬조각사상 70
미분가능벡터장 11, 59
미분동형사상 55, 149

(ㅂ)
반지름이 r인 원 39
방향 130
방향도함수 53
배꼽점 98
법곡률 88
법곡률벡터 88

법단면 91
법벡터 74
법벡터장 47, 74
법선 76
법평면 23
벡터곱 15
벡터장 11, 58
벡터적 15
변 155
본질방정식 36
볼록다면체정리 160

(ㅅ)
사영벡터 87
속도벡터 4
속력 4
쌍곡점 113

(ㅇ)
야코비행렬 56
양의 방향 14
양의 재매개화 6
양함수로의 표현 3
역함수 정리 9
역함수정리 58
열률함수 20
오일러-포앙카레의 지표 160
오일러공식 102
오일러의 표수 160
와인가르텐의 방정식 83, 149
외각 156
외각에 대한 Gauss-Bonnet공식 157
외적 10
원 4, 5
원환면의 고유조각사상 85
유클리드 내적 3
윤환면 120, 125
음의 방향 15
음의 재매개화 6

찾아보기

음함수로의 표현　3
음함수정리　58

(ㅈ)
자연방정식　36
자연좌표함수　58
자연틀장　58
재매개화　6
전가우스곡률　131
전곡률　50
전열률　50
전이행렬　13
전직평면　23
전측지곡률　156
점근곡선　132
점근방향　132
점근선　132
접공간　10
접벡터　73
접벡터장　47, 73
접선　23
접촉평면　23
접평면　73
접평면의 방정식　76
정점　48, 155
정칙곡면　68
정칙곡선　4
정칙곡선의 예　4
정칙사상　68
정칙호　155
제1 기본계수　82
제1 기본형식　82
제2 기본계수　82
제2 기본형식　83
제점　98
종법선　23
좌표조각사상　68
죠르단 호 155
주곡률선　132

주곡선　132
주기　47
주면　126
주면(혹은 기둥면)의 구성　126
주면나선　4, 44
주방향　88
주법선　23
지리적조각사상　120
직교변환　34
직사각형분할　159
직선　4, 5, 39
직합　87

(ㅊ)
축　44
측지곡률　88
측지곡률벡터　88
측지삼각형　157
측지선　132

(ㅋ)
컴팩트곡면　130
크리스토펠의 기호　83, 149

(ㅌ)
타원점　113

(ㅍ)
편속도함수　74
평균곡률　88
평면곡률　47
평면곡선　4
평탄곡면　88
평탄점　113
폐곡면　130
폐곡선　47
표본공간　10
프레네-세레의 정리 26
프렌첼　50

(ㅎ)
행렬식의 성질　15
형작용소 79, 98
호　5
호의 길이 6
호장에 관한 표현　8
호장에 의한 재매개화　8
호장함수 8
확률실험 10
회전각　156
회전면　124
회전수　47
횡단면곡선　126

클리닉 전공수학 7 미분기하학 편　　　　　　　　ISBN 979-11-91391-14-5

발행일 · 2021年 4月 28日　초판 1쇄
저　자 · 김현웅 ｜ 발행인 · 이용중
발행처 · 도서출판 배움 ｜ 주소 · 서울시 영등포구 영등포로 400 신성빌딩 2층 (신길동)
주문 및 배본처 ｜ Tel · 02) 813-5334 ｜ Fax · 02) 814-5334

본서의 無斷轉載·複製를 禁함. 본서의 무단 전재·복제행위는 저작권법 제136조에 의거 5년 이하의 징역 또는 5,000만 원 이하의 벌금에 처하거나 이를 병과할 수 있습니다. 파본은 구입처에서 교환하시기 바랍니다.

정가 7,000원